O MINISTÉRIO PÚBLICO FEDERAL NUMA VISÃO DO GARANTISMO SUL-AMERICANO

Fundação Carlos Chagas Filho de Amparo
à Pesquisa do Estado do Rio de Janeiro

Rio de Janeiro
2024

```
      Dados Internacionais de Catalogação na Publicação (CIP)
           (Câmara Brasileira do Livro, SP, Brasil)

          Cyrillo da Silva, Carolina Rolim Machado
          O Ministério Público Federal numa visão do
          garantismo Sul-Americano / Carolina Rolim Machado
          Cyrillo da Silva. -- 1. ed. -- Rio de Janeiro :
          Instituto Interamericano, 2024.

          Bibliografia.
          ISBN 978-65-980381-2-0

          1. Brasil. Ministério Público Federal
          2. Garantia (Direito) - Brasil I. Título.

   24-211479                          CDU-347.963(81)

           Índices para catálogo sistemático:

      1. Brasil : Ministério Público : Gestão : Direito
         347.963(81)

      Aline Graziele Benitez - Bibliotecária - CRB-1/3129
```

PREFÁCIO

Prefaciar a obra da Doutora Carolina Cyrillo, ou para mim simplesmente Carol, foi o convite mais gratificante do ano. Os motivos não são poucos, mas vou me concentrar em três: a amizade verdadeira, a orientação de doutorado e a contribuição definitiva para a compreensão do Lawfare no Brasil.

O primeiro motivo, como disse, é a profunda relação de amizade que nos une. Não é fácil construir afetos tão verdadeiros em um mundo superficial e acelerado, porém, pasmem os etaristas, há amizades incríveis que nascem após os 40 anos. Pelo menos após os meus 40 anos. E o mais gratificante, uma amizade que nasce de uma relação profissional, com quem não se é obrigado a concordar com tudo (embora quase tudo), mas que é impossível não respeitar, dada a honestidade de conduta e coerência intelectual da Carol.

Dessa amizade nasceu uma outra relação, a de orientação do doutorado, segundo motivo de orgulho. Esse vínculo tinha todos os requisitos para ser muito mais difícil de realizar. Carolina é professora há quase tanto tempo quanto eu e, mais importante, uma pesquisadora e professora de sua área com conhecimento indiscutível e reconhecimento internacional. Como orientá-la? Poderia eu usar os jargões mais comuns: "não atrapalhando", "desorientando", ou coisa que o valha, todavia tudo seria absolutamente falso. O que se realizou foi uma orientação em que se entrega o que se tem para dar e potencializa o que se pode extrair. Eu não poderia agregar substancialmente nada que Carol já não dominasse no âmbito do direito constitucional (aliás eu que aprendi muito, mas muito, sobre constitucionalismo e garantismo sul-americano). Mas poderia – e tenho orgulho de ter feito – provocá-la com questões metodológicas e questioná-la sobre suas próprias premissas, dados e suas análises. O resultado é, por culpa exclusivamente dela, uma tese verdadeiramente inovadora, algo que se contribui para inovar o estado da arte e, melhor, responde questões que eu gostaria muito fossem enfrentadas no âmbito do tema das minhas pesquisas: o Lawfare, especialmente no Brasil.

Antes que alguém se apresse a concluir, a tese da Carolina e, por consequência este livro que o leitor tem em mãos, não é sobre Lawfare. No entanto, sem que essa fosse a pretensão, também é.

Explico.

Há 7 anos, comecei a escrever sobre o tema. Em especial, juntamente com a Natália Lucero, escrevemos diversos artigos e livros sobre Lawfare. O Brasil, pelas circunstâncias políticas, se tornou um campo fértil para pesquisas na área e iniciei um projeto que estou encerrando em 2024. Fato é que minha abordagem sobre Lawfare enfrenta questões conceituais, em que divirjo da imensa maioria dos autores que tratam do assunto, especialmente aqueles que consideram Lawfare uma perseguição política. O Lawfare, frise-se, não é uma perseguição, embora possa se tornar uma, mas não é esta a questão conceitual que o caracteriza. Lawfare é o uso ou abuso do Direito para alcançar finalidades reservadas às guerras entre países ou aos embates de natureza política interna. Daí porque Lawfare pode ser também político, mas não é essencialmente.

Para isso, fez-se necessário enfrentar as formas de instrumentalização do Direito para substituir os embates políticos, deslocando da arena própria para o Direito, seja enfraquecendo um adversário ou eliminando-o. Por exemplo, alçar a um mandato eletivo implica disputar no campo próprio, ou seja, uma eleição. Usar o Direito para impedir que o adversário dispute, declarando-o inelegível, é um instrumento de Lawfare.

São instrumentos de Lawfare político, sem pretensão de exaustão: criar novas leis que permitam a redução de garantias processuais penais; criar novas leis com tipificação aberta, permitindo criminalizar ações políticas com a inversão do ônus probatório; jurisdicionalizar discussões antes reservadas ao campo político; reinterpretar criativamente as leis existentes, reduzindo a importância dos direitos humanos e fundamentais; instaurar persecuções penais para alcançar objetivos políticos; e divulgar persecuções penais com afetação de imagem pessoal para alcançar objetivos políticos.

As duas últimas são parte do fenômeno dos maxiprocessos, que também tratei em diversos artigos e livros, que, portanto, tem uma íntima relação com o Lawfare político.

Algumas importantes questões que se colocam, e que eu não enfrentei, ao menos não completamente, são: há Lawfare quando os instrumentos jurídicos são utilizados sem abuso, pelo simples fato de o serem com a finalidade de obter uma vantagem política? Em que condições mecanismos jurídicos podem ser utilizados para alcançar uma vantagem política sem configurar-se como ilegais?

Carolina apresenta uma chave para resposta a estas questões muito bem fundamentada, ainda que o Lawfare não tenha sido o que mobilizou a sua pesquisa.

Sem pretender dar spoiler sobre o texto que se seguirá, é a pesquisa doutoral de corte empírico desenvolvido pela Carolina que permitirá entender de que forma os Planejamentos Estratégicos Institucionais e sua efetiva implementação têm papel relevante para determinação da decisão política sobre a atuação do Ministério Público, em meio a uma dupla institucionalidade constitucionalmente desenhada. Em outras palavras, ou em uma pergunta: a atribuição persecutória e punitiva ao Ministério Público pode legitimamente conviver com a atuação como instituição de defesa de garantia dos direitos humanos e fundamentais e da democracia, ou uma das funções terminará preponderando sobre a outra?

A questão sobre a construção da identidade do órgão de acusação no Brasil desvela que o Ministério Público Federal e o procurador-geral da República têm atribuições que não encontram a mesma ancoragem. Há um caráter institucional exigível de uma instituição de garantias, função constitucionalmente atribuída ao Ministério Público, que destoa da unipessoalidade do seu chefe, quem responde diretamente ao Presidente da República, portanto vinculado a um projeto majoritário. No entanto é ao procurador-geral da República, e não ao Ministério Público, que se atribui uma série de poderes fundamentais, tais como a propositura das ações direta de inconstitucionalidade, declaratória de constitucionalidade e arguição de descumprimento de preceito fundamental e que pode determinar uma atuação como ator político.

Esse pode ser um importante caminho de explicação para atuações que se caracterizem como Lawfare político, com aparência de legalidade, mas que escondem um problema de essência. Carol abriu a porta do armário constitucional e lá estava um esqueleto. Em outras palavras, para além das questões conceituais e dos instrumentos de Lawfare que venho abordando em meus textos, descortina-se, a partir da pesquisa que deu origem a este livro, um dos dispositivos (não no sentido de norma, mas de mecanismo) que possibilitam o exercício de uma atividade política pela instituição de garantias.

Eu convido o leitor, como prefaciador desta obra, a descobrir como ela desenvolveu o tema e enfrentou seu objeto de pesquisa com absoluto brilhantismo, uma leitura fluida, conteúdo profundo e a escrita firme, como sua personalidade.

Escrito no início do outono de 2023, a estação mais especial da Cidade de São Sebastião do Rio de Janeiro, que cheira a alho desde o desembarque do avião, segundo a autora do livro que segue.

ANTONIO EDUARDO RAMIRES SANTORO,

amigo da autora.

NOTA DA AUTORA

A formação acadêmica não é um projeto personalíssimo. Se posso hoje publicar o livro com o apoio da Fundação Carlos Chagas Filho de Amparo à Pesquisa do Estado do Rio de Janeiro – FAPERJ, fruto da minha tese de doutorado, defendida no Programa de Pós-Graduação em Direito da UFRJ em 15 de dezembro de 2022, depois de tantos e tantos anos de formação e estudo, perante uma qualificada banca de professores doutores, é porque sempre existiu um suporte para permitir a minha formação.

Por isso, o agradecimento especial vai para minha mãe, Ana Eni Machado Millan, que investiu e investe no meu plano de vida universitária, além de ser meu grande exemplo de luta pela democracia e pelos direitos humanos. Advogada de presos políticos, não hesitou em enfrentar os porões da ditadura para cumprir sua missão, me ensinando que o respeito aos direitos humanos é uma prática, não uma teoria. E por meio do agradecimento a ela, também quero agradecer os seus pais, minha avó, Jenny Rolim, e meu avô, Paulo Machado, missionários do campo que nos deixaram todas as condições materiais para sempre desejarmos mais. De minha mãe e meus avós espero ter herdado sobretudo a coragem.

O segundo agradecimento vai para a Universidade Federal do Rio de Janeiro (UFRJ), por ter investido na minha formação, através do plano de desenvolvimento interno para os seus docentes. É um enorme privilégio para mim compor seu quadro docente há dez anos e agora poder ostentar o título de doutora, pela minha casa. E com o agradecimento à Minerva, quero agradecer a todas as universidades sul-americanas e a todos os seus professores, alunos, empregados e pesquisadores. A universidade autônoma que protege a ciência e o conhecimento protege também a democracia.

Em terceiro, quero agradecer aos professores universitários: ao meu orientador, professor doutor Antonio Eduardo Ramires Santoro, não só pela orientação como pela amizade construída a partir da UFRJ. Que honra poder levar teu nome no meu currículo pelo resto da vida; ao professor doutor Raúl Gustavo Ferreyra, titular da Cátedra de elementos de derecho constitucional da Universidade de Buenos Aires, por partilhar comigo o constitucionalismo sul-americano de matriz garantista e por todos os anos de diálogo intenso. Às vezes, meu pensamento acadêmico se confunde com o teu. E, agradecendo a ele, estendo meu agradecimento a todos os tesouros da Universidade de Buenos Aires: Diego Dolabjian, Leandro Vergara, Leandro Abel Martinez, Lorena Gonzalez Tocci, Edgar Fuentes-Contreras, Rodrigo Vissoto Junkes, Fernanda de Carvalho Lage, José Eduardo Schuh e todos demais professores e ajudantes da Cátedra; ao professor doutor Siddharta Legale, quem me deu o Núcleo Interamericano de Direitos Humanos (NIDH), lugar onde posso dar vida aos projetos de pesquisa e extensão dentro da nossa universidade. A ti, servem as letras de Júlio Cortázar "Las palabras nunca alcanzan cuando lo que hay que decir desborda el alma"; ao professor Luiz Fernando Castilhos Silveira, que foi meu braço esquerdo e direito nessa jornada (e sou ambidestra), obrigada por ter andado ao meu lado. E no agradecimento a ele quero aproveitar e agradecer à professora doutora Daniela de Oliveira Miranda, por todo suporte e parceria; à professora doutora Gisele Welsch, pela amizade sincera e sempre atenta. Quanta admiração acadêmica e pessoal tenho por ti. E, na pessoa dela, a todos demais acadêmicos por quem tenho admiração e optaram por traduzir a vida universitária em excelência e pesquisa.

Em quarto lugar, agradeço aos meus examinadores: à professora doutora Daniela Silva Fontoura de Barcellos, que participou ativamente de todas essas etapas, da banca de qualificação e defesa final. Suas contribuições foram fundamentais para que eu conseguisse completar essa travessia. Ao professor titular doutor Sidney Guerra, pela prontidão em sempre me avaliar e incentivar. Através do seu exemplo aprendemos que devemos sempre persistir na busca do trabalho sério e de excelência. Ao professor titular doutor Sérgio Cademartori, por ter colocado o garantismo de forma acadêmica no meu caminho, há quase 20 anos, lá na minha sempre Universidade Federal de Santa Catarina. Por isso, na tua pessoa, também quero agradecer a minha eterna professora Cecília Lois (in memoriam), se não fosse uma das inúmeras brigas que tivemos eu nunca estaria aqui terminando a tese que deu origem a este livro. Ao professor doutor Hermes Zaneti Jr., pela genialidade das ideias e por ter colocado o tema deste livro na minha rota, lá num congresso do Instituto Ibero-Americano de Direito Constitucional, em Bogotá, na Colômbia, circa 2015. Agradeço à professora doutora Ana Cláudia Pinho, examinadora da minha banca de qualificação, que me conduziu a aprofundar todos os temas que desenvolvi, pela possibilidade de um sempre proveitoso diálogo que mantém o garantismo em movimento.

Em quinto lugar, um agradecimento às minhas amigas Simone Coelho de Jesus, Daniela Lewgoy, Janine Abreu e Lausiane Luz, por tornarem os fardos menos pesados.

Por fim, mas não menos importante, um agradecimento aos meus colegas do programa de pós-graduação em direito da Faculdade de Direito da UFRJ, que faço nas pessoas do Rodrigo Machado Gonçalves, Danilo Sardinha, Luiza Rosso Mota e Ilana Aló, por toda ajuda que me deram na construção desta pesquisa.

SUMÁRIO

INTRODUÇÃO

Este livro é originário da minha tese de doutorado realizada durante a pandemia da covid-19, o que levou a uma constante modificação das metas e das rotas inicialmente traçadas para sua concretização. Infelizmente, não foi possível realizar pesquisa de campo nem estágio de investigação junto a outra universidade, seja pelo programa sanduíche, seja por meio de cooperação ou estágio informal, inclusive no exterior. Os acessos às bibliotecas se restringiram àquelas virtuais e, em diversas oportunidades, contando com a boa vontade de outros colegas que dispunham de alguma fonte privilegiada, não disponível de forma aberta ou nos limites das assinaturas e convênios da UFRJ.

Tenho o privilégio de também fazer parte do corpo docente da Universidade de Buenos Aires (UBA), o que me permitiu um diálogo constante com o constitucionalismo da região. A partir da UBA, meu acesso ao mundo sul-americano é altamente facilitado, o que diminuiu minha distância virtual ao conhecimento acadêmico que se produz na região.

Além disso, tive a oportunidade de representar o Núcleo Interamericano de Direitos Humanos (NIDH), da Faculdade Nacional de Direito (FND) da UFRJ[1], do qual sou coordenadora-adjunta, como avaliadora da Comissão Julgadora do "Prêmio CNMP | Edição 2021", na categoria Transversalidade dos Direitos Fundamentais. Importante

---

[1] O Núcleo Interamericano de Direitos Humanos da Faculdade Nacional de Direito da Universidade Federal do Rio de Janeiro congrega projetos de pesquisa e extensão, em especial na área de Direitos Humanos, com a participação conjunta de alunos, professores associados e demais interessados. Em termos de pesquisa, o NIDH atualmente possui duas linhas centrais: (i) Constitucionalismo Sul-Americano ou SUD, coordenado por mim em parceria com sua versão argentina junto à Universidade de Buenos Aires sob coordenação do professor titular catedrático Raúl Gustavo Ferreyra; e (ii) o Sistema Interamericano de proteção dos direitos humanos, por meio da Casoteca do Sistema Interamericano de Direitos Humanos, coordenado pelo professor doutor Siddharta Legale; quanto à extensão, o NIDH reúne também: (i) a Clínica Interamericana de Direitos Humanos; (ii) os Debates Constitucionais – um projeto para organizar eventos na temática em parceria com o projeto "Debates Virtuais". Para mais informações, consulte-se: www.nidh.com.br.

salientar que o padrão de avaliação proposto se dava por concretizar o planejamento estratégico do Conselho Nacional do Ministério Público (CNMP) e que o Banco Nacional de Projetos (BNP) era produto do Planejamento Estratégico Nacional, que utilizou para sua construção da metodologia o Balanced Scorecard (BSC), justamente a metodologia de gestão estratégica com a qual trabalhou o Ministério Público Federal (MPF) e que vem a ser analisada neste livro. Portanto, com todos os contingentes do momento pandêmico em que se viveu no desenvolvimento da tese, foi possível experimentar um pouco de empiria na discussão do que se verá.

Também participei do Fórum Social Mundial: Justiça e Democracia, que ocorreu entre os dias 26 e 30 de abril de 2022, em Porto Alegre, como painelista do debate "Ministério Público e Sistema de Justiça: controle para quem?", a convite do coletivo TransformaMP[2], que é composto por membros do Ministério Público brasileiro. Nessa ocasião, tive a oportunidade de dialogar com o coletivo sobre os temas deste livro. Embora a situação de realização tenha sido excepcional, o que atingiu todos os tesistas do período, a tese que aqui proponho consegue ter uma abordagem original e está devidamente enquadrada na área de concentração do Programa de Pós-graduação em Direito da Universidade Federal do Rio de Janeiro – PPGD/UFRJ, que é "Teorias Contemporâneas do Direito", em especial na linha de pesquisa Democracia, Instituições e Desenhos Institucionais.

Optei por enfocar o tema na matriz teórica do garantismo, como teoria do direito e da democracia, em uma versão que utiliza das

---

[2] Vide: https://transformamp.com/coletivo-transforma-mp-no-fsmjd/. Pude, inclusive, dividir o painel com a professora de ciência política da UFMG Marjorie Marona, que é uma das principais estudiosas de sua área no tema Ministério Público. Foi por meio dela que tive contato com alguns autores da ciência social que também encontravam-se pesquisando sobre o Ministério Público Federal. Para esses pesquisadores enviei a versão de depósito da tese, logo que ela foi efetivada, já em janeiro de 2023. Verifiquei, no entanto, por alguns pequenos artigos publicados por eles posteriormente ao envio da tese, que minhas ideias aqui debatidas encontram-se agora presentes na pesquisa dos autores, ainda que a maioria não faça a referência da autoria, como corresponde as regras da boa pesquisa.

premissas desenvolvidas por Luigi Ferrajoli, a partir da obra *Principia Iuris*[3], dando um especial destaque à teoria do garantismo de matriz sul-americana, o que desde já convencionei chamar de *garantismo sul-americano*. Isso porque foi construído a partir dos processos de redemocratização dos países da América do Sul, onde novas constituições ou reformas constitucionais proporcionaram discussões sobre novos arranjos institucionais que impactam a conformação da teoria do direito e da democracia constitucional na região.

A geopolítica de uma identidade regional marca inevitavelmente a construção das constituições sul-americanas do período de transição entre ditaduras e novas democracias e leva à necessidade de discutir, normativamente, a modificação do papel do Estado e das funções de governo e de garantia dos direitos humanos fundamentais, inclusive

---

[3] As obras de Luigi Ferrajoli que foram utilizadas como matriz teórica deste livro foram: *Principia iuris: Teoría del derecho y de la democracia*. Madrid: Trotta, 2011. v. 1 e v. 2.; *La democracia a través de los derechos. El constitucionalismo garantista como modelo teórico y como proyecto político*. Madrid: Trotta, 2014; *Garantismo Una discusión sobre derecho y democracia*. Madrid: Trotta: 2006; *La democracia a través de los derechos. El constitucionalismo garantista como modelo teórico y como proyecto político*. Madrid: Trotta: 2018; Per una Costituzione della Terra. *Teoria politica*, v. 10, p. 39-57, 2020; *La costruzione della democracia. teoria del garantismo costituzionale*. Bari: Editori Laterza, 2021. Em relação ao último livro, que é essencial na construção dos argumentos, também usei a versão preliminar da tradução coordenada pelo professor Sérgio Cademartori antes da revisão final e publicação. Depois de terminado o texto básico da tese, a tradução foi publicada pela editora Emais de Florianópolis. Portanto, optei por colocar nas citações a versão cedida gentilmente pelos tradutores para consulta, sem prejuízo de adaptar as citações quando da comercialização da versão pela editora. Além desses livros, há um pequeno texto fundamental de Luigi Ferrajoli, dedicado especificamente a discutir o Ministério Público como instituição de garantias. Esse texto tem algumas versões disponíveis para leitura. O primeiro deles é a versão bilíngue que está publicada no livro *Garantismo Penal Integral*, uma coletânea de artigos feita por Bruno Calabrich, Douglas Fischer e Eduardo Pelella. Esse livro está na sua quarta edição e hoje é publicado pela editora Verbo Jurídico. O texto de Luigi Ferrajoli se chama *Per un Pubblico Ministero come istituzione di garanzia* e encontra-se traduzido em português por Eduardo Pelella com o título *Por um Ministério Público como Instituição de Garantia*. Embora tenha tido contato com o texto na versão traduzida, que está no referido livro, a versão utilizada nesta obra é a seguinte: FERRAJOLI, Luigi. Per un Pubblico Ministero come istituzione di garanzia. *Questione Giustizia*, Milano, n. 1, p. 31-43, 2012. Disponível em: http://digital.casalini.it/10.3280/QG2012-001003.

aqueles advindos dos tratados internacionais em matéria de direitos humanos, como consequência lógica da geopolítica regional.

Portanto, o *garantismo sul-americano* como marco teórico e que dá suporte a todo o percurso deste livro é uma forma normativa garantista de abordar o constitucionalismo na América do Sul, que rompe com dois movimentos que são majoritários nas discussões do constitucionalismo contemporâneo, a saber neoconstitucionalismo e *nuevo* constitucionalismo latino-americano.

O *garantismo sul-americano*, como base teórica do constitucionalismo sul-americano foca a discussão do constitucionalismo e da democracia na garantia institucional dos direitos humanos fundamentais, propondo, tal como o garantismo de Luigi Ferrajoli, um papel diferenciado entre funções de governo e funções de garantia, sendo que as últimas ganham relevo para dar suporte à teoria constitucional garantista dos direitos humanos e fundamentais, tão caros aos processos constituintes de redemocratização da América do Sul. Importa, na abordagem garantista, o vínculo entre a norma constitucional e o desenvolvimento progressivo da democracia, por meio da análise dos modelos de democracia condicionados pelas constituições desses países e o efetivo respeito aos direitos humanos e fundamentais, como reais limites ao poder.

Enfoca, inclusive, a discussão regional sobre um constitucionalismo para além do Estado, tal como vem defendendo Ferrajoli no seu *Constitucionalismo da Terra*, e que entre nós, latino-americanos, se perfectibiliza no sistema interamericano de proteção dos direitos humanos. Na versão do *sul* do garantismo, as instituições do Sistema Interamericano de Direitos Humanos compõem a ideia de instituições de garantia, para além do Estado. Além disso, destaca a discussão regional sobre um constitucionalismo para além do Estado ou funções de garantia no plano internacional, o que nos leva à ideia de um Estado Interamericano de Direito, como modelo estatal do projeto teórico do constitucionalismo sul-americano.

O *garantismo sul-americano* não é um enfoque teórico *puro sangue* do garantismo de Luigi Ferrajoli, pois ele sofre inegável interferência teórica dos autores sul-americanos, que escrevem e pensam a teoria do direito e do constitucionalismo a partir da América do Sul. Nesse sentido, é importante destacar a dimensão dialógica proposta por Roberto Gargarella e a institucional normativa que aporta Raúl Gustavo Ferreyra, que, se bem compartem de boa parte do pensamento garantista, analisam a realidade do constitucionalismo a partir das experiências constitucionais e institucionais que marcam o constitucionalismo latino-americano.

Assim, as metáforas da Sala de Máquinas de Roberto Gargarella[4], para significar uma estrutura de poder fechada nos moldes do século XIX, que concentra poderes e mantém a mesma estrutura de mantença do *status quo*, típica de um constitucionalismo herdado do velho mundo, e a discussão sobre o *monopresidente* supremo, de Raúl Gustavo Ferreyra[5], para explicar que a excessiva concentração de poder nas mãos de uma única pessoa, responsável pela condução de uma instituição, como causa de instabilidade e bloqueio ao desenvolvimento institucional democrático, típicas de um constitucionalismo das Américas, aparecem como elementos conectores entre o desenvolvimento garantista e sua adaptação no modelo sul-americano, que se propõe neste livro como marco teórico.

Portanto, a premissa não é a de transplantar uma doutrina ou matriz teórica sem a devida contextualização que exige uma tese que, ao final, analisa uma instituição específica e particular, a saber o Ministério Público Federal, que se encontra em um país chamado Brasil, que fica na América do Sul e que leva consigo toda a marca de ser latino-americano.

Por outro lado, o *garantismo sul-americano* é uma explicação normativa para o fenômeno do constitucionalismo em contraposição

---

[4] GARGARELLA, Roberto. *La sala de máquinas de la Constitución*: Dos siglos de constitucionalismo en América Latina (1810-2010). Buenos Aires: Katz, 2014.

[5] FERREYRA, Raúl Gustavo. *Ciudadanía y poderes del Estado*. Corte Constitucional de Colombia: reelección presidencial y referendo popular. Buenos Aires: Ediar, 2018.

a uma noção dominante de normativismo constitucional que é o neoconstitucionalismo[6]. O neoconstitucionalismo não se preocupa com a discussão crítica sobre a organização institucional de poderes e não rompe com a matriz da tradicional separação dos poderes. Enfoca a prevalência dos direitos fundamentais na atuação jurisdicional e centra o debate sobre garantia dos direitos fundamentais na teoria da decisão judicial racional, sobrecarregando o papel do Poder Judiciário e dos juízes na agenda de proteção efetiva dos direitos, supondo que o grande guardião dos direitos é o Poder Judiciário e que a máxima racionalidade judicial é capaz, por si só, de assegurar a plena e correta aplicação do direito e a sua efetividade.

Nesse sentido, o neoconstitucionalismo é uma teoria do alargamento do poder dos juízes a partir da teoria da decisão judicial e seus métodos de interpretação, o que entra em choque com uma teoria da limitação dos poderes, como componente essencial do constitucionalismo, já que amplia o papel do Poder Judiciário de atuação e decisão sobre o conteúdo do que são direitos fundamentais.

Em outras palavras, na versão neoconstitucionalista, é a interpretação judicial que estabelece o limite e o alcance de um direito fundamental e permite sua restrição por atuação do poder de decidir dos juízes, por meio de um sofisticado desenvolvimento das teorias da decisão e interpretação que, sob a justificativa da máxima racionalidade judicial, acabam invertendo a lógica do constitucionalismo, em que os direitos fundamentais deveriam limitar os poderes e não ao contrário.

O garantismo sul-americano, como uma variação poética e regional do garantismo constitucional é, portanto, uma teoria contemporânea do direito que se opõe ao neoconstitucionalismo, doutrina amplamente desenvolvida na América do Sul, como teoria do direito e do constitucionalismo, uma vez que a centralidade do sistema jurídico está nos direitos humanos e fundamentais e não na máxima

---

[6] Por todos, BARROSO, Luis Roberto. Neoconstitucionalismo e constitucionalização do Direito. *Revista Quaestio Iuris*, Rio de Janeiro, v. 2, n. 1, p. 1-48, jun. 2014.

racionalidade judicial[7]. Para o garantismo sul-americano, a democracia substancial e a teoria do constitucionalismo precisam enfrentar uma discussão sobre a importância de determinadas instituições ou funções de garantias, primárias e secundárias, dos direitos fundamentais, de modo que a atuação jurisdicional é apenas uma dessas funções de garantia (secundária) e não a única, tampouco a primordial.

Por outro lado, a teoria do *nuevo* constitucionalismo latino-americano, também amplamente divulgada na região, principalmente após os processos constitucionais da Bolívia, da Venezuela e do Equador, foca a base de proteção da democracia constitucional na qualidade dos processos políticos que dão origem a novas organizações constitucionais, carregando a teoria constitucional no componente político, da efetiva participação identitária no processo de formação das constituições, pelo reconhecimento dessas identidades no processo político de decisão majoritária, relegando a função normativa do direito constitucional, como limite a atuação dos poderes, públicos e privados, pela prevalência dos direitos humanos e fundamentais a um segundo plano, pois, está fundada no resgate de uma teoria da vontade popular, como legitimidade para atuação dos poderes e como forma de transformação da realidade política e social.

Portanto, a opção por aderir à teoria garantista, como base de teoria contemporânea do direito para desenvolver este livro, está em sua possibilidade de encaixe como explicação para os processos de reconstitucionalização da América do Sul, que ocorrem a partir dos anos 1980 do século XX e que se desenvolvem até hoje, aliada a uma estratégica teórica de prevalência dos direitos humanos como conquista das democracias constitucionais contemporâneas e como limites de atuação dos poderes, públicos e privados.

---

[7] Segundo Dario Ippolitto *"O paradigma garantista, tendendo a neutralizar o arbítrio potestativo dos juízes, sujeitado somente à lei, edifica a jurisdição como instituição de garantia, estranha à lógica democrático-majoritária do poder político, mas igualmente e profundamente democrática, enquanto finalizada à proteção dos direitos de todos"*. *In*: IPPOLITTO, Dario. O garantismo de Luigi Ferrajoli. *Revista de Estudos Constitucionais, Hermenêutica e Teoria do Direito (RECHTD)*, v. 3, n. 1, p. 34-41, jan./jun. 2011. Tradução: Hermes Zaneti Júnior, p. 39.

Na teoria garantista do direito constitucional, ganha relevância para conformação das garantias dos direitos humanos e fundamentais, como forma de controle e limitação da atuação dos poderes, o papel de instituições que não fazem parte da tradicional separação de poderes que marca todo o surgimento do constitucionalismo, a partir do século XVIII, e que é tida como base para afirmação de um Estado Democrático Constitucional de Direito, pois sem ela não há poderes limitados.

Entretanto a complexidade dos arranjos e dos direitos humanos e fundamentais contemporâneos exige que suas garantias passem para além dessas três funções espelhadas na teoria da separação dos poderes, o que leva à discussão se a tripartição de poderes, fórmula oitocentista de limitação dos poderes, é suficiente para a efetiva garantia dos direitos fundamentais, principalmente no paradigma contemporâneo, no qual as constituições estabelecem direitos humanos fundamentais de cunho social ou de participação, com estruturas mais complexas que os direitos individuais, base do constitucionalismo oitocentista.

Somado a isso, também o enfoque a partir dos processos de redemocratização da América do Sul leva em consideração que havia uma desconfiança por parte dos atores reconstituintes em relação aos titulares dos três poderes. Afinal, foram os titulares dos poderes públicos estatais aqueles que cooperaram para transformar a América do Sul em uma região marcada pelo terrorismo de Estado, naquela que ficou conhecida como a Operação Condor, que, em breves palavras, significou uma cooperação por parte dos estados sul-americanos para violação massiva dos direitos humanos e fundamentais dos seus cidadãos, com base na doutrina da segurança nacional, em um verdadeiro *sistema interamericano clandestino*[8] de violação de direitos.

---

[8] A expressão Sistema Interamericano Clandestino é usada por Joan Patrice McSherry em seu texto *Operation Condor: Clandestine Inter-American System*, publicado na coletânea Shadows of state Terrorism: Impunity in Latin America da revista Social Justice, v. 26, n. 4, p. 144-174, 1999.

Nesse contexto, de necessidade de impor mais força e limite a esses poderes públicos e constituídos, tão selvagens como aqueles poderes privados de mercado a que se refere Luigi Ferrajoli[9], por força das marcas recentes do passado, é que as constituições sul-americanas passaram a prever a existência de instituições autônomas e independentes dos três poderes, que ganham a missão constitucional de controlar os poderes públicos e privados para serem funções ou instituições de garantia de direitos humanos e fundamentais, independentemente da agenda política majoritária, dos titulares dos poderes públicos de ocasião.

Os exemplos dessas funções de garantias e de instituições de garantias podem variar de um sistema constitucional para outro, mas a base teórica é a mesma, ou seja, instituições autônomas e independentes dos poderes, que têm a missão de proteção dos direitos humanos e da democracia, legitimadas extraordinariamente pelos poderes reconstituintes e que atuam como garantia daquelas parcelas do que se convencionou a chamar de esfera do "indecidível", ou seja, direitos humanos e fundamentais que não estão sujeitos à decisão política majoritária de ocasião, uma vez que têm sua legitimidade baseada no fato de serem garantias para todos e não apenas para uma maioria. E é onde surgem as funções de garantia das *Defensorías del Pueblo*, novos papéis para os Ministérios Públicos e instituições de controle dos poderes constituídos, base comum de todo esse constitucionalismo sul-americano de matriz garantista, e que serve de base teórica deste livro.

E, seguindo a linha de pensamento da teoria constitucional garantista, focada na América do Sul, passei a analisar a instituição que a Constituição Federal de 1988 elegeu como sendo a principal e mais arrojada fórmula de introdução de uma instituição de garantias no sistema constitucional brasileiro, que é o Ministério Público.

De fato, a Constituição modificou radicalmente a estrutura dessa instituição, que tradicionalmente tem sua origem vinculada à

---

[9] FERRAJOLI, Luigi. *Poderes salvajes*. La crisis de la democracia constitucional. Madrid: Trotta, 2013.

21

subordinação de sua atuação ao Rei, para dotar o Ministério Público, institucionalmente, de funções e prerrogativas a fim de lhe alçar constitucionalmente para ser a instituição de garantia dos direitos humanos fundamentais e da democracia (art. 127, da Constituição Federal de 1988), inclusive como controladora da atividade dos poderes, da atividade de polícia e das atuações de particulares tendentes a violar os bens públicos e os direitos coletivos como um todo. Além de lhe manter a tradicional função de titular da ação penal.

Esse novo e poderoso Ministério Público brasileiro é a perfeita descrição normativa de uma instituição de garantias, tal como desenhada na matriz teórica do garantismo de Luigi Ferrajoli e que encontra instituições similares em todo o constitucionalismo contemporâneo da América do Sul, pelos motivos que se verá melhor adiante.

Entretanto, embora tenha a Constituição de 1988 criado o Ministério Público como uma instituição de garantias, com prerrogativas institucionais de independência e autonomia, manteve a fórmula histórica de vincular o chefe da instituição a um poder majoritário e conduzir a instituição de modo unipessoal. A fórmula unipessoal de condução institucional parece ser uma eterna herança do constitucionalismo das Américas, espelhada no modelo de presidencialismo *monopresidencialista* supremo, que é unânime na América do Sul[10], e que significa uma categoria de organização do Poder Executivo concentrando poder no chefe da instituição, no caso o procurador-geral da República, de modo a comprometer o projeto institucional pelo projeto pessoal.

Portanto, o objetivo primeiro desta obra é questionar se o Ministério Público Federal é uma instituição de garantias.

---

[10] Monopresidencialismo é uma categoria de organização típica do poder executivo nas constituições da América do Sul desde o século XIX desenvolvida por Raúl Gustavo Ferreyra em: FERREYRA, Raúl Gustavo. *Ciudadanía y poderes del Estado*. Corte Constitucional de Colombia: reelección presidencial y referendo popular. Buenos Aires: Ediar, 2018.

Para isso, pretende-se demonstrar que a opção normativo-institucional da Constituição Federal de 1988 para o Ministério Público era de constituir uma instituição de garantias dotada de autonomia em relação aos poderes constituídos e com legitimidade para salvaguardar os direitos humanos fundamentais e a democracia. Para tanto, alterou-se, normativamente, o Ministério Público, criando uma instituição com dupla institucionalidade, que manteve a função de titular da ação penal (*parquet*) e acumulou a atribuição de *ombudsman,* que, para nós, latino-americanos, deve ser entendida como a função de *defensor del pueblo.* Inclusive para *limitar* os poderes públicos constituídos por meio da possibilidade de ação.

Entretanto essa aposta constitucional que legitimou o Ministério Público como instituição de garantias no plano normativo acabou gerando um potencial conflito interno dessa dupla institucionalidade, que de um lado é o braço persecutório e punitivo do aparato estatal e, de outro, tem a atribuição de defender a sociedade dos abusos do poder estatal, para atuar como instituição de garantia dos direitos humanos e da democracia.

Além disso, manteve o chefe da instituição atrelado, necessariamente, ao chefe do Poder Executivo, comprometendo, em alguma medida, o desenvolvimento institucional como função de garantia dos direitos humanos e fundamentais, principalmente em âmbito federal.

Existe uma importante aporia a ser analisada na tese: como uma instituição de garantias pode ter por chefe alguém vinculado, necessariamente, ao projeto majoritário? Ou de governo? Essa objeção pode ser respondida, aparentemente de forma simples, argumentando-se que a indicação de ministros do Supremo Tribunal Federal (STF), órgão máximo do Poder Judiciário, por parte do presidente da República, não retira a condição de função de garantia do Poder Judiciário. Essa afirmação é verdadeira se levado em consideração que o STF decide e faz sua função jurisdicional de modo colegiado e não de modo unipessoal, como é o caso do cargo de procurador-geral da República, em relação às suas principais competências e atribuições constitucionais.

De fato, as principais atribuições constitucionais não são dadas ao Ministério Público como instituição, mas, sim, ao procurador-geral da República de modo unipessoal. São algumas delas: a) a representação na intervenção federal a que se refere o art. 36 da CF, a iniciativa de leis a que se refere o art. 61 da CF, a possibilidade de receber a delegação do presidente da República para conceder indulto ou comutar penas, na forma do parágrafo único do art. 84 da CF; b) a propositura das ações direta de inconstitucionalidade, declaratória de constitucionalidade e arguição de preceito fundamental, na forma do art. 103 da CF; c) indicar os membros que vão compor o Conselho Nacional de Justiça (CNJ), na forma dos incisos X e XI do art. 103-B da CF, bem como oficiar junto ao CNJ na forma do § 6º do mesmo art. 103-B da CF; d) suscitar perante o Superior Tribunal de Justiça (STJ) incidente de deslocamento de competência para Justiça Federal nas hipóteses de grave violação de direitos humanos, com a finalidade de assegurar o cumprimento de obrigações decorrentes de tratados internacionais de direitos humanos dos quais o Brasil seja parte; e) presidir o Conselho Nacional do Ministério Público (CNMP) na forma do art. 130-A, inciso I, da CF.

Portanto, a independência institucional do Ministério Público Federal, como instituição de garantias, se torna simbólica, dado que o procurador-geral da República responde ao presidente da República e não à instituição Ministério Público.

Essa discussão sobre o caráter unipessoal das atribuições do procurador-geral da República, chefe do Ministério Público Federal, e as competências institucionais do Ministério Público Federal, também deverão ser enfrentadas neste livro, pois é corrente a ideia de que uma instituição de garantias não pode ter sua legitimidade baseada nos fatores majoritários.

Nesse sentido, sobretudo nos anos 1990 e 2000[11], diversos pesquisadores da área da ciência política debruçaram-se sobre a atuação

---

[11] Por todos: SADEK, Maria Tereza (org.) *O Ministério Público e a justiça no Brasil*. São Paulo: IDESP/Editora Sumaré, 1997; SADEK, Maria Tereza Aina (ed.). *Acesso à justiça*. Rio de Janeiro: Fundação Konrad Adenauer, 2001; LEMGRUBER, Julita.

do Ministério Público para analisar de que modo esse novo ator político ingressa no sistema de justiça e tenciona as relações com os poderes de Estado. Em diversas oportunidades, o Ministério Público passa a ser considerado como um *agente político da lei*, como explica Rogério Arantes[12]. Esse interesse por fazer análise da instituição a partir dos olhos da ciência política, ocorre, justamente, porque essa nova institucionalidade constitucional, que empodera o Ministério Público, coloca a instituição em destaque no cenário político nacional, em razão da sua atuação. Além disso, de forma mais recente, a Operação Lava Jato levou, novamente, a área da ciência política a produzir diversas análises sobre o papel do judiciário e todo o sistema de justiça, seja em relação ao perfil dos agentes (procuradores, promotores, juízes, etc.), seja do impacto da operação na democracia. Essas pesquisas são essenciais para uma compreensão global do fenômeno[13], pois dão a exata dimensão dos problemas reais em termos de impacto da discussão normativa que aqui pretendo fazer[14].

Ministério Público: Guardião da democracia brasileira. Rio de Janeiro: CESeC, 2016.; KERCHE, Fábio. O Ministério Público e a Constituinte de 1987/88. *In*: SADEK, Maria Tereza (org.). *O sistema de Justiça*. São Paulo: IDESP/Sumaré, 1999; MACEDO JÚNIOR, Ronaldo Porto. A evolução institucional do ministério público brasileiro. In: SADEK, Maria Tereza (org.). *Uma introdução ao estudo da justiça*. Rio de Janeiro: Centro Edelstein de Pesquisas, 2010. p. 65-94.

[12] ARANTES, Rogério Bastos. *Ministério Público e a política no Brasil*. São Paulo: Sumaré, 2002.

[13] Aqui me refiro a KERCHE, Fábio; MARONA, Marjorie. O Ministério Público na Operação Lava Jato: como eles chegaram até aqui? *In*: KERCHE, Fábio; FERES JÚNIOR, João. (org.). *Operação Lava Jato e a democracia brasileira*. São Paulo: Contracorrente, 2018. p. 69-100; KERCHE, Fábio. Ministério Público, Lava Jato e Mãos Limpas: uma abordagem institucional. *Lua Nova*, São Paulo, n. 105, p. 255-286, 2018a; KERCHE, Fábio. Autonomia e discricionariedade do Ministério Público no Brasil. *Dados*, Rio de Janeiro, v. 50, n. 2, p. 259-279, 2007; VIEGAS, Rafael Rodrigues. Governabilidade e lógica de designações no Ministério Público Federal: os "procuradores políticos profissionais". *Revista Brasileira de Ciência Política*, n. 33, p. 1-51, 2020.

[14] Arantes, em recente artigo de opinião questiona sobre a "jabuticaba" que se tornou a instituição e a necessidade de repensar, em termos institucionais, quem irá cuidar do "barraco" que se tornou o Ministério Público (ARANTES, Rogério Bastos. Quem vai cuidar da jabuticaba que virou barraco? *Época*, 7 ago. 2019).

Portanto, o enfoque desta obra é diverso das desenvolvidas pela ciência política, justamente porque se dá em uma perspectiva das teorias jurídicas contemporâneas, sobretudo em uma teoria do direito de matriz normativa e positivista, o que sequer entra em jogo na abordagem das ciências sociais. Este livro é sobre direito.

Assim, levando em conta todas as premissas de matriz teórico-garantista e de interesse específico por fazer uma análise institucional focada, é que o tema central deste livro é demonstrar como se desenvolve efetivamente essa instituição de garantias (Ministério Público Federal), com sua dupla institucionalidade normativa e que convive com esse aparente conflito institucional. Levando-se em conta, inclusive, o papel de sujeição do chefe da instituição ao chefe do Poder Executivo.

Além disso, pretende-se verificar em que medida esse conflito na instituição pode comprometer sua função de instituição de garantias, chave de um constitucionalismo de matriz garantista, sobretudo na versão sul-americana.

Para poder analisar essa institucionalidade de forma mais instrumental, optou-se por recortar o objeto empírico de análise no Ministério Público Federal e no papel do procurador-geral da República, principalmente a partir da implementação do 1º Planejamento Estratégico Institucional, 2011-2020, prorrogado até 2021 (1º PEI), do Ministério Público Federal, no qual foram estabelecidas prioridades, visões institucionais e estratégias para o Ministério Público Federal a partir do uso da base metodológica *Balanced Scorecard (BSC),* desenvolvida por Robert Kaplan e David Norton[15].

O objetivo é limitar o objeto para verificar se, com a implementação do 1º Planejamento e a condução das práticas institucionais decorrentes, com o uso do BSC, mantém-se no Ministério Público Federal a forma de verdadeira instituição de

---

[15] KAPLAN, Robert; NORTON, David. *A estratégia em ação*: balanced scorecard. Rio de Janeiro: Elsevier, 1997.

garantias que normativamente desenhou a Constituição de 1988, ou se a instituição se desviou do propósito normativo constitucional e se converteu em uma instituição de governo, no sentido dado pelo garantismo constitucional de Luigi Ferrajoli.

Optou-se por recorte de objeto por estudar a instituição Ministério Público brasileiro na sua versão de Ministério Público Federal, sem prejuízo de ser possível uma adaptação da presente discussão aos demais Ministério Públicos. Também por questões de objeto, resolveu-se limitar temporalmente a discussão ao período que compreende o 1º PEI 2011-2020, prorrogado até 2021, isso porque em relação à atuação do Ministério Público Federal após o 1º PEI, existem dados públicos disponíveis a todos para verificação do que aqui será discutido. É importante lembrar que a pesquisa se desenvolveu durante a pandemia da covid-19 e que uma proposta de verificabilidade teórica, a partir de dados confiáveis, precisa ser aquela em que é possível a obtenção dos referidos dados.

Portanto, em termos teóricos, o tema deste livro é amplo, mas, em termos empíricos, é tópico, já que tem o recorte anteriormente citado.

Portanto, metodologicamente, o assunto deste livro é desenvolvido da seguinte forma:

Optou-se por dividir o tema em três partes. A primeira parte será teórica, na qual será explorada a teoria do garantismo, tomando por base o garantismo de Luigi Ferrajoli, em especial aquela versão que passa a ser desenvolvida pelo autor a partir da publicação de *Principia Iuris,* com um recorte no garantismo constitucional da América do Sul, enfocando a fundamental existência das funções de garantia nesse contexto, como chave para construção de modelos de democracias constitucionais surgidas no contexto de pós-terrorismo de Estado na região.

Para tanto, nessa parte teórica, serão abordadas a teoria do garantismo e a teoria do constitucionalismo sul-americano, para concluir que o constitucionalismo que se desenvolve na América do Sul é de matriz garantista, em termos normativos, e que a chave para essa constatação dessa premissa é o papel dado por esse direito constitucional às instituições de garantia, peças fundamentais para construção de um modelo garantista de democracia constitucional, que tende a diminuir os poderes para salvaguarda dos direitos humanos e fundamentais.

Além disso, se utilizará o modelo normativo do Ministério Público brasileiro, após 1988, como exemplo da construção de uma instituição de garantia no contexto do constitucionalismo de matriz garantista.

Na segunda parte, será feita uma historiografia da instituição Ministério Público e da função da Procuradoria-Geral da República, para discutir como essas instituições se tornam de garantias ou não na ordem jurídica constitucional de 1988 e, posteriormente, a construção pelo Ministério Público Federal, como objeto de análise empírica, do 1º Planejamento Estratégico Institucional do Ministério Público Federal. É a partir disso que se tem dados de como a instituição passa a se comportar de forma orgânica e baseada em planos estruturais de sua missão, função e atuação. Essa opção por focar o Ministério Público Federal após o 1º PEI 2011-2021 se deve à metodologia da pesquisa empírica documental, que foi escolhida para o desenvolvimento dos problemas e hipóteses de pesquisa.

Assim, na última parte do livro, serão analisados os dados dos relatórios de gestão dos procuradores-gerais da República depois do 1º PEI 2011-2021, divulgados de forma institucional pelo próprio Ministério Público Federal; que estão conformes com as diretrizes do planejamento e encontram-se nos relatórios de gestão. Os dados podem ser conferidos no portal do Ministério Público Federal[16] e sua divulgação se dá vinculada ao gabinete do procurador ou procuradora-geral da República.

E, ainda com base nesses dados, identificar se a instituição Ministério Público Federal se aparta (ou não) do plano normativo desenhado pelo constituinte em 1986/88, para agir como instituição

---

[16]   Vide: https://www.mpf.mp.br/o-mpf/procurador-a-geral-da-republica/relatorios-de-gestao.

de governo, ou se mantém a prática baseada no desenho normativo de ser uma instituição de garantias, na forma conceituada pela teoria de base. Além disso, este livro tem enfoque no direito comparado. Estudar o direito comparado não é simplesmente sobrepor legislação, é preciso estabelecer uma efetiva comparação, considerando o contexto e as funções dos institutos e instituições envolvidas[17].

A primeira dicotomia envolve a contraposição entre um instituto pontual ou do contexto do sistema jurídico de forma abrangente. Nesse aspecto, esta obra pretende combinar ambos ao situar, de um lado, o constitucionalismo sul-americano e, de outro, as instituições de garantias Ministério Público, no Brasil, e *Defensorías del Pueblo*, nos demais países sul-americanos.

A segunda dicotomia envolve a comparação em diferentes épocas de uma mesma instituição. Mais uma vez, ambas as abordagens estarão presentes, ao considerar a figura dos diferentes papéis do Ministério Público Federal e do procurador-geral da República em perspectiva.

A terceira dicotomia se dá quando a comparação adotada é sincrônica, ou seja, ocorre dentro de um mesmo lapso temporal, dentro da América do Sul.

O método comparado tem ganhado novos contornos. Supera-se uma comparação apenas para a formulação de novas leis, códigos e constituições. Adota-se um novo direito constitucional comparado, descrito a partir de uma "batalha de metáforas" vista como "migração

---

[17] Ver: TAVARES, Ana Lúcia Lyra. O ensino do direito comparado no Brasil contemporâneo. *Revista Direito, Estado e Sociedade*, n. 29, n. 29, p. 69-86, 2006. Os autores classificam as possibilidades de comparação em microcomparação e macrocomparação, em comparação no tempo e no espaço e em comparação sincrônica e diacrônica; VERGOTTINI, Giuseppe de. Balance y perspectivas del derecho constitucional comparado. *Revista Española de Derecho Constitucional*, año 7, n. 19, Ene./Abr. 1987; BOTERO BERNAL, Andrés. La metodología documental en la investigación jurídica: alcances y perspectivas. *Opinión Jurídica*, v. 2, n. 4, p. 109-116, 2003.

de ideias constitucionais", diálogos, empréstimos constitucionais, cuja novidade é comparar para entender sua aplicação e funcionamento[18].

Além disso, cabe destacar que, tradicionalmente, tem sido privilegiada a comparação ora com os institutos do direito dos Estados Unidos da América, ora com os institutos dos países da Europa. Matizar o discurso eurocêntrico é fundamental para compreender melhor as instituições de garantia sul-americanas[19]. Daí a adoção de marcos teóricos como os desenvolvidos por Roberto Gargarella e Raúl Gustavo Ferreyra, para além da visão garantista tradicional de Luigi Ferrajoli.

Por fim, será utilizada, também, a pesquisa empírica a partir de fontes documentais, seja nas atas da Assembleia Nacional Constituinte, em depoimentos de memória oral ou nos documentos institucionais do Ministério Público Federal disponíveis publicamente para consulta[20], para a compreensão de como a normatividade é apropriada socialmente, bem como a busca de resultados analíticos das consequências da interpretação dessa normatividade[21].

---

[18] PERJU, Vlad. Constitutional Transplants, Borrowing, and Migrations. In: ROSENFELD, Michael; SAJO, Andreas. (org.). The Oxford Handbook on Comparative Constitutional Law. Oxford: Oxford University Press, 2012.

[19] BOTERO BERNAL, Andrés. Matizando o discurso eurocêntrico sobre a interpretação constitucional na América Latina. Revista Seqüência: Estudos Jurídicos e Políticos, n. 59, p. 271-298, dez. 2009; CARPIZO, Jorge. Derecho constitucional latinoamericano y comparado. Boletin Mexicano de Derecho Comparado, Cidade do México, v. 38, n. 114, p. 949-989, dez. 2005.

[20] Compreende-se por pesquisa empírica no direito aquela que pretende "romper com a tradicional pesquisa teórico-bibliográfica, tão afeita ao Direito". Por todos, LINS E HORTA, Ricardo de; ALMEIDA, Vera Ribeiro de; CHILVARQUER, Marcelo. Avaliando o desenvolvimento da pesquisa empírica em direito no Brasil: o caso do projeto Pensando o Direito. Revista de Estudos Empíricos em Direito, São Paulo, v. 1, n. 2, p. 165, 2014.

[21] VERONESE, Alexandre. O problema da pesquisa empírica e sua baixa integração na área do Direito: uma perspectiva brasileira da avaliação dos cursos de pós-graduação do Rio de Janeiro. In: CONGRESSO NACIONAL DO CONPEDI, 16., 2007, Belo Horizonte. Anais [...]. Belo Horizonte: CONPEDI, 2007. p. 6019.

Além disso, a pesquisa documental é uma técnica de pesquisa empírica, a despeito da constante confusão que isso traz nos pesquisadores mais tradicionais[22].

Portanto, o objetivo da parte final é trazer certo grau de empiria para tentar explicar a aporia da dupla institucionalidade do Ministério Público Federal e o papel do procurador-geral da República nessa proposta de instituição de garantias.

---

[22] SILVA, Paulo Eduardo Alves da. *In*: MACHADO, Maíra Rocha (org.). *Pesquisar Empiricamente o Direito*. São Paulo: Rede de Estudos Empíricos em Direito, 2017. p. 277.

CAPÍTULO 1. INSTITUIÇÕES DE GARANTIA E O CONSTITUCIONALISMO SUL-AMERICANO: A CONSTRUÇÃO DO GARANTISMO SUL-AMERICANO COMO BASE TEÓRICA DO CONSTITUCIONALISMO SUL-AMERICANO

1.1. As instituições de garantia no constitucionalismo garantista de Luigi Ferrajoli

A teoria do garantismo ingressa no ambiente acadêmico, sobretudo na América do Sul, a partir das discussões do garantismo penal tendo como paradigma a obra *Direito e Razão*, de Luigi Ferrajoli[23], embora o paradigma do garantismo seja inerente ao próprio conceito de constitucionalismo democrático, no qual as normas jurídicas que estabelecem os direitos fundamentais condicionam e limitam a atuação dos poderes políticos.

O paradigma do modelo de garantismo é a do constitucionalismo democrático, em oposição ao modelo autoritário. O reflexo disso em matéria penal é a oposição do modelo inquisitorial com o modelo acusatório, sendo o segundo aquele compatível com as constituições democráticas, que limitam as atuações dos poderes por meio dos direitos, motivo pelo qual a partir dos axiomas do sistema garantista em matéria penal é que o modelo de constitucionalismo democrático se estabelece em oposição ao autoritarismo[24].

O sistema de garantismo, como teoria do direito e da democracia, não se restringe ao garantismo penal e merece ser analisado, também, a partir da perspectiva da teoria do Estado, do direito e do constitucionalismo democrático, uma vez que garantismo

---

[23] IPPOLITTO, Dario. O garantismo de Luigi Ferrajoli. *Revista de Estudos Constitucionais, Hermenêutica e Teoria do Direito (RECHTD)*, v. 3, n. 1, p. 34-41, jan./jun. 2011. Tradução: Hermes Zaneti Júnior, p. 36.

[24] CARVALHO, Salo de. *Pena e garantias*: uma leitura do garantismo de Luigi Ferrajoli no Brasil. Rio de Janeiro: Lumes Juris, 2001. p. 88.

pode ser entendido em sentido epistemológico, axiológico e normativo[25].

Assim, o enfoque da teoria vai para além do direito penal, compreendendo uma teoria garantista geral do direito, da democracia e do constitucionalismo, sobretudo depois da publicação de *Principia Iuris*[26]. A justificativa da teoria garantista se encontra na crise da democracia, da paz e das liberdades fundamentais, a qual "se manifesta no desenvolvimento de poderes selvagens legitimados por duas concepções regressivas e inconstitucionais da política e da economia [...]"[27]. A teoria se opõe à concepção populista da "democracia como soberania onipotente das maiorias e seus líderes", compreendendo a democracia como "um sistema de regras, limites e controles, incompatibilidades e separações, equilíbrios e contrapesos"[28].

No Brasil, o estudo sistemático do garantismo tem vários expoentes, como Sérgio Cademartori, Salo de Carvalho, Ana Claudia Pinho, Alfredo Coppetti Neto, Hermes Zaneti Junior, Antonio Santoro, Aury Lopes Júnior, Andre Karam Trindade, Alexandre Morais da Rosa, José Edvaldo Pereira Sales, entre outros.

Pode-se dizer que o significado-base de garantismo como teoria do direito e da democracia, em especial desenvolvido por Luigi Ferrajoli em *Principia Iuris* e nos textos que dele seguem, pode ser entendido como um modelo normativo de positivismo jurídico, como sistema axiomático, como teoria do direito ou como teoria dos poderes e da democracia, melhor dita como teoria das funções públicas. Lembrando sempre que, no constitucionalismo democrático

---

[25] PINHO, Ana Claudia Bastos de; ALBUQUERQUE, Fernando da Silva. *Precisamos falar sobre garantismo*: limites e resistência ao poder de punir. São Paulo: Tirant lo Blanch, 2019. p. 32.

[26] CADEMARTORI, Sérgio Urquhart de; STRAPAZZON, Carlos Luiz. Principia iuris: uma teoria normativa do direito e da democracia. *Pensar*, Fortaleza, v. 15, n. 1, p. 278-302, jan./jun. 2010. p. 285.

[27] FERRAJOLI, Luigi. *A Construção da Democracia*: teoria do garantismo constitucional. Florianópolis: Edimais. No prelo, p. 8.

[28] *Ibid.*, p. 8.

garantista, os direitos fundamentais são a linha de limite de atuação dos poderes públicos e privados[29].

Em termos de teoria do direito, o garantismo é uma teoria do positivismo jurídico que vê o constitucionalismo rígido, das constituições democráticas, como um chamado para um segundo positivismo jurídico, que vai atender a uma mudança empírica: a constitucionalização do projeto jurídico da paz e dos direitos humanos em sentido amplo, incluídos os direitos fundamentais sociais e aqueles advindos da ordem internacional.

Este segundo positivismo jurídico, como dizem Cademartori e Kuhn[30], é a construção do constitucionalismo garantista, que irá renovar e avançar de forma crítica sobre as bases do positivismo moderno, e por esse motivo é um positivismo jurídico reforçado. Por sua vez, Ferrajoli sustenta que "[...] a ciência jurídica positiva não pode mais se limitar a dizer, de acordo com uma clássica tese bobbiana, 'aquilo que o direito é', não podendo não dizer também 'o que o direito deve ser' e que igualmente faz parte, a um nível normativo superior, do 'direito que é'".[31]

Por sua vez, a construção da democracia demanda uma noção axiológica de "constituição democrática", que necessita de uma série de condições, como a rigidez, a representatividade política das funções de governo, a separação entre estas e as funções de garantia, e as garantias dos diferentes tipos de direitos fundamentais estipulados na Constituição como sendo vitais, na ausência das quais uma constituição é dita antidemocrática. Além da noção estrutural (colocação no topo da hierarquia das fontes e das normas), uma constituição depende de

---

[29] TRINDADE, André Karam. A teoria do direito e da democracia de Luigi Ferrajoli: um breve balanço do "Seminário de Brescia" e da discussão sobre Principia Iuris. *Revista Brasileira de Estudos Políticos*, v. 103, p. 111-138, jul. 2011. p. 114.

[30] CADEMARTORI, S.; KUHN, L. Dois modelos de constitucionalismo: entre o principialismo de Dworkin e o garantismo de Luigi Ferrajoli. *Revista Eletrônica Direito e Política*, Itajaí, v. 15, n. 2, p. 598-622, 2020. p. 611.

[31] FERRAJOLI, Luigi. *A Construção da Democracia*: teoria do garantismo constitucional. Florianópolis: Edimais. No prelo, p. 29-30.

uma noção axiológica para ser qualificada como "democrática", ou seja, depende da identificação de conteúdos normativos necessários.[32]

As garantias, por sua vez, são obrigações ou proibições correspondentes a expectativas positivas ou negativas: são garantias primárias aquelas correlativas às expectativas de direitos subjetivos, secundárias aquelas correlativas às expectativas de reparação ou punição de suas violações. Por exemplo, a proibição penal do homicídio ou roubo e a proibição constitucional da pena de morte e de restrições indevidas das liberdades fundamentais são as principais garantias negativas dos direitos individuais, tais como o direito à vida e os direitos à liberdade e à propriedade.

Da mesma forma, o dever e a obrigação de assistência de saúde e educação pública são as principais garantias positivas dos direitos sociais à saúde e à educação. As obrigações de anular atos inválidos e de condenar atos ilegais são, por outro lado, as garantias secundárias confiadas aos tribunais e destinadas a remediar ou punir as violações das garantias primárias, caso elas venham a ocorrer.

Portanto, pode-se se dizer que as garantias primárias são fornecidas ou predispostas por normas primárias, cuja observância e não observância são equivalentes, respectivamente, à eficácia primária e à ineficácia primária dos direitos garantidos, e cuja ausência gera lacunas primárias. As garantias secundárias, que intervêm em caso de violação das garantias primárias e, portanto, de ineficácia primária, são previstas ou predispostas por normas secundárias cuja observância e não observância são equivalentes à eficácia secundária e à ineficácia secundária dos direitos, e cuja ausência gera lacunas secundárias. Assim, enquanto as violações das garantias primárias ou secundárias indicam uma ineficácia contingente, suas lacunas, sejam primárias ou

---

[32] FERRAJOLI, Luigi. *A Construção da Democracia*: teoria do garantismo constitucional. Florianópolis: Edimais. No prelo, p. 215.

secundárias, indicam o vício muito mais grave de uma ineficácia estrutural de direitos fundamentais[33].

Hermes Zaneti Júnior[34] explica que a definição de um modelo garantista adequado ao constitucionalismo garantista, no que diz respeito às garantias primárias e secundárias, está assentado em, pelo menos, quatro postulados: (1) princípio da legalidade, assim entendida em dupla dimensão: a da legalidade lata, formal ou legal, ou mera legalidade e legalidade estrita, substancial ou constitucional; (2) a completude deôntica, ou seja, na obrigação de introdução dos deveres correspondentes aos direitos fundamentais, como garantias primárias, através de normas e instituições públicas de garantia, independentes das funções de governo; e (3) jurisdicionalidade (se existem garantias primárias, deve existir uma jurisdição como garantia secundária que possa corrigir a sua não efetivação ou efetivação insatisfatória da garantia primária); (4) princípio da acionabilidade, ou capacidade postulatória, isto é, se existe uma jurisdição, devem existir órgãos legitimados e voltados à satisfação das garantias primárias, por via da judicialização por meio das ações próprias a corrigir os atos omissivos ou comissivos dos poderes públicos e privados que atentem contra as garantias primárias. Juridicidade e acionabilidade são operativos práticos de legalidade e completude deôntica[35].

Por sua vez, desde a publicação de *Principia Iuris,* Ferrajoli vem desenvolvendo e propondo uma reformulação da tipologia clássica da

---

[33] FERRAJOLI, Luigi. *La democracia a través de los derechos.* El constitucionalismo garantista como modelo teórico y como proyecto político. Madrid: Trotta, 2014. p. 57.

[34] ZANETI JR., Hermes. Constitucionalismo garantista e precedentes vinculantes em matéria ambiental. Limites e vínculos ao ativismo judicial contrário ao meio ambiente. *In*: CLÈVE, C. M. *Direito Constitucional*: novo direito constitucional. 1. ed. São Paulo: Revista dos Tribunais, 2015. v. II, p. 1367-1400. (Coleção Doutrinas Essenciais). p. 1372.

[35] BARRETO JR., Williem da Silva. A crítica garantista ao paradigma do estado constitucional de direito e o redimensionamento da democracia. *In*: KUHN, Lucas B.; CADEMARTORI, Sérgio (org.). *Garantismo e Constitucionalismo popular*. Canoas: Unilassale, 2022. p. 43.

separação de poderes formulada por Montesquieu no século XVII, pois entende que o sistema institucional atual é mais complexo do que aquele do passado que foi pensado na tripartição dos poderes e em direitos fundamentais estreitamente vinculados à liberdade. Para dar conta da complexidade dos modelos institucionais atuais, que reorganizam a própria ideia de direitos fundamentais, Luigi Ferrajoli[36] propõe que as funções estatais se distingam em funções de governo e funções de garantia (entre as instituições do governo e as instituições de garantia).

As instituições do governo são aquelas investidas com funções políticas, com escolha discricionária e inovação em relação ao que podemos chamar de "sistema institucional", ou no que chamou de "esfera do decidível"; são as funções estritamente governamentais de direção política e escolha administrativa, e as funções legislativas. As instituições de garantia são, em vez disso, aquelas funções vinculadas à aplicação da lei e, em particular, o princípio da paz e dos direitos fundamentais, garantindo o que chamou de "esfera de indecisão" ou "esfera do indecidível"; são as funções de garantia judicial ou secundária, mas antes de tudo, as funções responsáveis pela garantia primária dos direitos sociais, tais como as instituições educacionais, instituições de saúde, instituições de assistência social e assim por diante, instituições de previdência social e similares.

Contemporaneamente, a partir dos novos arranjos constitucionais que desafiam as teorias oitocentistas de divisão e separação dos poderes, encontram-se diversas discussões sobre os novos arranjos institucionais para dar conta da divisão das funções públicas e do exercício dos poderes[37]. Além disso, a complexidade das

---

[36] FERRAJOLI, Luigi. Per una Costituzione della Terra. *Teoria politica*, v. 10, p. 39-57, 2020.

[37] Existem diversas abordagens sobre a necessidade de rediscussão da tradicional separação tripartite de poderes entre legislativo, executivo e judiciário. Optou-se pela abordagem garantista por motivos de marco teórico, sem desconhecer outras importantes referências como aquelas vinculadas ao Estado administrativo e às teorias institucionais como as de Bruce Ackerman constantes em ACKERMAN, Bruce. Adeus, Montesquieu. *Revista de Direito Administrativo*, v. 265, p. 13-23, jan. 2014;

funções assumidas pelo Estado Social e a necessidade de dar efetividade a direitos como educação, saúde, previdência, etc., implica que seja necessário revisitar a simplicidade da separação das funções públicas estatais, apenas na função de executivo, legislativo e judiciário, visto que existem novas figuras institucionais de interesse público que se encontram no âmbito constitucional para garantir os novos direitos do paradigma do Estado Social[38].

Esse diagnóstico feito por Luigi Ferrajoli[39] vai levá-lo a propor que, no constitucionalismo democrático de modelo garantista, seja possível separar as funções estatais em duas: as funções de governo e as funções de garantia.

As funções de governo são aquelas que se legitimam pela representação política, ou vontade popular e se encontram na esfera do discricionário e no âmbito do decidível de forma majoritária, lembrando que, para o modelo garantista, os direitos fundamentais não estão no âmbito do decidível, visto que eles são compulsórios para as maiorias políticas e não estão sujeitos a opção de descumprimento pela vontade majoritária[40]. E é por esse motivo que o garantismo se classifica como modelo de positivismo jurídico reforçado. Essas funções de governo incluem as funções políticas legislativas e de direção político-administrativas e se projetam em termos de espaço da política majoritária, pelos parâmetros de eficiência e utilidade e podem atuar naquilo que não atinja o núcleo do indecidível, que são os direitos fundamentais.

---

e de Adrian Vermeulle em: VERMEULLE, Adrian. *Law's Abnegation: from Law's Empire to the Administrative State.* Cambridge: Harvard University Press, 2016; BREYER, Stephen G. *et al. Administrative Law and Regulatory Policy*: Problems, Text, and Cases. New York: Aspen, 2016.

[38] FERRAJOLI, Luigi. *Principia iuris: Teoría del derecho y de la democracia 2.* Teoría de la democracia. Madrid: Trotta, 2013. p. 201.

[39] *Ibid.*, p. 200.

[40] FERRAJOLI, Luigi. *Principia iuris: Teoría del derecho y de la democracia 1.* Teoría del derecho. Madrid: Trotta, 2013. p. 828.

Por outro lado, as funções de garantia se legitimam pela vinculatividade à norma jurídica e se justificam democraticamente pelo respeito substancial às leis, em especial àquelas definidoras de direitos fundamentais. Essas funções de garantia estão vinculadas à esfera daquilo que não é decidível pela vontade majoritária, nem legitimado por ela. A legitimação democrática de atuação das funções de garantia é de ordem diversa e está em dar aplicação substancial aos direitos fundamentais de todos, não apenas das maiorias políticas. Portanto, as funções de garantia são instituídas para proteção dos direitos de todos e se legitimam democraticamente nos direitos, sendo contramajoritárias.[41]

Essa compreensão das funções de garantia está relacionada a uma superação da democracia entendida por "poder do povo" e unicamente como um método de formação de decisões políticas.[42] O poder do povo (ou de seus representantes) não é e nem pode ser ilimitado, além de ser insuficiente para garantir a sobrevivência da própria democracia. Há, assim, uma contradição entre essa concepção equivocada de democracia como "concretização da vontade popular" e os próprios requisitos de existência de uma democracia. Essa "vontade popular", para Ferrajoli, não existe, e é uma ideia traiçoeira entender que a democracia consiste em concretizá-la.[43]

Daí a importância da legitimidade contramajoritária das funções de garantia, as quais podem ser primárias, que são as atividades administrativas obrigatórias para aplicação substancial da lei definidora de algum direito fundamental, como aquelas que garantem a educação, a saúde e impliquem no exercício obrigatório de uma atividade para dar

---

[41] FERRAJOLI, Luigi. *Principia iuris: Teoría del derecho y de la democracia 1*. Teoría del derecho. Madrid: Trotta, 2013. p. 829.

[42] FERRAJOLI, Luigi. *A Construção da Democracia*: teoria do garantismo constitucional. Florianópolis: Edimais. No prelo, p. 218.

[43] "[...] *a concepção do povo como macro sujeito dotado de uma vontade única está na origem de todas as perversões totalitárias que assolaram o século XX e de todas as ideologias populistas e tentações autoritárias que ainda continuam a minar nossas democracias*" (FERRAJOLI, Luigi. *A Construção da Democracia*: teoria do garantismo constitucional. Florianópolis: Edimais. No prelo, p. 219-220).

efetividade a tais direitos, independentemente da legitimação política majoritária. Ou podem ser funções de garantias secundárias, que são aquelas do exercício jurisdicional em sentido lato, para apuração ou reparação da violação de uma garantia primária[44].

Por sua vez, em recente debate, Roberto Gargarella critica a teoria do garantismo constitucional de Luigi Ferrajoli a partir de alguns aspectos[45].

O primeiro é em relação à estrutura teórica sobre sua visão a respeito da democracia, que está subjacente como a última variável explicativa de muitas de suas análises mais específicas. Sistematicamente, a crítica vai primeiro ao diagnóstico de que Ferrajoli associa a ideia de democracia à irracionalidade das maiorias e ao abuso de poder, como uma ideia estabelecida em seu pensamento de que a democracia conduz necessariamente à opressão das minorias pelas maiorias, pelo populismo e pelos poderes selvagens.

Segundo, pelo fato de Ferrajoli associar a ideia do indecidível à tradição contratualista; ao pensamento liberal – que ele descreve como incluindo autores que vão de von Humboldt a Constant e Tocqueville; e também às propostas de autores reconhecidos da filosofia política contemporânea, entre os quais ele cita Norberto Bobbio (e sua ideia do "território inviolável") ou Ernesto Garzón Valdés (e sua noção do "território proibido – *coto vedado*"), deixando claro que o que liga a sua posição a uma parte fundamental da tradição liberal-contratualista é o caráter contramajoritário do seu esquema teórico.

Para Gargarella, a posição de Ferrajoli sobre este ponto é muito extrema: os direitos e as obrigações em jogo não são estabelecidos apenas como salvaguardas contra o que "maiorias contingentes" podem decidir, mas também como salvaguardas intransponíveis, ou seja, as que não podem ser postas de lado mesmo com base em uma

---

[44] FERRAJOLI, Luigi. *Principia iuris: Teoría del derecho y de la democracia 1*. Teoría del derecho. Madrid: Trotta, 2013. p. 827.

[45] GARGARELLA, Roberto. *Cuatro temas y cuatro problemas en la teoría jurídica de Luigi Ferrajoli*. México: Suprema Corte de Justicia de La Nación, 2021.

decisão unânime adotada pela cidadania. Para Gargarella, a esfera do indecidível é um escudo contra a democracia.

Gargarella, no entanto, parece incorrer em, pelo menos, dois erros ao criticar tão duramente o garantismo.

O primeiro deles é desconsiderar que historicamente o caudilhismo e o populismo são marcas inegáveis da tradição constitucional, sobretudo na América Latina, o que é denunciado pelo próprio Gargarella no seu *Sala de Máquinas*. Segundo, parece esquecer que os direitos fundamentais e as garantias primárias são elementos construídos por lutas históricas de suas conquistas e que se tornam "indecidíveis" para as maiorias de ocasião, pois são estabelecidos em decisões deliberativas majoritárias, de períodos extraordinários, como os momentos constituintes ou constitucionais, fundadores ou reformadores[46].

Assim, de fato, a crítica de Gargarella é uma crítica ao constitucionalismo em geral e não ao garantismo em particular[47].

Uma característica que deve nortear as funções de garantia é o fato de elas poderem ser exercidas de modo autônomo e imparcial em relação às funções de governo, tendo em vista que elas estão fundadas no respeito aos direitos fundamentais e, em muitos casos, incompatíveis com a dependência à política ou aos poderes públicos ou econômicos.

---

[46] FERREYRA, Raúl Gustavo. *Reforma Constitucional y Control de Constitucionalidad*. Buenos Aires: Ediar, 2007. p. 32.

[47] A crítica de Roberto Gargarella em recente debate com Luigi Ferrajoli, promovido pela Suprema Corte de Justiça da Nação do México, onde ele teceu inúmeras críticas sobre o conceito de esfera do indecidível manejado por Ferrajoli e os quatro pontos de vista críticos a partir da matriz do deliberativismo, pode ser conferida em https://youtu.be/ZwHcrnceaMQ. A versão da crítica em manuscrito foi gentilmente fornecida por Roberto Gargarella para consulta.

As funções de garantia devem poder fazer oposição e resistência às funções de governo, quando essas tentarem tencionar ou violar aquela parcela do indecidível, isto é, os direitos fundamentais[48].

Então, por vezes, essas funções de garantia devem se desenvolver de forma orgânica e funcional, de modo autônomo institucionalmente, em relação às funções ou instituições de poder. Em algumas vezes, é desejável que essa separação institucional das funções de governo ocorra, como forma de dar efetividade à implementação substancial das normas de direitos fundamentais. Às funções e às instituições de garantia primária – tais como educação pública, saúde e seguridade social previdenciária –, "deve ser garantida a mesma independência e separação das funções de governo que são asseguradas às funções judiciais de garantia secundária"[49]. Por esse motivo que, por vezes, existem instituições de garantia de direitos nas mais diversas opções constitucionais. Os exemplos dessas funções de garantias e de instituições de garantias podem variar de um sistema constitucional para outro, mas a base teórica é a mesma. Se podemos considerar que "[...] a positivação se afirmou contra o arbítrio da jurisdição, a constitucionalização do direito se afirmou contra o arbítrio da legislação"[50].

Na Constituição de 1988, pode-se identificar um exemplo de instituição de garantia primária nas universidades, para dar efetividade ao direito à educação, e sua autonomia didático-científica, administrativa e de gestão financeira e patrimonial (art. 207), para ser garantia institucional do direito à liberdade acadêmica[51].

---

[48] FERRAJOLI, Luigi. *Principia iuris: Teoría del derecho y de la democracia 2*. Teoría de la democracia. Madrid: Trotta, 2013. p. 200.

[49] FERRAJOLI, Luigi. *A Construção da Democracia*: teoria do garantismo constitucional. Florianópolis: Edimais. No prelo, p. 241.

[50] *Ibid.*, p. 241.

[51]CYRILLO, Carolina; SILVEIRA, Luiz Fernando Castilhos. A universidade como instituição de garantia das liberdades no Estado Democrático de Direito: autonomia universitária como instrumento de resiliência. *In*: CAMPOS MELLO, Patrícia Perrone; BUSTAMANTE, Thomas da Rosa de. (org.). *Democracia e resiliência no Brasil*:

De fato, a autonomia universitária demonstra bem como as universidades funcionam como instituições de garantia primária, pois acabam por serem o local onde a busca da verdade, pela primazia do direito à liberdade acadêmica, controla as punções políticas autoritárias, como já havia sido percebida por Hannah Arendt no seu texto *Verdade e Política*[52], para quem essas instituições, em razão do mal-estar que causam aos detentores do poder, encontram-se sempre expostas aos perigos do poder político autoritário, pois a verdade e a liberdade acadêmica, objetivo das instituições universitárias, confrontam e limitam os tiranos.

Em relação às funções de garantia secundárias, em geral, há associação com a ideia da garantia jurisdicional da proteção de direitos, razão pela qual é imperioso que a função de garantia da prestação jurisdicional seja absolutamente independente de uma função de governo. No entanto não é apenas a prestação jurisdicional que exerce a função de garantia secundária. Existem algumas opções constitucionais que atribuem a determinadas instituições o papel de exercerem a função de garantias secundárias como mediadoras entre o cumprimento da função de garantias primárias e a de garantias secundárias. Hermes Zaneti Junior[53] identifica que esse é o novo papel atribuído pela Constituição Federal de 1988 ao Ministério Público, quando amplia consideravelmente seu campo de atuação.

As funções de garantia (primárias e secundárias) são contramajoritárias, e têm sua legitimidade fundada nos direitos fundamentais, que são legitimados, por sua vez, pela política extraordinária ou constituinte que os estabelece, seja nos momentos originários, seja nos de reforma.

---

a disputa em torno da Constituição de 1988. Espanha: Bosch editor, 2022. p. 439-459.

[52] ARENDT, Hannah. *Entre o passado e o futuro*. São Paulo: Perspectivas, 2002. p. 322.

[53] ZANETI, Hermes. CPC/2015: O Ministério Público como Instituição de Garantia e as Normas. *Revista Jurídica Corregedoria Nacional: A Atuação Orientadora das Corregedorias do Ministério Público*, v. II. Brasília: Conselho Nacional do Ministério Público, 2017. p. 107.

As funções de garantia se opõem às funções de governo em modelos de constitucionalismo social em que há uma significativa ampliação dos direitos fundamentais, não restringindo a complexidade do constitucionalismo apenas aos direitos de liberdade. Para manutenção da fórmula de que direitos fundamentais são limites de atuação do poder, alguns direitos precisam de instituições (independentes ou autônomas da política governamental) que sirvam como escudo para proteção substancial desses direitos. Essas são as instituições de garantia, que podem ser primárias ou secundárias e se opõem às funções de governo. As instituições de garantias primárias são as que garantem a substancial aplicação dos direitos, como o Sistema Único de Saúde (SUS) para a saúde ou as universidades para liberdade acadêmica e acesso à educação. As secundárias são aquelas vinculadas ao sistema jurisdicional como um todo e servem como guardiãs quando essas garantias de aplicação substancial primárias falham na proteção dos direitos.

As funções de governo são majoritárias, têm sua legitimidade política assegurada pelas maiorias de ocasião (ou eleitorais ordinárias). Elas dizem respeito à dimensão formal da democracia "porque [são] pertencentes às formas, isto é, ao quem e ao como das decisões na esfera do decidível [...]"[54]. Já os poderes ou funções de garantia – tanto primárias quanto secundárias – correspondem "à dimensão substancial da democracia constitucional", "garantindo a esfera do indecidível constituído pela proteção e satisfação dos direitos fundamentais"[55].

Assim, nas democracias constitucionais atuais, não há como justificar qualquer decisão apenas com o filtro da legitimidade popular. O que significa dizer que os poderes de governar e legislar encontram limites materiais e substanciais na normatividade da constituição, entendida como limite jurídico. Ou seja, os conceitos substanciais de

---

[54] FERRAJOLI, Luigi. *A Construção da Democracia*: teoria do garantismo constitucional. Florianópolis: Edimais. No prelo, p. 241-242.

[55] *Ibid.*, p. 242.

democracia e de garantismo são, de fato, um limite jurídico à ideia de que as maiorias de ocasião podem deliberar sobre qualquer matéria[56].

Essa dimensão substancial da democracia constitucional diz respeito sobre quais conteúdos não é permitido ou é obrigatório decidir. Sem essa dimensão substancial – ou seja, somente com a dimensão puramente formal ou dinâmica da democracia – há o risco de uma degeneração em despotismo político ou econômico: "sem limites, restrições e controles impostos pelas funções de garantia aos poderes do governo, a democracia pode [...] degenerar em sistemas políticos autoritários ou totalitários [...]"[57].

Ocorre que, justamente para poderem exercer esses limites, restrições e controles, as funções administrativas de garantia primária dos direitos fundamentais devem ser mantidas apartadas das funções políticas de governo, pois estas tendem a prevalecer e a devorar as funções administrativas de garantias.[58] Trata-se de uma dimensão requerida pela democracia social. Cada uma das quatro definições de democracias estabelecidas por Luigi Ferrajoli requer uma separação: a democracia política requer uma separação entre forças sociais e funções de governo; a democracia civil, uma separação entre os poderes político e econômico; a democracia liberal, a separação "entre legislação e jurisdição, ou entre função de governo e funções de garantia secundária"; já a democracia social requer a "separação entre funções de governo e funções de garantia primária, garantindo novamente a eficácia das últimas e a sua independência das primeiras"[59].

Torna-se, portanto, nessa estrutura proposta, indevido depositar essas funções de garantia primária na Administração Pública pelas

---

[56] SALES, José Edvaldo Pereira. *Autoritarismo e Garantismo*. Tensões na tradição brasileira. São Paulo: Tirant lo Blanch, 2021.

[57] FERRAJOLI, Luigi. *A Construção da Democracia*: teoria do garantismo constitucional. Florianópolis: Edimais. No prelo, p. 217.

[58] *Ibid.*, p. 245.

[59] FERRAJOLI, Luigi. *A Construção da Democracia*: teoria do garantismo constitucional. Florianópolis: Edimais. No prelo, p. 244.

mãos do Poder Executivo[60]. Esse "depósito" acabou ocorrendo após a constitucionalização dos direitos fundamentais, e em particular dos direitos sociais, sem que as funções de garantia coubessem nos poderes legislativo ou judiciário. No entanto esse depósito das funções de garantia no Poder Executivo faz com que elas compartilhem, errônea e indevidamente, a mesma legitimidade do Poder Executivo, qual seja, uma fonte de legitimidade de tipo político e majoritário de ocasião, o que, em muitas situações, acaba gerando confusão na forma de sua atuação[61].

Essa discussão anterior, novamente, pode ser exemplificada com a questão já trazida sobre o papel das universidades como instituições de garantia, no modelo constitucional de 1988[62].

A autonomia universitária está estabelecida na Constituição de 1988, no artigo 207, e tem por objetivo defender as universidades, públicas e privadas, da intervenção dos governos em suas questões internas. O texto constitucional define a concepção integral da autonomia universitária, entendida como autonomia didático-científica, administrativa e de gestão financeira e, ainda, determina que as universidades obedecerão ao princípio de indissociabilidade entre ensino, pesquisa e extensão[63].

------

[60] CADEMARTORI, Sérgio. *Estado de Direito e legitimidade*: uma abordagem garantista. Canoas: Ed. Unilasalle, 2021. p. 62.

[61] FERRAJOLI, Luigi. *A Construção da Democracia*: teoria do garantismo constitucional. Florianópolis: Edimais. No prelo, p. 240.

[62] A autonomia universitária na constituição de 1988 e sua função como instituição de garantias primárias nos moldes de uma teoria do garantismo constitucional foi objeto do projeto de pesquisa institucionalizado na UFRJ através do Processo nº 23079.235772/2021-95, intitulado *Autonomia Universitária e Liberdade Acadêmica* e funcionou entre 2020 e 2022 sob minha coordenação em conjunto com o professor Luiz Fernando Castilhos Silveira, da Universidade de Caxias do Sul (UCS).

[63] CYRILLO, Carolina; SILVEIRA, Luiz Fernando Castilhos. ADPF 548: Autonomia universitária como garantia das liberdades no Estado Democrático de Direito. *In*: RIZEK FILHO, José Carlos. *et al.* (org.). *Decisões Notórias das Cortes Supremas e Constitucionais.* Belo Horizonte: Dialética, 2021.

Tal autonomia vem desenhada na arquitetura constitucional de 1988 a partir de uma cadeia normativa inaugurada pelo art. 207, mas também composta pelas normas previstas nos artigos atinentes aos direitos fundamentais da liberdade de manifestação do pensamento, de expressão da atividade intelectual, artística, científica e de comunicação e de reunião (art. 5°, incisos IV, IX e XVI), ao ensino pautado na liberdade de aprender, ensinar, pesquisar e divulgar o pensamento e o pluralismo de ideias (art. 206, incisos II e III), à manifestação do pensamento, à criação, à expressão e à informação (art. 220, caput).[64] O objetivo constitucional encontrava-se bastante claro na perspectiva da Assembleia Nacional Constituinte, que era defender as universidades da intervenção dos governos em relação às suas questões internas, definindo a concepção integral da autonomia universitária, entendida como autonomia didático-científica, administrativa e de gestão financeira e, ainda, a obediência ao princípio de indissociabilidade entre ensino, pesquisa e extensão, como forma de atribuir às universidades o papel de garantidoras desses direitos fundamentais a elas aderentes.[65]

A Constituição Federal de 1988, em especial no caput art. 207, concedeu às universidades públicas e privadas uma considerável parcela de autonomia, ou autodeterminação, para permitir que apenas elas mesmas façam as suas próprias regulamentações em matéria

---

[64] Horácio Rodrigues identifica três momentos distintos da autonomia universitária: "(a) como princípio pedagógico – flexibilidade –, constante do artigo 206, incisos II e III; (b) como princípio organizativo – liberdade de oferecimento pela iniciativa privada –, presente no artigo 209; e (c) como princípio administrativo – autonomia universitária –, na forma do artigo 207", sem fazer uma relação destes com a importância da pesquisa e da extensão no papel das universidades (RODRIGUES, Horácio Wanderlei. Controle público da educação e liberdade de ensinar na Constituição Federal de 1988. *In*: BONAVIDES, Paulo; LIMA, Francisco Gérson Marques de; BEDÊ, Fayga. (coord.). *Constituição e democracia*: estudos em homenagem ao professor J. J. Canotilho. São Paulo: Malheiros, 2006.

[65] O conteúdo das audiências públicas e a discussão da subcomissão de educação, da cultura e dos esportes pode ser conferido no portal específico do Senado Federal destinado aos anais da Assembleia Nacional Constituinte e está disponível em: http://www.senado.leg.br/publicacoes/anais/constituinte/8a_Sub._Educacao,_cul tura_e_esporte.pdf.

administrativa, didática, pedagógica e científica, respeitando os limites constitucionais estabelecidos, jamais podendo haver limitação dessa autonomia por mera lei infraconstitucional, dado que o tema foi debatido e deliberado na assembleia nacional constituinte de forma bastante contundente e com as duas opções de limites para a autonomia, prevalecendo a tese da autonomia sem limitação (ou a plena autonomia universitária).[66]

O objetivo constitucional de estabelecer uma autonomia universitária plena, não restringível por norma infraconstitucional, é dar às universidades o *status* jurídico de instituições de garantia dos direitos fundamentais que elas concretizam. Consiste, pois, na autonomia de meios para que a universidade possa cumprir sua autonomia de fins constitucionalmente estabelecidos.[67]

No direito constitucional, sobretudo naquele de matriz sul-americana e garantista, fruto de uma luta de transição entre ditaduras e democracias, aparecem novas funções constitucionais destinadas a algumas instituições de Estado. Essas instituições ganham protagonismo normativo constitucional, com o objetivo de serem garantias de direitos fundamentais, reconquistados nas novas democracias constitucionais.

Essas instituições ganham proteção constitucional, inclusive, em relação aos poderes públicos (executivo, legislativo, judiciário), justamente para que seja possível atribuir a elas a concretude dos

---

[66] CYRILLO, Carolina; SILVEIRA, Luiz Fernando Castilhos. A Autonomia Universitária na Constituição de 1988: um modelo de autonomia institucional em construção. *Revista Práticas em Gestão Pública Universitária*, ano 5, v. 5, n. 1, p. 82-104, jan./jun. 2021.

[67] FERRAZ, Ana Candida Cunha. Autonomia Universitária na Constituição de 05.10.1988. *Revista de Direito Administrativo*, Rio de Janeiro, v. 215, p. 117-142, jan/mar. 1999. p. 132.

direitos fundamentais, independentemente das políticas governamentais majoritárias, dando-lhes autonomia.[68]

No entanto tal independência da autonomia universitária (sobretudo da universidade pública) em face das políticas governamentais de ocasião ainda é um conceito em construção na realidade jurídica brasileira. De fato, o tratamento dado ao tema, principalmente nos julgados do Supremo Tribunal Federal (STF) e na tradicional doutrina do direito administrativo, parece incorporar de forma forte a ideia de que, em razão do regime de direito público das universidades federais, elas devem se sujeitar a um maior controle governamental, já que fazem parte da Administração Pública e, portanto, abrigadas no Poder Executivo.

O paradigma desse pensamento no Supremo Tribunal Federal é a ADI 51 de 1989, relatada pelo então ministro Paulo Brossard e que interpretou a autonomia universitária do artigo 207 da CF como uma "não novidade" trazida pela CF 88, sendo que deveria a norma constitucional ser harmonizada com a Lei nº 5.540 de 1968, a qual fixava normas de organização e funcionamento do ensino superior. Para o relator, não deveria se supor que a autonomia universitária do artigo 207 da CF de 1988, de que passavam a gozar as universidades a partir de então, as colocava acima da lei. Entendeu que a autonomia didático-científica, administrativa e de gestão não colocava a Universidade Federal do Rio de Janeiro, que era o caso concreto que estava em julgamento, em outro lugar, diferente de qualquer outra autarquia que compunha a administração pública federal, devendo receber o mesmo *status* jurídico que qualquer outra instituição componente da administração pública federal indireta.[69]

---

[68] CYRILLO, Carolina; SILVEIRA, Luiz Fernando Castilhos. A autonomia universitária na CF 88: em momento de emergência, soluções constitucionais. *Revista Páginas de Direito*, Porto Alegre, ano 20, n. 1425, jun. 2020.

[69] CYRILLO, Carolina; SILVEIRA, Luiz Fernando Castilhos. A Autonomia Universitária na Constituição de 1988: um modelo de autonomia institucional em construção. *Revista Práticas em Gestão Pública Universitária*, ano 5, v. 5, n. 1, p. 82-104, jan./jun. 2021.

Estabelecer essa natureza de autarquia às universidades federais é dizer que elas estarão sujeitas, nas relações civis, tributárias e trabalhistas, ao chamado regime de direito público, o que implica a indisponibilidade do interesse público e a sujeição aos mecanismos de controles típicos da Administração Pública nas suas atividades administrativas e de gestão, além da subordinação ao presidente da República.[70]

Portanto, é evidente que todos os mecanismos de controle de contas, probidade administrativa e judicial, práticas de *accountability*, governo aberto e *compliance* público, princípios constitucionais administrativos típicos e aplicáveis aos entes da Administração Pública indireta se aplicam às universidades federais, por serem autarquias. Ou seja, todas as normas de hierarquia constitucional em matéria de regime administrativo se aplicam às universidades públicas federais, como as normas dos artigos 37 a 41, as normas relativas ao orçamento da administração do artigo 165 e a sujeição do controle pelo Tribunal de Contas (artigo 71), ou das demais instituições como o Ministério Público (artigo 127).[71]

Entretanto o que entra em jogo na autonomia universitária não é essa sujeição de controle típico das instituições mantidas sob o regime de direito público, por utilizarem-se de orçamento público, mas, sim, em qual medida o fato de as universidades federais comporem a Administração Pública compromete a autonomia universitária constitucional plena, com o discurso de controle administrativo legitimado na supremacia do interesse público. Ou seja, há que se perquirir se o discurso de controle administrativo não é um subterfúgio

---

[70] Sobre o regime de direito público: DI PIETRO, Maria Sylvia Zanella. *Direito Administrativo*. 19. ed. São Paulo: Atlas, 2006. p. 64; JUSTEN FILHO, Marçal. *Curso de Direito Administrativo*. São Paulo: Saraiva, 2005, p. 48; MELLO, Celso Antônio Bandeira de. *Curso de Direito Administrativo*. 19. ed. São Paulo: Malheiros, 2005. p. 55.

[71] CYRILLO, Carolina; SILVEIRA, Luiz Fernando Castilhos. A Autonomia Universitária na Constituição de 1988: um modelo de autonomia institucional em construção. *Revista Práticas em Gestão Pública Universitária*, ano 5, v. 5, n. 1, p. 82-104, jan./jun. 2021.

governamental para controlar a autonomia universitária, em evidente comprometimento dos fins da universidade como centros científicos de saber e instituições da garantia de direitos fundamentais, como a educação e o desenvolvimento.[72]

Esse problema em relação à autonomia universitária é a consequência da sujeição, em alguma medida, das instituições de garantia ao projeto político majoritário (ou as instituições de governo). É por isso que a confusão entre as instituições de garantia primárias e as atribuições do Poder Executivo também merecem atenção, em uma perspectiva garantista, sobretudo em uma tradição constitucional altamente concentradora da ideia de chefe supremo da nação.

Além disso, Luigi Ferrajoli[73] propõe uma transformação da própria estrutura do constitucionalismo clássico associado aos estados da nação, a partir da sua ideia de instituições de garantia. Basicamente, para dar conta da complexidade dos modelos institucionais atuais, que reorganizam a própria ideia de direitos fundamentais, Ferrajoli sugere que as funções se distingam em funções de governo e funções de garantia (entre as instituições do governo e as instituições de garantia).

As instituições do governo são aquelas investidas com funções políticas, com escolha discricionária e inovação em relação ao que podemos chamar de "sistema institucional", ou no que podemos chamar de "esfera do decidível". São as funções estritamente governamentais de direção política e escolha administrativa, e as funções legislativas.

As instituições de garantia são, ao invés disso, aquelas funções vinculadas à aplicação da lei e, em particular, o princípio da paz e dos direitos fundamentais, garantindo o que Ferrajoli chamou de "esfera

---

[72] Há evidências que indicam uma correlação positiva (apontando-a como um dos mais importantes fatores) entre o grau de autonomia acadêmica e a performance de uma instituição. Vide: WESTERHEIJDEN, Donald F. *et al. Progress in higher education reform across Europe*. Governance Reform. Volume 1: Executive Summary main report. Enschede/Kassel: Center for Higher Education Policy Studies (CHEPS), 2010.

[73] FERRAJOLI, Luigi. Per una Costituzione della Terra. *Teoria politica*, v. 10, p. 39-57, 2020. p. 43.

de indecisão" ou a "esfera do indecidível"[74], são as funções de garantia judicial ou secundária, mas, antes de tudo, as funções responsáveis pela garantia primária dos direitos sociais, tais como as instituições educacionais, instituições de saúde, instituições de assistência social, instituições de previdência social e similares.

São essas funções e instituições de garantia, muito mais do que as funções e instituições do governo, que precisam ser desenvolvidas, inclusive, em sua proposta, globalmente, para implementar o paradigma constitucional. Justamente com a finalidade de garantir a paz, o meio ambiente e os direitos humanos, não é o estabelecimento de um improvável e indesejável da forma do Estado supranacional – uma espécie de superestado mundial, mesmo se baseado no nível político de democratização política da ONU –, mas, sim, a introdução de técnicas, funções e instituições de garantia apropriadas em âmbito global[75].

As funções e as instituições de governo, de fato, sendo legitimadas pela representação política, devem permanecer, tanto quanto possível, dentro da competência dos Estados nacionais, uma vez que há pouco sentido em um governo planetário representativo baseado no clássico princípio de "uma cabeça-um-voto". Também as instituições de garantia primária, em particular, aquelas ligadas aos direitos sociais à saúde, educação e assistência à saúde, devem permanecer, tanto quanto possível, sob a responsabilidade dos Estados-nação. Por outro lado, a proteção do meio ambiente, por exemplo, que é uma função que não é legitimada por consenso majoritário, mas pela universalidade dos direitos fundamentais, sendo também uma instituição de garantias primária, em muitos casos, deve ser introduzida em nível internacional, em uma estrutura proposta por Ferrajoli de proteção multinível de direitos humanos.

---

[74] FERRAJOLI, Luigi. *Democracia y garantismo*. Madrid: Trotta, 2008. p. 103.

[75] FERRAJOLI, Luigi. *Constitucionalismo más allá del estado*. Madrid: Trotta, 2018. p 58.

A maioria das funções contramajoritárias nos campos do meio ambiente, do crime transnacional, da gestão dos bens comuns e da redução das desigualdades diz respeito a problemas globais, como a proteção do ecossistema, a fome, as doenças não tratadas e a segurança, que exigem respostas universais que só as instituições globais de garantia podem fornecer ou são capazes de fornecer.

É sobretudo a falta dessas funções e dessas instituições globais primárias de garantia a verdadeira e grande falha do direito internacional de hoje, que é equivalente a uma violação gritante da garantia. E são essas funções e instituições de garantia que precisam ser concebidas e depois introduzidas, ou seja, normativamente construídas na *Constituição da Terra,* a fim de garantir a sobrevivência da humanidade, ameaçada pela primeira vez na história por nossas próprias políticas majoritárias de ocasião[76].

Por matrizes teóricas diversas, são identificações semelhantes com aquelas que Sidney Guerra[77] vem trabalhando como sendo a categoria do direito internacional das catástrofes e a necessidade de transformar em *hard law* mecanismos supranacionais de proteção.

Portanto, é plenamente justificável um estudo sobre a importância das instituições de garantia para construção das democracias constitucionais, e em que medida atuam em funções vinculadas à aplicação da lei e, em particular, o princípio da paz e dos direitos fundamentais, garantindo a "esfera de indecisão".

Assim, as instituições de garantia são a chave de um constitucionalismo de matriz garantista, justamente porque se ocupam de tensionar e romper com as tradicionais estruturas do constitucionalismo liberal e também social tradicional, no que diz respeito à divisão das tarefas públicas e, principalmente, sobre o papel que exerce o direito na contenção do político majoritário e que força é

---

[76] FERRAJOLI, Luigi. Per una Costituzione della Terra. *Teoria politica*, v. 10, p. 39-57, 2020.

[77] GUERRA, Sidney. *Direito Internacional das Catástrofes*. Curitiba: Instituto Memória, 2021.

dada às normas de proteção de direitos fundamentais nesse contexto, justamente porque a dimensão que está por trás dos pressupostos do constitucionalismo garantista é a dimensão da democracia substancial.

Com isso, é possível ajustar a base da matriz teórica que inspira a análise deste livro, de modo a entender que papel joga o garantismo na estrutura de compreensão do constitucionalismo sul-americano, como será visto a seguir, e como isso impacta a construção da instituição particular de garantia, objeto de análise desta obra.

1.2. Do constitucionalismo sul-americano: formação da geopolítica da região, da sala de máquinas e do monopresidente supremo

Os países da América do Sul apresentam contextos regionais bastante distintos, com características culturais próprias e com tradições e organizações políticas diversas. Pode-se dizer que, no que concerne à colonização e à herança pós-colonial, a história dos países se assemelha em alguns aspectos e se diferencia em outros, em especial pela experiência imperial brasileira, que é bastante distinta da história dos demais países na região.

Por sua vez, o processo de constitucionalização sul-americano ganha corpo no século XIX com o que Roberto Gargarella[78] identifica como sendo uma constitucionalização fruto de um pacto político entre liberais e conservadores que, de modo genérico, combinava uma estrutura liberal no que diz respeito à lista de direitos individuais com um sistema clássico de divisão dos poderes, utilizando um presidencialismo forte.

Em relação à distribuição horizontal de funções, o modelo sobre a divisão do poder foi inventado na Europa, mas é nas Américas onde

---

[78] GARGARELLA, Roberto. *La sala de máquinas de la Constitución*: Dos siglos de constitucionalismo en América Latina (1810-2010). Buenos Aires: Katz, 2014. p. 69.

foi codificado, por escrito, com a Constituição da Filadélfia de 1787[79]. O sistema de governo americano, que floresceu de forma unânime nas repúblicas sul-americanas, é chamado de presidencialismo[80].

De fato, como bem assevera Raúl Gustavo Ferreyra[81], as ideias europeias sobre a separação das funções estatais que prevaleceram durante os séculos XVII e XVIII não eram exatamente as mesmas que predominaram nas repúblicas presidenciais na América do Sul, a partir do século XIX. Embora o movimento constitucionalista liberal tenha nascido quase ao mesmo tempo em ambos os lados do Oceano Atlântico, por exemplo, a Independência Americana, em 1776, e a Revolução Francesa, em 1789, a fisionomia de cada processo foi claramente diferente[82].

---

[79] FERREYRA, Raúl Gustavo. *Ciudadanía y poderes del Estado*. Corte Constitucional de Colombia: reelección presidencial y referendo popular. Buenos Aires: Ediar, 2018. p. 120.

[80] Obviamente não se desconhece o fator histórico da existência da monarquia e do poder moderador no Brasil, tampouco a experiência do conselho de ministros criado pelo imperador Dom Pedro II, em 1847, que alguns autores referem como sendo uma experiência parlamentarista (embora os ministros não houvessem sido nomeados ou indicados pelo parlamento e, sim, pelo imperador). Também não se desconhece que na Constituição uruguaia de 1830 o presidente da república (cargo exercido de forma unipessoal) era eleito de forma indireta pela assembleia geral. No entanto, em termos argumentativos da formação de uma identidade regional e, inclusive no objeto deste livro, a saber o Ministério Público, é fundamental marcar que os países sul-americanos adotam de forma unânime o modelo republicano e presidencialista, embora tenha o Brasil experimentado um momento, malsucedido, de parlamentarismo entre os anos de 1961 e 1963, quando o presidente João Goulart exercia a chefia de Estado e o governo por meio do gabinete de ministros, chefiados pelo primeiro ministro na forma da Emenda Constitucional nº 04 de 1961 à Constituição dos Estados Unidos do Brasil de 1946.

[81] FERREYRA, Raúl Gustavo. *Ciudadanía y poderes del Estado*. Corte Constitucional de Colombia: reelección presidencial y referendo popular. Buenos Aires: Ediar, 2018. p. 122.

[82] Não é objetivo nesta obra enumerar os diversos fatores da historiografia como terra, clima, paisagem, raça, política, etc., que influenciaram a construção das identidades regionais e dos nacionalismos pós-independência na América Latina. Entretanto é evidente que o caudilhismo marca inexoravelmente a região. Nesse sentido, por todos: WASSERMAN, Claudia. *Nações e Nacionalismo na América Latina*. Desde quando? Porto Alegre: Linus Editores, 2013.

Em certa medida, na concepção europeia, a separação ou distinção de funções estatais não significava, necessariamente, que cada um dos poderes fosse interdependente um dos outros, tampouco estava presente a condição do Poder Judiciário, de exercício da jurisdição como garantia da constituição, algo que é fortemente marcado nas Américas[83].

Os textos constitucionais das repúblicas sul-americanas do século XIX refletiam, em maior ou menor medida, o modelo inaugurado pela Constituição dos Estados Unidos da América de 1787, principalmente no que diz respeito à divisão das três funções (ou poderes) de Estado, de modo dar a eles certa equivalência, não havendo de sobrepor, normativamente, um em relação ao outro.

Além disso, o culto ao caudilhismo e aos libertadores da América, do lado da América hispânica e sul do Brasil, e, de outro, um imperador com o colonialismo e com coronelismo, de parte da América portuguesa, dão a dimensão da estrutura histórica do surgimento da crença em instituições unipessoais e de um poder executivo forte.

Essa historiografia da região não deve passar despercebida para a construção das instituições que surgem com as repúblicas sul-americanas, a partir do século XIX, em especial a naturalização de inexistência de instituições ou funções cuja condução seja colegiada.

Esse culto à personalidade e essa concentração de poder institucional em uma só pessoa, isto é, a unipessoalidade, leva Raúl Gustavo Ferreyra a identificar que o padrão de condução institucional do constitucionalismo na América do Sul vai para além do muito estudado hiperpresidencialismo [84], para se converter em um *monopresidente* supremo, isto é, um servidor público que exerce a

---

[83] Pode-se dizer que é nascido com Marbury *vs* Madison, mas também com o caso Sojo da Argentina, em 1887, ou com a Lei Constitucional nº 2 da Colômbia, em 1904.

[84] NINO, Carlos Santiago. *Fundamentos de derecho constitucional*. Análisis filosófico, jurídico y politológico de la práctica constitucional. Buenos Aires: Astrea, 2005. p. 627.

autoridade suprema executiva institucional, de forma monológica, sem diálogo e com grande margem de discricionariedade de atuação[85].

E, o modelo da chefia do poder executivo monológico, não se dá apenas em relação ao presidente, mas em todas instituições e funções públicas comandadas por uma única pessoa. Existe um padrão de repetição institucional historicamente considerado na região, do modelo unipessoal em todas as estruturas burocráticas executivas e, também, em relação ao comando das instituições ou funções de garantia, com na função dos Ministérios Públicos, como se verá adiante, que é o objeto final da pesquisa que embasou este livro.

Portanto, essa marca institucional histórica regional, que vem desde a formação das repúblicas constitucionais sul-americanas do século XIX, precisa ser vista com destaque, pois condiciona muito todo o processo de formação das instituições de Estado na região.

Já no século XX, em especial na primeira metade, essa estrutura pactuada por liberais e conservadores, que deu origem ao constitucionalismo na região, precisou conviver com a necessidade de se discutir o reconhecimento de direitos de cunho social. Assim, a identidade do constitucionalismo passou a ser marcada por um perfil social em matéria de direitos, mas bastante conservadora no âmbito de organização de poderes[86]. Esse padrão foi ascendente na América do Sul, sem implicar, necessariamente, nenhuma integração regional.

Entretanto foi justamente no período das ditaduras militares, na segunda metade do século XX, em plena Guerra Fria, quando as práticas políticas e a cultura daqueles que ocupavam o poder, de prática reiterada de crimes, como tortura, desaparecimento forçado, sequestro

---

[85] FERREYRA, Raúl Gustavo. *Ciudadanía y poderes del Estado*. Corte Constitucional de Colombia: reelección presidencial y referendo popular. Buenos Aires: Ediar, 2018. p. 139.

[86] GARGARELLA, Roberto. *La sala de maquinas de la constitución*: Dos siglos de constitucionalismo en América Latina (1810-2010). Buenos Aires: Katz, 2014. p. 202. Essa característica latino-americana, já que inaugurada pela Constituição Mexicana de 1917, é uma semente daquele constitucionalismo que vai ressurgir no final do século XIX na América do Sul, nos processos reconstituintes dos pós-ditaduras militares.

e homicídio, que as histórias dos países da América do Sul mais se aproximaram em termos de cooperação e de forma institucional e organizada. E aqui me refiro à Operação Condor.

A ideologia da ditadura fez com que os países da América do Sul conhecessem uma espécie de "integração" antes não experimentada. Dentro deste contexto de ditaduras militares e ancorada pela Doutrina de Segurança Nacional e suas normas, foi criada a chamada Operação Condor, uma espécie de organização supranacional do terror de Estado[87] que pressupunha um acordo de inteligência militar entre os países da América do Sul, entre eles Argentina, Brasil, Bolívia, Chile, Paraguai e Uruguai[88].

Esse "convênio" de flexibilização da soberania dos Estados envolvidos se deu com objetivo de garantir as fronteiras ideológicas e não as territoriais[89], tal qual indicava a Doutrina da Segurança Nacional[90], que buscava, em um inimigo comum, o suposto "comunismo", a sustentação de sua base política e estratégica.

Essa fronteira ideológica que se pretendia integrar pode ser considerada um campo[91] em que se utilizou do monopólio da autoridade científica, abarcando a capacidade técnica e o poder social, e a competência científica para estruturar centros de conhecimento e

---

[87] PADRÓS, Enrique Serra. *Como el Uruguay no hay ... Terror de Estado e segurança nacional Uruguai (1968-1985)*: do Pachecato à ditadura civil-militar. Tese (Doutorado em História) – Universidade Federal do Rio Grande do Sul, Porto Alegre, 2005. p. 64.

[88] McSHERRY, J. Patrice. *Predatory states Operation Condor and Covert War in Latin America*. Maryland: Rowman & Littlefield Publishers, 2005.

[89] CHAVES, João Guilherme Pereira; MIRANDA, João Irineu de Resende. Terror de Estado e Soberania: Um Relato sobre a Operação Condor. *Passagens. Revista Internacional de História Política e Cultura Jurídica*, Rio de Janeiro, v. 7, n. 3, set./dez., 2015. p. 523.

[90] PADRÓS, Enrique Serra. Repressão e violência: segurança nacional e terror de Estado nas ditaduras latino-americanas. *In*: ARAUJO, Maria Paula Nascimento; FERREIRA, Marieta de Moraes; FICO, Carlos; QUADRAT, Samantha Viz. (org.). *Ditadura e Democracia na América Latina*. Rio de Janeiro: Editora FGV, 2008. p. 144.

[91] BOURDIEU, Pierre. *Os usos sociais da ciência*: por uma sociologia clínica do campo científico. São Paulo: UNESP, 2004.

saber, que poderiam dar sustentáculo teórico e ideológico para a Doutrina. No Brasil, isso ocorreu por meio da Escola Superior de Guerra.

Com efeito, a Operação Condor representou uma verdadeira distorção do Estado de Direito, pois, as mais altas autoridades de vários países concordaram em cooperar no empreendimento do terrorismo de Estado, que consistiu precisamente na total ausência de proteção dos direitos humanos de seus próprios cidadãos. Nesse sentido, tais autoridades conspiraram para violar as normas internacionais de proteção, tais como o direito de asilo, a proteção aos refugiados, o *habeas corpus*, além de empreenderem esforços para procedimentos de extradição daqueles que enfrentavam acusações por crimes cometidos em um país e eram presos em outro.

Como um tratado secreto[92], a Condor elevou os crimes contra os direitos humanos ao mais alto nível de política de Estado, sob o controle direto de mandatários e ministros. A Operação Condor era um verdadeiro "Mercosul do terror"[93], ou ainda um sistema interamericano clandestino[94], articulado pelas autoridades governantes dos países da América do Sul.

A Operação Condor foi um passo muito maior que a simples coordenação e troca de informações policiais. Cada país-membro permitia que as agências de inteligência dos outros países operassem dentro das suas fronteiras, capturando exilados, interrogando e torturando prisioneiros[95].

Essa é a integração "indesejada" dos estados da América do Sul. E nisso consiste o ponto de contato de integração dos regimes, pelo

---

[92] DINGES. John. *Os Anos do Condor*: Uma Década de Terrorismo Internacional no Cone Sul. São Paulo: Cia. das Letras, 2004. p. 41.

[93] QUADRAT, Samantha Viz. Operação Condor: o 'Mercosul' do terror. *Estudos Ibero-Americanos*, v. 28, n. 1, p. 167-182, jun. 2002.

[94] McSHERRY, Joan Patrice. Operation Condor: Clandestine Inter-American System. *Social Justice*, v. 26, n. 4, p. 144-174, 1999.

[95] DINGES. John. *Os Anos do Condor*: Uma Década de Terrorismo Internacional no Cone Sul. São Paulo: Cia. das Letras, 2004. p. 22.

modelo de atuação estatal de cooperação de terror, que futuramente irá refletir nas respectivas leis de anistia, que deram origem à transição do modelo ditatorial de terrorismo de Estado para as novas democracias constitucionais da região. Ganha relevância a discussão sobre a posição hierárquica dos tratados internacionais de direitos humanos, tema que domina boa parte da agenda da estrutura constitucional dos países sul-americanos, sobretudo nos processos de redemocratização dos momentos pós-ditaduras.

Importante lembrar que as referidas leis de anistia são objeto de todas as reprovações do Sistema Interamericano de Direitos Humanos para os países da América do Sul, daí a razão pela qual o liame entre Operação Condor, Doutrina da Segurança Nacional e anistia merece profunda investigação, uma vez que tais circunstâncias são essenciais e necessárias para se questionar se existe uma identidade do modelo de constitucionalismo sul-americano, como aqui proposto.

Em outras palavras, como categoria essencial e necessária do regime ditatorial, para distensão e transição a um regime democrático, foram utilizadas leis de anistia (ou autoanistia) para proteger de responsabilização os agentes de Estado envolvidos nessas massivas violações de direitos humanos.

Essa identidade político-institucional da América do Sul marca inexoravelmente o que se pode desenvolver hoje como constitucionalismo na região, isto porque as constituições novas ou reformadas no período pós-ditaduras militares têm uma preocupação comum, a saber: construir uma democracia constitucional, ainda sob o medo do terror de Estado, e aderente a um sistema de proteção supranacional de direitos humanos, que desconfia da possibilidade política de garantia de direitos fundamentais pelos poderes políticos constituídos internos e suas funções de governo, uma vez que esses mesmos poderes, nas mãos das autoridades públicas, cooperaram clandestinamente para violação dos direitos humanos dos cidadãos dos Estados sul-americanos aderentes à Condor.

Especificamente a respeito da conexão entre a hierarquia normativa dos tratados internacionais em matéria de direitos humanos nas constituições sul-americanas[96], é imperioso destacar uma série de julgados da Corte Interamericana de Direitos Humanos (Corte IDH) destinados aos países da região que dão a dimensão da importância do tema para construção de uma identidade regional, são eles: Barrios Alto *vs.* Peru (2001); Comunidade Moiwana *vs.* Suriname (2005); Almonacid Arellanos *vs.* Chile (2006); La Cantuta *vs.* Peru (2006); Goiburu *vs.* Paraguai (2006); Gomes Lund *vs.* Brasil (2010); Gelman *vs.* Uruguai (2011); Herzog *vs.* Brasil (2018).

E, ainda, na Argentina, os julgados da Corte Suprema de Justiça da Nação Argentina (CSJNA) nos casos Clável, Mazzeo e Simón, e, no Brasil, na Arguição De Descumprimento de Preceito Fundamental (ADPF 153) já julgada pelo STF e na Arguição de Descumprimento de Preceito Fundamental (ADPF 320), ainda pendente de julgamento, onde há intenso diálogo sobre o tema[97].

Todos os casos citados, sejam os da Corte IDH, sejam os internos de Brasil e Argentina, tinham como discussão a

---

[96] Desde 2013, venho pesquisando a posição hierárquica dos tratados internacionais em matéria de direitos humanos como categoria da identidade regional do constitucionalismo sul-americano. A esse respeito, a versão mais recente da pesquisa encontra-se publicada em: CYRILLO DA SILVA, Carolina Machado. Os quatro modelos da posição hierárquica do direito internacional dos direitos humanos nas constituições dos países da América do Sul. *In*: NASCIMENTO, Valéria Ribas; SALDANHA, Jania Maria Lopes. *Os Direitos Humanos e o constitucionalismo*: espectros da DUDH e da Constituição da república Federativa do Brasil. Rio de Janeiro: Lumen Juris, 2019.

[97] Na ADPF nº 320, o Núcleo Interamericano de Direitos Humanos – NIDH/UFRJ e a Clínica Interamericana de Direitos Humanos da FND/UFRJ, foram admitidos como *amicus curiae* , dada a relevância da matéria debatida, pois o que se discute é a aplicação da Lei da Anistia – Lei nº 6.683/1.979 – aos crimes que impliquem graves violações de direitos humanos cometidos por agentes públicos contra pessoas acusadas da prática de crimes políticos, bem como a aplicação da referida lei aos crimes continuados e permanentes. A admissão, segundo a decisão do Min. Relator Dias Toffoli, deu-se em razão da inconteste capacidade de ambos projetos de representar, de forma adequada, os interesses que buscam ver protegidos na ação, notadamente a correta aplicação dos *standards* do Sistema Interamericano de Direitos Humanos em âmbito nacional. Sou a autora do pedido de admissão, em conjunto com o professor Siddharta Legale, em razão de nossa coordenação do NIDH/UFRJ.

compatibilidade dos sistemas constitucionais democráticos, a hierarquia dos tratados em matéria de direitos humanos e os crimes cometidos pelos Estados sul-americanos contra seus cidadãos nas ditaduras ou períodos de não-democracia. Esse é um problema comum de ordem constitucional que dá características próprias à região e que merece atenção do constitucionalista que pretende estar atento à formação das democracias constitucionais, em especial aquelas garantistas de direitos fundamentais, uma vez que o constitucionalismo da região é fortemente marcado pelos momentos de transição. Mas, como adverte Diego Dolabjian[98], a relação de simetria e reciprocidade entre direito constitucional e direitos humanos ainda é uma proposta ousada para alguns.

Portanto, pode-se dizer que, na América do Sul, existem, basicamente, quatro modelos constitucionais a respeito da posição hierárquica dos tratados internacionais em matéria de direitos humanos. O modelo da Colômbia, que é o modelo de prevalência do direito internacional dos direitos humanos, na forma o artigo 93 da Constituição Política da Colômbia; o modelo da Argentina, que é de equivalência ou de hierarquia constitucional dos tratados em matéria de direitos humanos, na forma do artigo 75, inciso 22, da Constituição da República Argentina; o modelo do Brasil, de hierarquia supralegal e infraconstitucional, como interpretou o Supremo Tribunal Federal em relação à hierarquia da Convenção Americana de Direitos Humanos (CADH) [99] ; e o modelo do Uruguai, de silêncio normativo constitucional, que parece assinalar que a decisão sobre a posição hierárquica do direito internacional dos direitos humanos em relação

---

[98] DOLABJIAN, Diego A. *Derecho Constitucional Profundizado*. Buenos Aires: Ediar, 2017. p. 353.

[99] O Brasil, com a Emenda Constitucional nº 45/2004, introduziu no texto constitucional o § 3º no art. 5, que dispôs que os tratados internacionais em matéria de direitos humanos que forem aprovados pelo mesmo procedimento das emendas constitucionais terão equivalência hierárquica com elas. A maioria dos tratados em matéria de direitos humanos foi aprovada antes da EC nº 45/2004, remetendo seu *status* à interpretação feita pelo STF relativamente a CADH.

ao direito interno fica reservada à apreciação política da oportunidade e conveniência de uma *sub* ou *super* valorização das normas internacionais de direitos humanos.

Especificamente o caso uruguaio é de extrema relevância para apoiar a tese de que o constitucionalismo regional sul-americano, marcado pela identidade em relação à hierarquia do sistema interamericano, leva a uma proposta de reconceituação do próprio conceito de Estado de Direito, como se verá a seguir.

Em fevereiro de 2011, a Corte Interamericana de Direito Humanos, no caso Gelman *vs.* Uruguai, ao condenar o país pelo desaparecimento forçado de Maria Claudia Gelman e sua filha nascida em cativeiro, Macarena Gelman, durante a ditadura, também estabeleceu que o Uruguai deveria remover todos os obstáculos jurídicos que pudessem impedir a responsabilização dos agentes do Estado uruguaio pelos crimes cometidos na ditadura. Dessa maneira, considerou que a lei uruguaia nº 15.848, de 1986, de caducidade da pretensão punitiva do Estado por esses crimes, era carente de efeitos jurídicos, dada a sua incompatibilidade com a Convenção Americana de Direitos Humanos e Convenção Interamericana sobre Desaparecimento Forçado de Pessoas.

O Uruguai, que havia aprovado a Lei nº 15.848, de 1986, com respaldo de consultas populares diretas, resolveu, a partir da Lei nº 18.831, de 2011, revogar a lei de caducidade e restabelecer o exercício da pretensão punitiva do Estado para responsabilização dos agentes pelas violações de direitos humanos na ditadura[100].

O caso uruguaio é um paradigma para discussão entre a parcela do decidível e o indecidível dentro da construção de um garantismo sul-americano, com instituições de garantia (ainda que secundárias) para além do Estado.

---

[100] Para uma análise bastante peculiar do caso, consulte-se: GARGARELLA, Roberto. Democracy and Rights in Gelman v. Uruguay. *AJIL Unbound*, v. 109, p. 115-119, 2015.

Sob essa perspectiva, é importante reconhecer essa interação como um caráter especial do Estado sul-americano para salvaguardar o mesmo valor, que é o princípio *pro persona*, mencionado no artigo 29 da Convenção Americana de Direitos Humanos, o qual exige a escolha da fonte de direito mais protetora, ou a interpretação mais protetora da norma jurídica baseada no princípio *pro persona*. É por esse motivo que, em outra oportunidade, defendemos que, na América do Sul, é possível desenvolver uma dimensão do Estado de Direito como um Estado de Direito Interamericano ou Interamericano de Direito[101].

O "Estado Interamericano de Direito" é aquele que enfatiza a necessidade e o diálogo urgente entre os ramos do Estado e os padrões protetivos emanados das instituições do Sistema Interamericano de Direitos Humanos, um ponto fundamental do constitucionalismo na América do Sul.

Em termos institucionais, portanto, o "Estado de Direito Interamericano" significa a reconstrução desse Estado de Direito compatível com a Convenção Americana de Direitos Humanos nas esferas legislativa, executiva e judiciária e nas instituições de garantia, comprometido com o controle da convencionalidade e com as normas emanadas do Sistema Interamericano, na formulação de leis, políticas públicas e decisões judiciais.

Esse novo paradigma compreende a expansão do conceito de norma constitucional, estendendo sua força e hierarquia a outros padrões que não foram concebidos pelo constituinte ou pelas reformas constitucionais. Seu conteúdo abrange tratados internacionais, especialmente aqueles que têm a função primária de proteger os direitos humanos, como a Constituição Interamericana, considerando o princípio *pro persona* como uma diretriz fundamental.

Com relação ao aspecto supraestatal, é importante considerar o desenvolvimento de um sistema regional de proteção dos direitos

---

[101] CYRILLO, Carolina; FUENTES-CONTRERAS, Edgar; LEGALE, Siddharta. The Inter-American Rule of Law in South American constitutionalism. *Seqüência: Estudos Jurídicos e Políticos*, Florianópolis, v. 42, n. 88, p. 1-27, 2021.

humanos, que consiste na Carta da Organização dos Estados Americanos (OEA), na Declaração Americana dos Direitos e Deveres do Homem, na Convenção Americana de Direitos Humanos (CADH ou "Pacto de San José de Costa Rica") e em seu protocolo adicional, o "Protocolo de San Salvador", como a própria construção de um constitucionalismo interamericano, nas lições de Siddharta Legale[102].

E esse sistema regional de proteção de direitos humanos, que se organiza de modo a prever duas instituições de garantias interamericanas, que são a Comissão Interamericana de Direitos Humanos e a Corte Interamericana de Direitos Humanos, é a conformação, em plano regional, daquelas instituições de garantia para além do Estado do modelo de instituições de garantias secundárias do plano garantista de Luigi Ferrajoli[103].

Além disso, Luigi Ferrajoli chama esse processo de reconstitucionalização da América do Sul de constitucionalismo de terceira geração [104], justamente porque é nesse período que as experiências reconstituintes da região se apartam do modelo de reprodução das estruturas constitucionais herdadas da Europa ou dos Estados Unidos, para se tornarem um verdadeiro embrião de constitucionalismo.

O autor divide a experiência do constitucionalismo mundial em três fases, em que a primeira corresponde às constituições dos modelos oitocentistas, que são constituições liberais e flexíveis. Uma segunda fase de constituições rígidas e com catálogo de direitos, surgidas após a Segunda Guerra Mundial do século XX, marcadamente na experiência europeia. E, por fim, uma terceira geração do constitucionalismo, que surge na América do Sul, em especial, nas últimas duas décadas do século XX, após o período das ditaduras

---

[102] LEGALE, Siddharta. *Curso de teoria constitucional interamericana*. Rio de Janeiro: NIDH, 2021.

[103] FERRAJOLI, Luigi. *La costruzione della democrazia*. Teoria del garantismo costituzionale. Bari: Laterza, 2021. p. 403.

[104] FERRAJOLI, Luigi. Per un Pubblico Ministero come istituzione di garanzia. *Questione Giustizia*, Milano, n. 1, p. 31-43, 2012.

militares, quando as constituições trazem novos direitos, uma ideia de orçamento impositivo para concretização desses direitos, tribunais com competência para controle de constitucionalidade, instituições de controle eleitoral, cidadão e de contas. Além de instituições de garantias de direitos humanos e fundamentais, ainda não experimentadas de forma sistemática para além da América do Sul.

De fato, essa democracia constitucional surgida tardiamente na região fez emergir movimentos de apreciação no direito constitucional das identidades regionais com a adoção de seus próprios desenhos constitucionais e produzir uma pluralidade de institutos relativos à organização do direito constitucional. Mudou, ainda, paradigmas dos institutos tradicionais de direito, reconheceu o pluralismo, o direito do "bem viver" (*sumak kawsai*) e aqueles inerentes à natureza (*pachamama*), sobretudo na experiência do constitucionalismo andino[105].

Também é tema recorrente no direito constitucional sul-americano a posição hierárquica do direito internacional dos direitos humanos[106], a jurisdição da Corte Interamericana de Direitos Humanos, principalmente nos países do Cone Sul[107].

Outra questão fundamental, e típica do constitucionalismo da região, é o surgimento do controle concentrado de constitucionalidade, que já aparece na história pela primeira vez na Colômbia, em 1904, com a ação de inconstitucionalidade.

Por fim, mas não menos importante (na verdade, o mais importante para o desenvolvimento do tema deste livro) é a conotação dada na região à nova institucionalidade e o papel de certas instituições

---

[105] WOLKMER, Antônio Carlos; MELO, Milena Peters (org.). *Constitucionalismo Latino-americano.* Curitiba: Juruá, 2013.

[106] CYRILLO DA SILVA, Carolina Machado. Os quatro modelos da posição hierárquica do direito internacional dos direitos humanos nas constituições dos países da América do Sul. *In*: NASCIMENTO, Valéria Ribas; SALDANHA, Jania Maria Lopes. *Os Direitos Humanos e o constitucionalismo*: espectros da DUDH e da Constituição da República Federativa do Brasil. Rio de Janeiro: Lumen Juris, 2019.

[107] LEGALE, Siddharta. *A Corte Interamericana de Direitos Humanos como Tribunal Constitucional.* Rio de Janeiro: Lúmen Juris, 2019a.

de garantia de direitos fundamentais, constitucionalmente reconhecidas e independentes dos poderes legislativo, judiciário e executivo, como o surgimento das *Defensorías del Pueblo*, novos papéis para os Ministérios Públicos e as instituições de controle dos poderes constituídos, como se verá a seguir.

Portanto, essa passagem de momentos autoritários para a construção de democracias constitucionais marca ainda outra característica típica do constitucionalismo sul-americano, que é o surgimento, nas constituições sul-americanas, de instituições de garantias internas de direitos humanos e fundamentais.

Existe um papel de certas instituições de garantia de direitos fundamentais constitucionalmente reconhecidas, como o surgimento das *Defensorías del Pueblo*, novos Ministérios Públicos e instituições de controle dos poderes constituídos. Essas instituições de garantias de direitos fundamentais ganham, na arquitetura constitucional das constituições sul-americanas, certas prerrogativas que lhes permitem desenvolver uma função institucional de garantia dos novos direitos fundamentais, estabelecidos pelas constituições e pelos tratados internacionais de direitos humanos, independentemente da opção da política ordinária dos poderes, servindo, inclusive, de instituições que impõem limites a esses poderes constituídos.

Em outras palavras, esse constitucionalismo regional é marcado por dar protagonismo à proteção e à efetividade de direitos não apenas ao legislativo, executivo e judiciário, mas para instituições permanentes que não compõem esses poderes e servem, inclusive, para controlá-los para ver satisfeitos direitos fundamentais, de modo a serem efetivas.

Entretanto embora a região tenha avançado na formação de novos arranjos e constituições, seja em termos institucionais ou na ampliação de direitos humanos, com o reconhecimento dos direitos dos povos originários, seja com a proteção interna ou com a multinível dos direitos humanos ou com novas estruturas, é certo que ainda se verifica uma extrema dificuldade de se romper com o paradigma do

As constituições sul-americanas surgidas a partir dos anos 1980 do século XX ampliam o rol de direitos, abrem-se para o sistema internacional de proteção de direitos humanos e desconfiam dos titulares dos poderes majoritários, ainda que mantenham um forte apego à cultura do caudilho, com identidades institucionais unipessoais, que cumulam e concentram poderes e dificultam o ingresso nas "salas de máquinas".

Em uma segunda dimensão, pode-se pensar na atualização do próprio conceito de direito constitucional na América do Sul, que necessariamente deve incorporar o direito internacional dos direitos humanos. Também deve ocupar-se das instituições internacionais regionais, de modo que o paradigma passe a considerar um Estado interamericano de direito, não apenas constitucional de direito, visto que é a dimensão política anteriormente dita que fez com que os países da região se organizassem sob um sistema regional de proteção de direitos humanos, de modo a protegê-los não apenas em âmbito interno, mas de forma multinível, como garantia extra[112].

Por fim, em uma terceira dimensão, o constitucionalismo sul-americano adere a uma matriz teórica que pode ser chamada de garantismo em matéria constitucional, com as adaptações que as peculiaridades regionais exigem.

A essa terceira dimensão chamei de *garantismo sul-americano*, uma explicação teórica que se encaixa nas dimensões políticas e jurídicas anteriormente mencionadas, que pode ajudar na compreensão da forma institucional pela qual se optou por organizar as democracias constitucionais sul-americanas, no pós-ditaduras militares do final do século XX.

Sant'Ana. *et al. Perspectivas Latino-Americanas sobre o Constitucionalismo no Mundo.* Belo Horizonte: Conhecimento, 2021.

[112] CYRILLO, Carolina. ¿Cual es el concepto de Derecho Constitucional en Sudamérica? Una vez más sobre la jerarquía del Derecho internacional de los derechos humanos. *In*: MORALES, Enrique Javier. (org.). *Garantismo. A 20 años de Notas sobre Derecho Constitucional y garantías.* Buenos Aires: Ediar, 2022. p. 59-70.

Assim, o *garantismo sul-americano* corresponde ao marco teórico do constitucionalismo sul-americano, no que diz respeito a sua vinculação a um paradigma filosófico sobre o conceito de direito e de democracia.

O garantismo sul-americano é a explicação da teoria do direito para o constitucionalismo sul-americano, o que significa dizer que é a matriz teórica do constitucionalismo sul-americano, e é inspirado no garantismo desenvolvido por Luigi Ferrajoli, como teoria do direito constitucional e da democracia.

O *garantismo sul-americano* significa, no plano do dever ser, na submissão intransigente dos titulares de poder às regras de direito constitucional e de direito internacional de direitos humanos, que criam e garantem direitos fundamentais e direitos humanos e limitam os poderes, inclusive a partir da criação de instituições de garantias primárias e secundárias.

O *garantismo sul-americano* é uma explicação normativa para o fenômeno do constitucionalismo em contraposição a uma noção dominante de normativismo constitucional, que é o neoconstitucionalismo. Diferente da postura garantista, o neoconstitucionalismo não se preocupa com a discussão crítica sobre a organização institucional da limitação de poderes e não rompe com a matriz da tradicional separação dos poderes de raiz oitocentista. Enfoca a prevalência dos direitos fundamentais na atuação jurisdicional, localizando o debate sobre garantia dos direitos humanos e fundamentais na teoria da decisão judicial racional, sobrecarregando o papel do poder judiciário e dos juízes na agenda de proteção efetiva de direitos.

A teoria neoconstitucionalista supõe que a efetividade e a garantia dos direitos são papéis do Poder Judiciário e que a máxima racionalidade judicial é capaz de, por si só, assegurar a plena e correta aplicação do direito e a sua efetividade.

Nesse sentido, o neoconstitucionalismo é uma teoria do alargamento do poder dos juízes por meio da teoria da decisão judicial racional e seus métodos de interpretação, o que entra em choque com uma teoria da limitação dos poderes, como componente essencial do constitucionalismo, já que amplia o papel do Poder Judiciário de atuação e decisão sobre o conteúdo do que são direitos fundamentais.

Em outras palavras, na versão neoconstitucionalista, é a interpretação judicial que estabelece o limite e o alcance de um direito fundamental e permite sua restrição por atuação do poder de decidir dos juízes, a partir de um sofisticado desenvolvimento das teorias da decisão e interpretação que, sob a justificativa da máxima racionalidade judicial, acabam invertendo a lógica do constitucionalismo, na qual os direitos fundamentais deveriam limitar os poderes, inclusive o judiciário, e não ao contrário.

O *garantismo sul-americano*, como uma variação poética e regional do garantismo constitucional é, portanto, uma teoria contemporânea do direito que se opõe ao neoconstitucionalismo, doutrina amplamente desenvolvida na América do Sul, como teoria do direito e do constitucionalismo, uma vez que a centralidade do sistema jurídico está nos direitos humanos e fundamentais e não na máxima racionalidade judicial.

Para o garantismo sul-americano, a democracia substancial e a teoria do constitucionalismo precisam enfrentar uma discussão sobre a importância de determinadas instituições ou funções de garantias, primárias e secundárias, dos direitos fundamentais, de modo que a atuação jurisdicional é apenas uma dessas funções de garantia (secundária) e não a única, tampouco a primordial. A marca do constitucionalismo surgido na região é aquele que faz deferência institucional às garantias primárias como a existência de sistemas de concretude de saúde pública, orçamentos impositivos aos governantes, dotações orçamentárias vinculadas, obrigatoriedade constitucional de criação e mantença de instituições de ensino, respeito à autonomia das universidade, etc.[113]

---

[113] Uma prova disso é o papel fundamental que as instituições de garantia exercem no chamado "processo estrutural ou estruturante". São exemplos disso a função da *defensoría del pueblo* da Argentina no conhecido caso *"Cuenca la matanza riachuelo"*, processo judicial em matéria ambiental promovido pela *defensoría del pueblo* argentina,

Por outro lado, o garantismo sul-americano também se diferencia da teoria do *nuevo* constitucionalismo latino-americano, amplamente divulgada na região, principalmente após os processos constitucionais de Bolívia, Venezuela e Equador.

O *nuevo* constitucionalismo latino-americano[114] foca a base de proteção da democracia constitucional na qualidade dos processos políticos que dão origem a novas organizações constitucionais, carregando a teoria constitucional no componente político, da efetiva participação identitária no processo de formação das constituições, pelo reconhecimento dessas identidades no processo político de decisão majoritária. Relegando, dessa forma, a função normativa do direito constitucional, como limite à atuação dos poderes, públicos e privados, pela prevalência dos direitos humanos e fundamentais a um segundo plano, pois, está fundada no resgate de uma teoria da vontade popular, como legitimidade para atuação dos poderes e como forma de transformação da realidade política.

Na postura do *nuevo* constitucionalismo latino-americano, não há qualquer preocupação com a concentração de poder nas mãos de um *monopresidente supremo*, nem com o fato da "sala de máquinas" não corresponder aos novos direitos conquistados nesses processos constituintes de qualidade identitária[115].

O surgimento de um modelo de direito constitucional na América do Sul, nos períodos pós-ditaduras, segue uma linha de ação

---

que passou a embasar diversos *standards* sobre o processo judicial de matriz estrutural e de controle das omissões em implementação de políticas públicas. A esse respeito, consulte-se: SPADONI, Eliana. El Rol de la Defensoría del Pueblo en los conflictos ambientales: el Caso de la Cuenca Matanza Riachuelo. *Ambiente & Sociedade*, São Paulo v. 16, n. 2, p. 47-62, abr./jun. 2013; VERBIC, Francisco. El remedio estructural de la causa "Mendoza". Antecedentes, principales características y algunas cuestiones planteadas durante los primeros tres años de su implementación. *Anales de la Facultad de Cs. Jurídicas y Sociales (UNLP)*, n. 43, p. 267-286, 2013.

[114] DALMAU, Rubén Martínez; PASTOR, Roberto Viciano. El nuevo constitucionalismo latino-americano: fundamentos para una construcción doctrinal. *Revista General de Derecho Público Comparado*, n. 9, p. 1-24, 2011.

[115] GARGARELLA, Roberto: *La sala de máquinas de la Constitución*: Dos siglos de constitucionalismo en América Latina (1810-2010). Buenos Aires: Katz, 2014. p. 311.

de desconfiança com os poderes majoritários eleitos periodicamente, isso porque sucessivos foram os golpes de Estado, os governos de fato, as guerras civis internas, o terrorismo de Estado e a violação massiva de direitos humanos, por parte dos titulares de poder nessa região.

Como consequência dos processos reconstituintes, os países da América do Sul conformaram suas democracias constitucionais com base na crença de que os direitos humanos e os direitos fundamentais deveriam ser prevalentes em relação à política majoritária de ocasião.

Por esse motivo, as novas constituições sul-americanas, ou a retomada da força das constituições, nos anos 1980 do século XX e anos seguintes, passam pela compreensão da necessidade de discussão sobre a existência das instituições ou funções de garantia dos direitos humanos e fundamentais. Importante trazer que, na perspectiva garantista, não é suficiente uma mera divisão entre função de legislar, executar e julgar, sendo imprescindível que se estabeleça que, no plano normativo, é corrente o uso da divisão proposta por Luigi Ferrajoli entre funções de governo e funções de garantia[116].

Em um primeiro momento, face à necessidade de recuperação desses direitos e de adequação dos direitos fundamentais a realidade de ser a América do Sul a região mais desigual do planeta[117], há a necessidade de se pensar em instituições de garantias primárias de direitos fundamentais, instituições de garantias primárias que são impositivas como forma de dar adequação aos novos direitos humanos e fundamentais. São impositivas, pois obrigam os titulares dos poderes legislativo e executivo de ocasião, aqueles que se legitimam majoritariamente, a estabelecerem políticas públicas, com dotação orçamentária e concretização de instituições ou funções, para fazer valer a efetividade desses direitos para todos, não apenas para as maiorias.

---

[116] FERRAJOLI, Luigi. *La costruzione della democracia.* Teoria del garantismo costituzionale. Bari: Laterza, 2021. p. 162.

[117] Vide:
https://repositorio.cepal.org/bitstream/handle/11362/46784/1/S2000967_pt.pdf.

Como garantia primária, podemos utilizar como exemplos o SUS em relação ao direito à saúde, a autonomia universitária em relação à liberdade acadêmica e o direito à educação, como já mencionado anteriormente. Sem essas políticas públicas, que são funções de garantias, ou sem essas instituições, que são instituições de garantia, o direito à saúde, a liberdade acadêmica ou educação seriam simbólicos ou nominais, quebrando o paradigma garantista em que os direitos humanos e fundamentais são impositivos aos titulares de poder[118].

Isso significa dizer que não está no âmbito discricionário do legislativo ou do executivo deixar de promover o direito à saúde e/ou à educação, caso contrário estaríamos diante de uma falha teórica em um sistema constitucional em que os direitos humanos e fundamentais não seriam a linha de ação e a razão da existência de uma democracia constitucional. Se os direitos humanos e fundamentais não tiverem a força assegurada pelas instituições ou funções de garantias, esses direitos fundamentais têm sua constitucionalização de forma meramente simbólica.

Assim, o constitucionalismo sul-americano, que toma como base o garantismo sul-americano como matriz teórica, é diferente de outros dois movimentos teóricos existentes na região: *nuevo* constitucionalismo latino-americano e neoconstitucionalismo.

O *nuevo* constitucionalismo latino-americano guarda relação com um modo de ver o direito constitucional que pretende romper com a matriz do normativista, que era ascendente na região, principalmente na sua versão neoconstitucionalista. A proliferação do neoconstitucionalismo no pensamento jurídico da América Latina é sombra de uma geopolítica do conhecimento e da colonialidade das

---

[118] O papel da universidade como instituição de garantias na América do Sul vem desde o chamado *grito de córdoba*. A esse respeito, consulte-se: MARTINÉZ, Leandro A. La autonomía de las Universidades Nacionales en el Sistema Constitucional argentino. Análisis de las competencias y la jerarquía de las normas en materia de educación superior. *Derechos En Acción*, v. 12, n. 12, p. 309, 2009; e CRUZ, Gerardo Eto; MANCHEGO, José Felix Palomino. (org.). *Autonomía universitária y constitución en Iberoamerica*. Lima: Grijley, 2021.

relações de poder, essa já era denunciada por Anibal Quijano[119] como sendo a experiência básica de dominação colonial operada pela reprodução de uma racionalidade específica: o eurocentrismo.

No plano jurídico normativo, o neoconstitucionalismo, como doutrina do poder racional jurídico, expresso pela máxima racionalidade judicial é, sem dúvida, expressão no normativismo jurídico dessa racionalidade específica e dos universalismos ocidentais operados pela doutrina da teoria dos princípios e as técnicas de decisão racional[120].

Portanto, pretendeu o *nuevo* constitucionalismo latino-americano resgatar categorias políticas fundamentais para tratar o fenômeno da criação e da aplicação do direito, categorias que haviam sido abandonadas pelo neoconstitucionalismo[121], em especial o respeito à participação popular e aos processos constituintes.

Entretanto o marco normativo, que foi desprezado pelos investigadores do *nuevo* constitucionalismo latino-americano, que centraram sua apreciação, exclusivamente, no marco político do modelo constitucional baseado na ideia de vontade geral, merece ser melhor investigado. O motivo que leva a doutrina do *nuevo* constitucionalismo latino-americano a desconsiderar o elemento normativo é o entendimento (de forma equivocada) de que o normativismo é aderente, necessariamente, à tese neoconstitucionalista.

---

[119] QUIJANO, Aníbal. Colonialidade do Poder, Eurocentrismo e América Latina. *In*: CONSEJO LATINOAMERICANO DE CIENCIAS SOCIALES. *A colonialidade do saber: eurocentrismo e ciências sociais. Perspectivas latino-americanas.* Buenos Aires: Clasco, 2015.

[120] CASTRO-GOMEZ. ¿Qué hacer con los universalismos occidentales? Observaciones en torno al "giro decolonial". *Analecta Política*, v. 7, n. 13, p. 249-272, 2017.

[121] Por todos, BARROSO, Luis Roberto. Neoconstitucionalismo e constitucionalização do Direito (o triunfo tardio do direito constitucional no Brasil). *Revista eletrônica sobre a reforma do Estado (RERE)*, Salvador, n. 9, mar./abr./maio, 2007.

Contudo o normativismo não pode ser reduzido a esse fenômeno, uma vez que o normativismo jurídico, inclusive, é incompatível com as teses neoconstitucionalistas desenvolvidas na região [122], que desprezam o elemento normativo democrático, reduzindo o debate jurídico sobre a aplicação do direito, ou, melhor dito, ao realismo judiciário, e, por esse motivo, não tocam em temas sensíveis sobre direito e democracia, como são os direitos políticos, de participação e representação e as instituições de garantias desses direitos fundamentais para além da sua proteção jurisdicional.

No discurso neoconstitucionalista dominante, o debate sobre os direitos se restringe aos direitos individuais ou coletivos, de modo que a contenção do político fica a cargo da expansão de direitos subjetivos e da restrição dos direitos políticos, com a consequência que esses sejam, exclusivamente, relegados ao voto e à democracia representativa[123].

Assim, a proposta do constitucionalismo sul-americano, na sua forma teórica de *garantismo sul-americano* é estabelecer a relação entre constituição e democracia na América do Sul, ou melhor dito, a questão da democracia constitucional, levando em conta tanto o normativismo, não neoconstitucionalista, como os processos políticos de criação e modificação das constituições. O termo garantismo, no constitucionalismo contemporâneo, significa o fundamento da

---

[122] Na teoria do direito, existem diversas versões do normativismo jurídico, inclusive o normativismo neoconstitucionalista. Não é meu objetivo, neste espaço, discutir de forma pormenorizada a diferença entre tais correntes do pensamento jurídico normativo. Assim, remete-se à doutrina especializada a discussão de fundo que aqui me proponho. Por todos: FERRAJOLI, Luigi. Constitucionalismo principialista y constitucionalismo garantista. *Doxa: Cuadernos de filosofía del derecho*, n. 34, p. 15-54, 2011; GARCÍA AMADO, Juan Antonio. Derechos y pretextos. Elementos de crítica del neoconstitucionalismo. *In*: CARBONELL, Miguel. (ed.). *Teoría del neoconstitucionalismo*. Madrid: Trotta, 2007. p. 237-264; STRECK, Lenio Luiz. Contra o Neoconstitucionalismo. *Constituição, Economia e Desenvolvimento: Revista da Academia Brasileira de Direito Constitucional*, Curitiba, n. 4, p. 9-27, jan./jun. 2011.

[123] HINCAPIE, Gabriel Mendez; RESTREPO, Ricardo Sanin. La constitución encriptada Nuevas formas de emancipación del poder global. *Revista de Derechos Humanos y Estudios Sociales*, n. 8, p. 97-120, jul./dic. 2012. p. 104.

democracia constitucional e, assim, o modelo normativo jurídico que visa à efetivação dos direitos humanos e fundamentais, cuja extensão comporta: da vida à liberdade pessoal, da liberdade civil e política às expectativas sociais de subsistência, dos direitos individuais àqueles coletivos[124].

Falar em democracia constitucional pode parecer um paradoxo em um certo sentido, pois democracia significa autogoverno do povo, isto é, o poder que tem o povo de estabelecer as normas da organização política sob as quais recaem suas opções fundamentais. Do produto dessas decisões políticas fundamentais, se extrai a Constituição, como norma-base do sistema jurídico, que controla o exercício dos poderes e a produção das demais normas do sistema. E, por esse motivo, os processos constituintes e reformadores das constituições são essenciais para a formação desse constitucionalismo sul-americano, justamente porque são marcados pela identidade regional do terror de Estado da Operação Condor.

Portanto, é o produto da democracia, isto é, a Constituição, que acaba por impor limites jurídicos às decisões democráticas majoritárias do povo, ao estabelecer os procedimentos do exercício da democracia. E esse processo se chama reforma constitucional, ou seja, os mecanismos normativos pelos quais a Constituição delimita e organiza o exercício do poder democrático, que tem por objetivo modificar a norma-base do sistema.

Sobre o paradoxo da democracia constitucional, existe vasta doutrina e importante debate em torno da ideia lançada por Holmes de que a democracia é originada na Constituição, em especial, a tese forte do autor de que a Constituição, como salvaguarda dos princípios fundadores, vincula as gerações futuras, inclusive em relação ao

---

[124] COPPETTI NETO, Alfredo. *A democracia Constitucional*: sob o olhar do garantismo jurídico. Florianópolis: Empório do Direito, 2016. p. 23.

exercício do poder democrático[125]. Essa tese é contestada sob o argumento de que estabelecer que é a Constituição a fonte exclusiva do político leva, progressivamente, ao processo de despolitização dos conflitos e relações sociais[126], e a consequência a longo prazo é centrar o debate jurídico de forma simplificada e despolitizada, reduzindo o problema jurídico exclusivamente à discussão sobre direitos subjetivos (e ao respeito aos direitos humanos) e sobre procedimentos de proteção. É certo que, do ponto de vista de um constitucionalismo de matriz garantista, o plano do normativo e do dever ser é o prevalente na estrutura da teoria do direito.

Entretanto o vínculo entre a constituição e os processos constituintes que dão origem tanto às novas constituições quanto à modificação daquelas já existentes, de modo a manter o inegável vínculo entre o desejo ou a vontade política e a respectiva constituição, chama-se poder constituinte, que pode ser originário ou de reforma. E, no caso da América do Sul, esses processos constituintes (ou reconstituintes) vêm marcados pela desconfiança dos projetos de governo ou das instituições de governo, ou dos arranjos majoritários de ocasião. Não é por outro motivo que essas constituições novas ou reformadas na América do Sul resolveram modificar a lógica das tensões políticas e introduzir nas atividades de salvaguarda dos direitos fundamentais para além do acesso ao Poder Judiciário, que são as instituições ou as funções de garantias, principalmente as primárias, como anteriormente descrito.

Instituições ou funções, que nos modelos normativos constitucionais são autônomas e independentes das funções de governo, justamente para poderem atuar naquela parcela do indecidível, que só se tornam assim em momentos constituintes

---

[125] HOLMES, Stephen. Precommitment and the paradox of democracy. *In*: HOLMES, Stephen. *Passions and Constraints*: On the Theory of Liberal. Chicago: University of Chicago Press, 1995. p. 134-177.

[126] HINCAPIE, Gabriel Mendez; RESTREPO, Ricardo Sanin. La Constitución Encriptada Nuevas formas de emancipación del poder global. *Revista de Derechos Humanos y Estudios Sociales*, n. 8, p. 97-120, jul./dic. 2012. p. 109.

extraordinários, com base em processos democráticos, foram reconhecidos como linha de ação ou razão da força estatal[127].

Se o constitucionalismo pós-Segunda Guerra consolidou a garantia jurisdicional dos direitos fundamentais, com a expansão do que ficou conhecido como jurisdição constitucional, atribuindo um papel ativo na efetividade dos direitos fundamentais ao Poder Judiciário, como principal instituição de garantia secundária, o constitucionalismo sul-americano atribuiu também a certas instituições, diversas e independentes de judiciário, executivo e legislativo, esse papel ativo na efetividade dos direitos fundamentais.

Do ponto de vista das instituições de garantia primárias, aquelas vinculadas à efetividade dos direitos sociais, como as do acesso à saúde, os orçamentos impositivos que limitam a discricionariedade dos governantes, às instituições de ensino para direito à educação, etc.[128]

---

[127] FERREYRA, Raúl Gustavo. *Fundamentos constitucionales*. Buenos Aires: Ediar, 2013. p. 48.

[128] A respeito das garantias primárias no constitucionalismo sul-americano entre os anos de 2020 e 2022, o grupo de pesquisa *O Constitucionalismo Sul-Americano* institucionalizou um projeto de pesquisa que investigou em que medida a autonomia universitária torna-se uma possível instituição de garantia do direito fundamental à liberdade acadêmica, no âmbito do direito constitucional na América do Sul e no Sistema Interamericano de Direitos Humanos. O projeto de pesquisa foi desenvolvido integrando a atuação da pesquisa com a extensão universitária, em especial com a atuação da atividade de pesquisa e as atividades da Clínica Interamericana de Direitos Humanos da FND/UFRJ, projeto de extensão ativo e permanente vinculado ao NIDH, que atua na condição de *Amici Curiae* perante o Supremo Tribunal Federal (STF), nas ADPF 759 e ADI 6565, nas quais encontra-se em discussão a compatibilidade entre as normas que atribuem discricionariedade ao presidente da república para escolha dos reitores das universidades federais e a regra do art. 207 da Constituição Federal, que garante autonomia universitária como didático-científica, administrativa e de gestão financeira e patrimonial. A pesquisa foi desenvolvida em rede com a participação de professores e alunos da UFRJ e da UCS, coordenada por mim (UFRJ) e Luiz Fernando Castilhos Silveira, da Universidade de Caxias do Sul (UCS), campus Hortênsias. O projeto contou com a participação de professores da América do Sul: professor Leandro Martinéz, da Universidade de Buenos Aires (Argentina); professor Edgar Fuentes Contreras, da Universidade Gran-Colômbia (Colômbia); professora Luz Eliyer Cardenas da Utadeo (Colômbia); professora Johanna Romero, da Universidad de Cuenca (Equador); e professor Jose Felix Palomino Manchego, da Universidad Mayor de San Marco (Peru).

Do ponto de vista das instituições de garantia secundárias, se alarga o conceito de que sua centralidade recai exclusivamente na atuação jurisdicional do Poder Judiciário. Por essa lógica, surgem os novos papéis de algumas instituições, como do Ministério Público na Constituição Federal de 1988, ou da constitucionalização da *Defensoría del Pueblo* na reforma da Constituição Federal Argentina, em 1994[129].

Portanto, está no plano normativo da legalidade constitucional sul-americana criar instituições com capacidade de serem tão poderosas institucionalmente e protegidas normativamente de forma extraordinária pelo poder constituinte, para que possam fazer frente aos poderes estatais e aos poderes privados selvagens, exercendo as suas funções de instituição de garantias de direitos humanos e fundamentais, como se verá a seguir.

1.4. Ministérios Públicos e *Defensorías del pueblo* nas constituições sul-americanas como instituições de garantia

Anteriormente, foi dito que é característica desse constitucionalismo sul-americano apostar em novos papéis (ou novas instituições) de garantia secundária, que tenham capacidade postulatória (princípio da acionabilidade)[130], legitimados e voltados à satisfação das garantias primárias, por via da judicialização por meio das ações próprias com objetivo de corrigir os atos omissivos ou comissivos dos poderes públicos e privados, que atentem contra as garantias primárias dos direitos humanos e fundamentais.

---

[129] Sigo a nomenclatura de Constituição Federal Argentina, inaugurada por Germán Bidart Campos e compartilhada por Raúl Gustavo Ferreyra, em vez de utilizar a Constituição Nacional Argentina. O motivo dessa opção é para evitar o entendimento de que em uma federação exista um projeto de hegemonia nacional típico dos discursos autoritários precedentes na região.

[130] ZANETI JR, Hermes. O Ministério Público e as Normas Fundamentais do Direito Processual Civil Brasileiro, *Revista do Ministério Público do Rio de Janeiro*, n. 68, abr./jun. 2018, p. 158.

Essas instituições de garantia devem ter algumas características básicas para poderem atuar.

Em primeiro lugar, devem manter independência e autonomia em relação aos poderes e às instituições de governo, por esse motivo, não podem ter a sua legitimidade de atuação baseada no princípio majoritário ou no calor das massas, ou ainda na satisfação de uma pulsão política. Devem atuar no respeito àquilo que foi conceituado da esfera do indecidível.

Em segundo lugar, devem ter recebido sua atribuição de forma democrática, sua instituição deve ter *status* constitucional ou devem ser instituídas considerando a legalidade de maneira democrática, tanto formal como substancial. Ou seja, devem ser instituições cuja legitimidade decorreu de democracias constitucionais e não da mera legalidade, ou instituídas para dar aparência de democracia.

Em terceiro lugar, devem possuir capacidade postulatória ou acionabilidade, caso contrário não têm mecanismos de efetiva atuação para salvaguardar direitos humanos e fundamentais, nem protegerem as instituições de garantia primária contra-ataques ativos ou omissivos.

Portanto, para explicar como essa institucionalização acontece na América do Sul, de modo a provar que o uso dessas instituições é marca desse movimento constitucional, optou-se por mostrar como essas instituições de garantias aparecem nos ordenamentos jurídicos sul-americanos, principalmente nos aderentes ao Plano Condor, que foram marcados pela geopolítica dos golpes de Estado, por ditaduras militares e que comprovadamente estiveram envolvidas na Operação[131].

Sendo assim, o recorte aqui é trabalhar com Paraguai, Bolívia, Brasil, Uruguai, Chile e Argentina, embora haja indícios que a

---

[131] Tomo por base a comprovação de participação dos países sul-americanos na Operação Condor aqueles que vêm da pesquisa histórica de J. Patrice McSherry em seu livro *Predatory States Operation Condor and Covert War in Latin America*. Maryland: Rowman & Littlefield Publishers, 2005.

Operação Condor chegou até o Peru e ao Equador e, possivelmente, também na América Central[132].

Esse recorte de direito comparado não exclui o fato de existirem correspondentes para além do objeto recortado, no entanto, interessa provar com os exemplos uma identidade constitucional regional, a partir de uma certa integração institucional como delimitado.

Essas instituições de controle da efetividade dos direitos humanos nas novas democracias passam a ser um padrão institucional adotado nos países sul-americanos, do pós-Operação Condor, e são elas as *defensorías del pueblo*, e, alguns casos, os novos papéis constitucionais para o Ministério Público, para além da atuação penal, no caso do Brasil[133].

Importante esclarecer que, para Argentina, Bolívia, Paraguai, Chile e Uruguai, o papel do Ministério Público centra-se na ação penal

---

[132] MCSHERRY, J. Patrice. Operation Condor and Transnational State Violence against Exiles. *Journal of Global South Studies*, v. 36, n. 2, p. 368-398, 2019.

[133] A dupla institucionalidade do Ministério Público que estabelece a Constituição Federal é essa de atribuir a uma mesma instituição a função de ser o titular da ação penal e, também, responsável pela salvaguarda dos direitos humanos e fundamentais, naquilo que em âmbito federal é a Procuradoria Federal dos Direitos do Cidadão (PFDC). A PFDC representa o papel entregue ao Ministério Público Federal pela Constituição Federal de 1988, cujo foco específico é a promoção da cidadania e da dignidade da pessoa humana, na defesa dos direitos constitucionais, nos quais se destacam a educação, a saúde, a alimentação, o trabalho, a moradia, o transporte, o lazer, a segurança, a previdência social, a proteção à maternidade e à infância e a assistência aos desamparados, visando à construção de uma sociedade livre, justa e solidária, na promoção do bem de todos, sem preconceitos de origem, raça, sexo, cor, idade e quaisquer outras formas de discriminação, em que o desenvolvimento nacional esteja conjugado com a erradicação da pobreza e da marginalização e da redução das desigualdades sociais e regionais (arts 1º, 3º e 6º da Constituição Federal de 1988), nas diversas faces que se impõe a defesa dos direitos humanos. O procurador federal dos Direitos do Cidadão foi instituído pela Lei Complementar nº 75/1993, para desempenhar o papel de *ombudsman* nacional, atuando, de ofício ou mediante representação, na defesa dos direitos constitucionais para o seu efetivo respeito (arts. 11 e 12 da Lei Complementar nº 75/1993), em atenção aos comandos dos arts. 127 a 129 da Constituição Federal de 1988. É designado pelo procurador-geral da República entre os subprocuradores-gerais da República mediante prévia aprovação do Conselho Superior do Ministério Público Federal, para exercer as funções do ofício pelo prazo de dois anos, permitida uma recondução, precedida de nova decisão do Conselho Superior (art. 40 da Lei Complementar nº 75/1993).

e na fiscalização do cumprimento das leis nos processos judiciais, não havia função do Ministério Público para além disso. Na Bolívia, no Chile, na Argentina e no Paraguai, o Ministério Público tem *status* constitucional e é uma instituição, normativamente, com autonomia em relação aos Poderes. Já no Uruguai, o Ministério Público encontra-se no âmbito do Poder Executivo, havendo uma pequena modificação de sua subordinação ao Ministério da Educação e Cultura, a partir do ano de 2015 com a Lei nº 19.334, ao caracterizar a função como sendo um serviço descentralizado[134] e não possuir *status* constitucional.

Portanto, a função de garantia que interessa ao constitucionalismo sul-americano, de matriz garantista, é a que normalmente se chama *Defensoría del Pueblo*, mas que, no caso exclusivo do Brasil, é uma das novas funções constitucionais do Ministério Público, na forma que será discutida no próximo capítulo.

O papel das *Defensorías del Pueblo*, em geral, é tratado na doutrina como sendo uma adaptação do modelo do *ombudsman* escandinavo para a América Latina[135].

Também, de modo geral, a doutrina estabelece que a América do Sul, no que diz respeito a este tema, sofreu influência do surgimento da *Defensoría del Pueblo* na Constituição espanhola de 1978. Essa relação de íntima conexão entre o *ombudsman* e a *Defensoría del Pueblo*, que surgiu, respectivamente, na Suécia, na Dinamarca e na Espanha, guarda relação com algumas circunstâncias bastante particulares dos modelos escandinavo e espanhol[136].

Primeiro, diz respeito à existência da monarquia constitucional e da função do parlamento como controlador do rei, fato que inexiste

---

[134] Bolívia art. 225 da Constituição; Argentina art. 120 da Constituição; Chile art. 83 da Constituição (ainda vigente); e Paraguai art. 266 da Constituição.

[135] Sobre o modelo de *ombudsman* e seu surgimento no contexto dos países nórdicos, consulte-se: LEGRAND, André. Ombudsmän nordiques et défenseur des droits. *Revue Française D'Administration Publique*, n. 139, p. 499-506, 2011.

[136] MAIORANO, Jorge Luis. El ombudsman en America Latina. *Revista de Informação Legislativa*, v. 23, n. 92, p. 241-256, out./dez. 1986.

no contexto do surgimento das *Defensorías del Pueblo* na América do Sul. A doutrina faz a relação necessária entre o surgimento dos direitos sociais, a necessidade de controle das ações do rei pelo parlamento e do Poder Executivo, em um contexto parlamentarista, e a figura do *ombudsman* e/ou *defensor del Pueblo* como sendo essa figura do controlador e ouvidor.

Entretanto é sabido que não há experiência parlamentarista, nem coroa, na América do Sul, de forma contemporânea. Portanto, a hipótese de que o *defensor del Pueblo* nas Américas surge no mesmo contexto e pelos mesmos motivos é falsa, sendo essa correlação contingente e não necessária.

As *Defensorias de Pueblo*, na América do sul, surgem como instituições de garantia dos direitos humanos, principalmente no contexto de massivas violações de direitos humanos por parte dos Estados-membro da Operação Condor e, por esse motivo, são as instituições de garantias secundárias que dão certa unidade ao modelo de constitucionalismo adotado na região.

Diferente do *ombudsman* escandinavo ou do *defensor do Pueblo* espanhol, o *defensor del Pueblo*, ou as *Defensorías del Pueblo* sul-americanas não surgiram para fazer valer a boa administração pública, no que diz respeito à alocação de recursos ou políticas públicas vinculadas a direitos sociais, mas, sim, surgem no contexto de serem as instituições de garantia de direitos humanos de modo mais primitivo, em especial, o combate ao terror de Estado, linha condutora de todo o processo de redemocratização dos países sul-americanos [137], embora tenham também a competência para zelar, a partir da sua atuação, pela implementação das políticas públicas de forma a serem as instituições de garantias secundárias das garantias primárias, na acepção anteriormente estabelecida para uma postura garantista.

---

[137] VOLIO, Lorena González. The Institution of the Ombudsman. The Latin American experience. *Revista del Instituto Interamericano de Derechos Humanos*, v. 37, p. 219-248, 2003.

Pode-se dizer que este fenômeno da expansão do *ombudsman* surgiu como uma resposta à debilidade institucional de alguns Estados bem como após as graves violações cometidas durante as ditaduras militares e conflitos internos que atingiram a região nos anos 1970 e 1980, razão pela qual lhes foi atribuída a principal tarefa de proteger os direitos humanos e fundamentais.

Assim, surgiu o protótipo institucional latino-americano, descrito por Jorge Madrazo como o *"ombudsman criollo"*, que tem sua origem, segundo o autor, na Constituição da Guatemala de 1985[138].

Por sua vez, como bem discorre Lorena González Volio[139], a criação de organizações como *Defensorías del Pueblo*, ouvidorias de direitos humanos, ou a função de tutela dos direitos humanos, como ocorre no Ministério Público Federal brasileiro, na Procuradoria Federal dos Direitos do Cidadão (órgão especializado do Ministério Público Federal que figura como equivalente às *Defensorías del Pueblo*)[140], como aconteceu na América Latina, deve ser acompanhada por uma estratégia para fortalecê-las e proporcionar-lhes total independência política, administrativa, funcional e orçamentária.

Em outras palavras, os *ombudsmen* (expressão que gostaria de ver substituída por *ombudsperson*) devem desempenhar suas funções sem interferência de qualquer poder político, ter um orçamento anual adequado aprovado pelo parlamento, e serem livres para se organizar, administrar seus próprios recursos financeiros bem como ter a última palavra em assuntos dentro de sua competência, para poderem

---

[138] MADRAZO, Jorge. *El ombudsman criollo*. México: Academia Mexicana de Direitos Humanos, 1996. p. 18.

[139] VOLIO, Lorena González. The Institution of the Ombudsman. The Latin American experience. *Revista del Instituto Interamericano de Derechos Humanos*, v. 37, p. 219-248, 2003.

[140] ALMEIDA, Raquel de. Um estudo de direito comparado sobre as Defensorías del Pueblo da Argentina, Bolívia e Colômbia. Por que importar para o Brasil? *INTER: Revista de Direito Internacional e Direitos Humanos da UFRJ*, v. 2, n. 1, p. 2, 2019.

desempenhar o verdadeiro papel de instituições de garantias. Além disso, devem ter acionabilidade, sem a qual teriam dificuldade de atuar.

Esse plano do *dever ser* da independência da função de *defensor del pueblo* em relação às funções de governo, mesmo que a função seja desempenhada por instituição de nome diverso (a função de tutela de direitos humanos e democracia do Ministério Público, como no caso do Brasil), é primordial para assegurar que seja uma instituição de garantia.

Se a função estiver atrelada ao projeto de governo ou legitimada por meio de política majoritária ordinária, não poderá desempenhar a estrutura de sua engrenagem de forma eficaz. É sempre importante estabelecer que as instituições (ou funções) de garantia operem na parcela do indecidível.

No caso, a legitimidade delas está nos direitos fundamentais que devem resistir à legitimidade na opinião popular, justamente porque são para todos e não apenas para a maioria.

Além disso, devem possuir capacidade postulatória ou mecanismos de coercitividade em relação aos poderes que pretendem controlar (o princípio de acionabilidade a que se refere sempre Hermes Zaneti Jr.).

Na América do Sul, a primeira Constituição a prever a criação da *Defensoría del Pueblo* foi a Constituição Paraguaia de 1992, embora a efetiva instalação da instituição tenha se dado apenas em 2002[141]. Sua particularidade reside no fato de ter sido criada com o poder para conhecer os pedidos de indenização das vítimas da ditadura, estabelecendo que o mecanismo para processar a indenização deveria ser por meio Da *Defensoría del Pueblo*[142].

Em geral, a doutrina faz referência a *Defensoría del Pueblo* da Argentina como sendo aquela que primeiro se institucionalizou na

---

[141] Ver: http://www.defensoriadelpueblo.gov.py/historia.html.

[142] VOLIO, Lorena González. The Institution of the Ombudsman. The Latin American experience. *Revista del Instituto Interamericano de Derechos Humanos*, v. 37, p. 219-248, 2003.

América do Sul, visto que sua lei autorizadora é do ano de 1993 e sua constitucionalização se deu na reforma constitucional de 1994[143].

De fato, o artigo 86 da Constituição Argentina dá uma boa descrição do papel normativo institucional dessa função de garantias. O *defensor del pueblo* argentino é um órgão independente estabelecido dentro do Congresso, que atua com plena autonomia funcional, sem receber instruções de qualquer autoridade. Sua missão é a defesa e a proteção dos direitos humanos e outros direitos, garantias e interesses protegidos pela Constituição e pelas leis, diante de fatos, atos ou omissões da administração, bem como o controle do exercício das funções administrativas públicas. Estabelece também que o/a *defensor del pueblo* tem legitimidade processual.

O fato curioso é que, embora seja o modelo argentino apontado como o precursor e padrão ótimo da institucionalidade da função na região, desde o ano de 2009, o cargo de *defensor del pueblo* está vacante na Argentina. Inclusive, a falta de nomeação pelo congresso do *defensor del pueblo* já foi motivo de reconhecimento judicial da omissão constitucional feito em 2016, por meio da sentença da causa n° 1.774/2015, julgada pela *Cámara de Apelaciones en lo Contencioso Administrativo Federal*, e encontra-se aguardando julgamento definitivo perante a Corte Suprema de Justiça da Nação Argentina.

Além disso, também é necessário ajustar institutos em relação à Argentina, onde a função equivalente à defensoria pública brasileira é exercida pelo Ministério Público sob o nome de Ministério Público de Defensa. A função de titular da ação penal na Argentina fica a cargo do Ministério Público Fiscal e ambos compõem a instituição Ministério Público prevista no artigo 120 da Constituição Argentina. O Ministério Público da Argentina possui dois chefes institucionais, uma para cada uma dessas funções: *o procurador general de la Nación* e o *defensor general de la Nación.*

---

[143] CALABRICH, Bruno (org.). *Modelos de ministérios públicos e defensorías del pueblo.* Brasília: ESMPU, 2014.

A Bolívia passa a contar com a *Defensoría del Pueblo* a partir da sua constituição de 1995, mantendo a fórmula nas constituições posteriores, inclusive na atual vigente, na qual está disciplinado que a *Defensoría del Pueblo* é autônoma e independente e sua atuação não está subordinada a nenhum órgão do Estado, embora a nomeação do *defensor* ou *defensora del Pueblo* esteja a cargo da *Asemblea Legislativa Plurinacional* (Poder Legislativo)[144].

O Uruguai não tem norma constitucional que preveja a institucionalização da *Defensoría del Pueblo*, mas tem, desde 2008, por força de lei, a Instituição Nacional de Direitos Humanos e a Defensoría del Pueblo (INDDHH).

A INDDHH é um órgão estatal autônomo que opera dentro do Poder Legislativo. Foi criada pela Lei nº 18.446, de 24 de dezembro de 2008, com objetivo de oferecer maiores garantias aos indivíduos no gozo de seus direitos humanos e assegurar que as leis, práticas administrativas e políticas públicas sejam desenvolvidas de acordo com elas.

Suas competências são múltiplas e estão detalhadas no artigo 4 da lei, que vão desde as tradicionais funções anteriormente descritas como essenciais para o *defensor del pueblo* até a função de dar efetividade ao promover a adoção de medidas que considere apropriadas para alinhar o sistema jurídico e as práticas administrativas institucionais com os instrumentos internacionais de direitos humanos dos quais o Uruguai é parte. Passando, ainda, pela competência para investigar violações dos direitos humanos e pela tarefa de procurar pessoas detidas e desaparecidas no contexto das ações ilegítimas do Estado ocorridas entre 13 de junho de 1968 e 26 de junho de 1973, bem como durante o terrorismo de Estado ocorrido entre 27 de junho de 1973 e 28 de fevereiro de 1985. A tarefa inclui a investigação da verdade sobre as circunstâncias do desaparecimento e a localização dos restos mortais. Para tanto, a INDDHH, a partir dos membros designados para a tarefa em questão, terá acesso irrestrito aos arquivos dos serviços

---

[144] Conforme as previsões dos art. 220, 221 e 222 da Constituição da Bolívia.

de inteligência e outros arquivos de instituições públicas ou privadas que possam ser relevantes para a busca da verdade sobre o que aconteceu com as vítimas de desaparecimentos forçados.

Também pode solicitar cópias de tais arquivos, que lhes devem ser enviadas em sua totalidade sem a possibilidade de se opor a critérios de sigilo, confidencialidade ou reserva de todo ou parte de seu conteúdo.

Note-se que, embora criada tardiamente, a *Defensoría del Pueblo* do Uruguai se amolda a partir das bases de ser instituição de garantias, inclusive em cooperação com as instituições de garantias supranacionais, no pleno implemento do cumprimento das bases do constitucionalismo sul-americano, que estabelece instituições de garantias internas para todo e qualquer fim do período autoritário.

Lembrando que, no modelo uruguaio, o Ministério Público (titular da ação penal) é subordinado ao Poder Executivo, está na órbita do Ministério da Educação e Cultura, já a Instituição Nacional de Direitos Humanos e a Defensoría del Pueblo goza de autonomia.

O Chile não possui *defensor del pueblo* até hoje, mas sua criação era das propostas mais esperadas do processo constituinte em curso[145]. Importante lembrar que a Constituição vigente do Chile ainda é a de 1980, do governo ditatorial de Pinochet, ainda que já seja uma versão reformada daquela constituição original.

Portanto, é possível dizer que o Chile ainda não passou pela transição normativa das regras do período ditatorial para constituições novas, como as do Brasil, Paraguai e Bolívia, ou com profundas reformas institucionais, como ocorreu no Uruguai e na Argentina, que, embora não tivessem constituições do período da ditadura, já que suas constituições eram anteriores, fizeram profundas reformas

---

[145] Na proposta de Constituição não aprovada, a *defensoría del pueblo* com as características de instituição de garantias estava nos art. 123 e 124. O processo constitucional de substituição da constituição chilena em curso é a principal experiência de discussão de um constitucionalismo sul-americano. É proposital não tratar dele neste livro pois implicaria em um alargamento do objeto indevidamente.

constitucionais posteriores ao período ditatorial com o objetivo de fortalecer instrumentos de proteção dos direitos dos seus cidadãos.

No Brasil, em razão da peculiaridade constitucional que veremos detalhadamente no capítulo adiante, essa função que se chama nos países sul-americanos de *defensoría del pueblo* foi atribuída ao Ministério Público, que acumula a função de *defensor del pueblo* com a de titular da ação penal na forma dos arts. 127 e 129 da CF.

Em âmbito federal, a função de *defensor del pueblo* é exercida pela Procuradoria Federal dos Direitos do Cidadão (PFDC), cujo foco específico é a promoção da cidadania e da dignidade da pessoa humana, na defesa dos direitos humanos, sendo o procurador federal dos Direitos do Cidadão designado pelo procurador-geral da República entre os subprocuradores-gerais da República, para exercer as funções pelo prazo de dois anos, permitida uma recondução[146].

No entanto é importante referir que a Emenda Constitucional nº 80, de 2014, alargou as competências e as atribuições de outra instituição brasileira que é Defensoria Pública, estabelecendo-a como instituição permanente, essencial à função jurisdicional do Estado, incumbindo-lhe, como expressão e instrumento do regime democrático, fundamentalmente, a orientação jurídica, a promoção dos direitos humanos e a defesa, em todos os graus, judicial e extrajudicial, dos direitos individuais e coletivos, de forma integral e gratuita, aos necessitados[147].

É indiscutível que a reforma constitucional da EC nº 80/2014 para a Defensoria Pública atribuiu-lhe algumas funções de *defensor del pueblo*. Entretanto permanece tímida essa atribuição se comparada com as competências do Ministério Público previstas nos art. 127 e 129, inciso II, da Constituição Federal.

---

[146] Na forma do art. 40 da LC nº 75/93, o procurador federal dos Direitos do Cidadão é um ramo de divisão interna do Ministério Público Federal, não constituindo uma carreira própria do Ministério Público da União.

[147] Por todos, GONZÁLEZ, Pedro. *Acesso à justiça e defensoria pública*. Expressão e instrumento da democracia. Londrina: Thoth, 2021. p. 151.

Além disso, até hoje se mantém intocada a figura do procurador-geral da República, chefe do Ministério Público da União, no que diz respeito às competências constitucionais e jurisdicionais que foram atribuídas a ele, de forma unipessoal na Constituição, como é o caso de ser legitimado para propositura das chamadas ações do controle de constitucionalidade na forma do art. 103 da CF. A Defensoria Pública não recebeu, sequer de forma institucional, essa competência constitucional de ser instituição de garantia da Constituição.

Portanto, existe uma convicção teórica inalterada de que a Defensoria Pública no Brasil não é a *Defensoría del Pueblo* (*ombudsman criollo*), embora para leigos a semelhança nos nomes possa vir a confundir as instituições.

Importa esclarecer que, em todas as fórmulas, a função de *defensoría del pueblo* está descolada do Poder Executivo, diferente das funções de Ministério Público que seguem, com diferentes graus, ligadas ao Poder Executivo, ainda que por força da nomeação dos procuradores-gerais. E, por esse motivo, o caso do Brasil também gera certo desconforto institucional, pois, a função de *defensoría del pueblo* é uma das funções do Ministério Público (junto com função clássica de Ministério Público que é a acusação penal) e o Ministério Público do Brasil, principalmente na sua versão Federal, segue atrelado ao Poder Executivo por conta da sua relação normativa com a funções de seu chefe institucional, o procurador-geral da República, como se verá adiante e é objeto de discussão empírica desta obra.

No modelo brasileiro, temos uma instituição de garantias delimitada normativamente, com proteção de seus membros e com funções compatíveis com um modelo garantista, que, no entanto, é comandada por uma espécie de *caudilho institucional*, que historicamente funciona como ramo estendido do presidente da República, que é o procurador-geral da República.

Por fim, mas não menos importante, no Sistema Interamericano de Direitos Humanos, Siddharta Legale[148] sustenta que a Comissão Interamericana de Direitos Humanos (CIDH), em razão da sua atuação como guardiã da Convenção Americana de Direitos Humano (CADH) e na proteção dos grupos vulneráveis, pode guardar paralelo com o exercício da tutela coletiva ou transindividual de direitos, no plano interamericano. Essa função encontra semelhança importante com o exercício da função de tutela coletiva e guardiã dos direitos humanos por parte do Ministério Público brasileiro ou, ainda, naquelas funções que no restante da América do Sul costumam ser realizadas pelas *Defensorías del Pueblo*.

Assim, no plano da proteção para além do Estado-nação, pensando na perspectiva de que o direito constitucional regional se interamericanizou, por tudo que foi argumentado antes, também se verifica que a Comissão Interamericana de Direitos Humanos é uma espécie de *Defensoría del Pueblo Interamericana*, ou seja, uma instituição de garantias secundária no plano internacional, para proteção multinível dos direitos humanos.

Portanto, essa utilização de instituições das garantias de direito humanos, em especial, a função de garantia de *defensor de Pueblo* surge no contexto sul-americano de forma diversa dos modelos escandinavo e europeu. Lá, reitera-se, se identifica o papel do *defensor del Pueblo* ou *ombudsman* com o avanço de um constitucionalismo de matriz social, com o objetivo de impulsionar os poderes para o estabelecimento de políticas públicas garantidoras dos direitos sociais ou coletivos. Aqui nas Américas, em especial na América do Sul, esse uso institucional se dá para conter a força estatal autoritária e ser instituição de garantias para promover transição, verdade e justiça de modelos ditatoriais e autoritários para defesa de uma democracia constitucional, lastreada nos direitos humanos (aquela parcela do indecidível).

---

[148] LEGALE, Siddharta. *Temas de Direitos Humanos*. Rio de Janeiro: NIDH, 2022. p. 52.

Assim, entendo que se encontra justificada a escolha teórica e o motivo, dentro da teoria de base, para analisar uma instituição de garantias peculiar que é o Ministério Público brasileiro, em especial na versão Ministério Público Federal, como passará a ser o foco adiante, dado que essa instituição foi a eleita no modelo normativo brasileiro de 1988 para fazer a função.

CAPÍTULO 2. MINISTÉRIO PÚBLICO: DO DEFENSOR DA COROA AO DEFENSOR DO POVO

2.1. A construção normativa do Ministério Público brasileiro

Segundo Ronaldo Porto Macedo Júnior[149], o Ministério Público, como instituição, surge historicamente com o advento da separação dos poderes do Estado Moderno, aproximando-se diretamente com os *avocats* e *procureurs du roi*, criados no século XIV, na França. Por sua vez, segundo o autor, os advogados do rei (*avocats du roi*) foram criados no século XIV e tinham atribuições exclusivamente cíveis. Já os procuradores do rei (*procureurs du roi*) surgiram nas primeiras monarquias e, ao lado de suas funções de defesa do fisco, tinham função de natureza criminal. O Ministério Público francês nasceu da fusão dessas duas instituições, unidas pela ideia básica de defender os interesses do soberano que representava os interesses do próprio Estado, por meio de questões cíveis, penais ou fiscais.

No Brasil, o Ministério Público encontra suas raízes no direito lusitano, vigente no País nos períodos colonial, imperial e início da República.

Segundo João Francisco Sauwen Filho[150], nas Ordenações Afonsinas, de 1446/47, surgiu a figura do procurador da justiça com a função de praticar justiça em favor das viúvas, órfãos e pessoas miseráveis. As Ordenações Manuelinas, de 1521, que trouxeram as obrigações institucionais dos procuradores de feitos do Rei, já mencionavam o promotor de justiça e suas obrigações perante as Casas

---

[149] MACEDO JÚNIOR, Ronaldo Porto. A evolução institucional do ministério público brasileiro. *In*: SADEK, Maria Tereza (org.). *Uma introdução ao estudo da justiça*. Rio de Janeiro: Centro Edelstein de Pesquisas Sociais, 2010. p. 65-94.

[150] SAUWEN FILHO, João Francisco. *Ministério Público Brasileiro e o Estado Democrático de Direito*. Rio de Janeiro: Renovar, 1999. p. 122.

da Suplicação e dos promotores da justiça da casa civil. Nas Ordenações Filipinas, de 1603, foram definidas as atribuições do promotor de justiça junto às Casas de Suplicação, como procuradores dos feitos da Coroa e procuradores dos feitos da fazenda. Se acrescentaram as figuras do promotor de justiça e do solicitador de justiça. Nesse sentido, a instituição se modelou ao feitio francês.

A Constituição do Império de 1824, outorgada pelo imperador, reconhecia ao monarca uma enorme gama de prerrogativas e poderes. No Poder Legislativo, as forças políticas, que se cristalizaram naquilo que ficou conhecido como pacto liberal conservador, se consolidavam.

Nesse cenário, segunda a literatura, durante a tramitação do código de processo criminal, o então ministro da justiça, padre Diogo Antônio Feijó, comentando a caótica organização judiciária do Brasil, já discutia a necessidade de um Ministério Público, como instituição diferente do procurador da Coroa e do promotor de justiça junto às Relações. Entretanto não havia uma instituição articulada com o propósito de defender os interesses gerais e coletivos[151].

A Lei n° 261, de 1841, pode ser considerada o marco normativo da institucionalidade do Ministério Público, atribuindo a função de fiscais da lei aos promotores públicos, ainda que de modo precário e subordinados aos juízes de direito[152].

É com o surgimento da República a partir de uma nova ordem constitucional cuja estruturação institucional servia para legitimar o poder republicano, que se origina a instituição do Ministério Público fortemente vinculada às funções do Poder Executivo. No período do governo provisório, o Ministério Público inicia sua estrutura organizacional. Assim, há quem sustente que o Ministério Público como instituição organizada teria sido obra da República[153].

---

[151] LYRA, Roberto. *Teoria e Prática da Promotoria Pública.* Porto Alegre: SAFE, 1989. p. 16.

[152] SAUWEN FILHO, João Francisco. *Ministério Público Brasileiro e o Estado Democrático de Direito.* Rio de Janeiro: Renovar, 1999. p. 122.

[153] *Ibid.*, p. 127.

Por sua vez, o Decreto nº 848, de 11 de outubro de 1890, criou o cargo de procurador da República e o Decreto nº 1.030, de 14 de novembro de 1890, estabeleceu as funções dos membros do Ministério Público, dispondo que a instituição era absolutamente necessária à democracia[154].

Com a Constituição de 1891, elevou-se, pela primeira vez, a *status* constitucional a figura do procurador-geral da República, no art. 58 § 2º da Constituição. No entanto a Constituição de 1891 não dispõe sobre a instituição do Ministério Público, mas exclusivamente sobre a figura do procurador-geral da República (PGR).

Por sua vez, a nomeação do procurador da República era feita de forma discricionária pelo chefe do Poder Executivo, entre os membros do Supremo Tribunal Federal, e tinha sua demissão do cargo *ad nutum*, por interesse do chefe do Poder Executivo. Portanto, é importante notar que a Constituição de 1891 subordinava o chefe do Ministério Público tanto ao Poder Executivo como ao Poder Judiciário, já que a escolha era discricionária do chefe do Executivo, mas deveria recair necessariamente sobre algum membro do STF. Nesse sentido, a subordinação do procurador da República ao Poder Executivo também pode ser vista de forma dupla, já que os membros do STF, na forma da Constituição de 1981, também eram nomeados pelo presidente da República.

Essa máxima concentração de atribuições no presidente da República e nos seus ramos é a herança institucional do século XIX na América do Sul, como visto anteriormente. E essa herança marca todo desenho institucional do Ministério Público, como se verá adiante.

Por isso, diversas foram as expansões das competências do Ministério Público e do procurador-geral da República no período que sucedeu a Constituição de 1891. Reconheceu-se ao Ministério Público a competência para representar os interesses da União perante as justiças estaduais, criou-se competência funcional para procuradores

---

[154] MACEDO JÚNIOR, Ronaldo Porto. A evolução institucional do ministério público brasileiro. *In*: SADEK, M. T. (org.). *Uma introdução ao estudo da justiça*. Rio de Janeiro: Centro Edelstein de Pesquisas Sociais, 2010. p. 70.

adjuntos e ajudantes de procurador-geral, e reconheceu-se competência para suscitar perante o Supremo Tribunal Federal os conflitos de jurisdição entre os estados e a União.

No entanto o *status* constitucional do Ministério Público como instituição acontece apenas na Constituição de 1934, que deu maior atenção à questão institucional do órgão, colocando-o como órgão de cooperação nas atividades governamentais, desvinculando-o do Poder Judiciário, mas mantendo sua subordinação ao Poder Executivo, principalmente por utilizar a forma de escolha discricionária dos chefes dos ministérios públicos (da União e dos estados) e sua demissão *ad nutum* a critério do chefe do Poder Executivo.

O Ministério Público estava disciplinado no art. 95 da Constituição de 1934 e no § 3º do referido artigo, que dispunha que os membros do Ministério Público Federal seriam nomeados mediante concurso e só perderiam os cargos, nos termos da lei, por sentença judicial, ou processo administrativo, no qual lhes fosse assegurada ampla defesa. Esse é um importante marco normativo constitucional da independência funcional dos membros do Ministério Público, começando aqui as garantias da carreira.

Assim, é a Constituição de 1934 que começa a desenhar o modelo de Ministério Público que tem um chefe subordinado ao presidente da República, mas que tem uma instituição com *status* constitucional em que seus membros gozam de certas prerrogativas institucionais. É importante verificar que, embora pareça pueril, existe uma diferença sensível em termos institucionais que a Constituição de 1934 passa a considerar: a figura do chefe do Ministério Público Federal, o procurador da República, como agente vinculado ao chefe do Poder Executivo e, de outro lado, os membros do Ministério Público Federal, que vão compor uma burocracia ou estamento público, cujo acesso se dá por concurso público e com garantias jurídicas de proteção contra a perda arbitrária do cargo.

Se de um lado o procurador-geral da República responde com subordinação ao presidente da República, como cargo discricionário e de confiança estrita do chefe do Executivo, de outro, os membros do

Ministério Público podem começar a desempenhar suas funções sem subordinação política direta do representante do povo, embora ainda pertencentes ao Poder Executivo e à Administração Pública.

Na estrutura da Constituição de 1934, o procurador-geral da República responde ao governo, mas os membros do Ministério Público já podem postular sua atuação como função de garantias, já que são protegidos juridicamente contra a vontade do governante de ocasião em relação à manutenção de seus cargos.

No entanto Sauwen Filho comenta que a dependência do Ministério Público em relação ao Poder Executivo era o corrente naquele sistema jurídico, sendo, inclusive, entendimento governamental prevalente de que o Ministério Público era o órgão que cooperava com a atividade de governo, entendida como atividade do Poder Executivo comandada pelo chefe de Estado e sendo expressão de sua confiança[155].

Tem-se registrado que, para Getúlio Vargas, a instituição tinha um caráter peculiar, entendida como um órgão que cooperava na atividade do governo, ou seja, um órgão de atuação do Poder Executivo junto aos tribunais. No art. 99 da Carta Constitucional de 1937, fica explícita a subordinação do Judiciário em relação ao Poder Executivo, ou seja, a pessoa do presidente da República, já que o artigo confirmava a competência privativa do presidente para efetuar nomeação e demissão do procurador-geral da República, que deveria atuar perante o Supremo Tribunal Federal.

O advento da Constituição Federal de 1946 viria a consolidar a independência do Ministério Público em relação aos demais órgãos governamentais, apartando-o da esfera de abrangência de qualquer dos poderes do Estado[156].

Na Constituição de 1946, a instituição foi consagrada com um título inteiro a seu respeito, determinando que a lei deveria organizar a

---

[155] SAUWEN FILHO, João Francisco. *Ministério Público Brasileiro e o Estado Democrático de Direito*. Rio de Janeiro: Renovar, 1999. p. 146-147.

[156] *Ibid.*, p. 150.

carreira no plano federal. Entretanto manteve-se, na forma do art. 126 da Constituição, a nomeação do procurador-geral da República, chefe do Ministério Público, pelo presidente da República e que a exoneração do cargo poderia ser feita *ad nutum*. Logo, foi restabelecida a fórmula inaugurada na Constituição de 1934, a saber a burocracia institucional protegida e o chefe da instituição subordinado ao presidente da República.

A carreira do Ministério Público da União então é estruturada a partir da Lei nº 1341/51, que é a Lei orgânica do Ministério Público da União, na qual ficou estabelecido que, salvo o cargo de procurador-geral da República, todos os demais cargos deveriam ser providos por meio de concurso. Assim, o Ministério Público da União, sob comando do procurador-geral da República, divide-se em Ministério Público Federal (MPF), Ministério Público da União junto a Justiça Militar (MPM) e Ministério Público da União junto à Justiça do Trabalho (MPT).

Em 1º de abril de 1964, o presidente democraticamente eleito nos moldes estabelecidos pela então vigente Constituição de 1946[157], João Belchior Marques Goulart, sofreu um golpe civil-militar[158] e foi deposto do cargo de presidente. Desde então, o país foi governado

---

[157] Ao contrário da Constituição Federal de 1988, que, no § 1 do artigo 77, vincula a eleição do vice-presidente ao presidente de sua fórmula, a Constituição de 1946 permitiu a eleição separada do presidente e do vice-presidente da República. E foi isso que aconteceu nas eleições de 1960, quando a votação foi feita, embora simultaneamente, e os candidatos foram eleitos individualmente para os cargos de presidente e vice-presidente da República. Um fato importante reafirmando a legitimidade do governo de João Goulart também ocorreu com a rejeição do parlamentarismo instituído no Brasil, através da Emenda Constitucional nº 04/1961 à Constituição de 1946, por meio do plebiscito realizado em 1963, que restabeleceu o regime presidencialista no Brasil e os plenos poderes do presidente João Goulart.

[158] Sigo aqui a doutrina de René Dreiffus e Carlos Fico que explicam a participação da sociedade civil na declaração do presidente João Goulart. Sobre o assunto, ver: DREIFUSS, René. *1964. A conquista do Estado*. Petrópolis: Vozes, 1981; FICO, Carlos. *O grande irmão*: da operação brother Sam aos anos de chumbo. O governo dos Estados Unidos e a ditadura militar brasileira. Rio de Janeiro: Civilização Brasileira, 2008; FICO, Carlos. Versões e controvérsias sobre 1964 e a ditadura militar. *Revista Brasileira de História*, São Paulo, v. 24, n. 47, p. 29-60, 2004.

pelos militares, no governo de fato, que durou até a eleição indireta[159] para presidente ocorrida em janeiro de 1985, quando o governo civil foi retomado.

Apenas com a promulgação da Constituição de 1988 é que a democracia constitucional foi restaurada.

No dia 2 de abril, o general Arthur da Costa e Silva assume o comando da junta militar responsável por editar o Ato Institucional nº 1, que permite a cassação de mandatos e a suspensão de direitos políticos e prevê a eleição indireta para presidente e vice-presidente da República.

Entre as medidas iniciais tomadas pelo governo militar de fato que chegou ao poder estava a promulgação de Atos Institucionais de governo, sob a forma de leis supremas[160].

O Ato Institucional nº 1, datado de 9 de abril de 1964, após o golpe ter sido consumado, declarou o movimento uma revolução vitoriosa, atribuindo-lhe as funções de um Poder Constituinte revolucionário. Naquela época, a Constituição de 1946 foi emendada pelo AI nº 1, no que diz respeito aos poderes do presidente da República, além de autorizar a suspensão dos direitos políticos. Em 15 de abril, o general Humberto de Alencar Castelo Branco é anunciado ao cargo da Presidência da República, inaugurando o regime de exceção e de atos institucionais, que duraria até 1985.

O AI nº 1 não trata expressamente do Ministério Público. A atuação do órgão é modificada somente com a outorga da Constituição Federal de 1967. Entretanto as garantias constitucionais de vitaliciedade e estabilidade são suspensas, e a inamovibilidade é retirada por meio do Ato Institucional nº 2. Nesse período, o procurador-geral

---

[159] A Proposta de Emenda Constitucional (PEC) nº 05/1983, apresentada pelo deputado nacional Dante de Oliveira (PMDB/MT), visava restabelecer as eleições diretas para presidente por meio de emendas aos artigos 74 e 148 da Constituição Federal de 1967 (Emenda Constitucional nº 1, de 1969). A emenda proposta foi rejeitada, mantendo a eleição indireta. O movimento popular em favor do PEC acima mencionado foi chamado de "Movimento das Diretas Já!".

[160] No total, foram 17 atos institucionais, que podem ser consultados em http://www4.planalto.gov.br/legislacao/legislacao-historica/atos-institucionais.

da República Oswaldo Trigueiro de Albuquerque Mello é nomeado, em 6 de maio de 1964, permanecendo no cargo apenas 1 ano e 6 meses, quando é designado pelo general Castelo Branco ao STF, preenchendo vaga criada pelo AI n° 2.

Em 27 de outubro de 1965, foi aprovada a Lei Institucional n° 2, que, entre outras medidas, extinguiu os partidos políticos e estabeleceu a eleição indireta (pelo Congresso Nacional) do presidente e do vice-presidente da República.

Após o AI n° 2, o presidente da República emitiu a Lei Complementar n° 4, de 20 de novembro de 1965, que estabeleceu o novo sistema de organização partidária, o qual acabou dando origem ao bipartidarismo no país[161].

Por meio da Emenda Constitucional n° 16, de 26 de novembro de 1965, que reforma o Poder Judiciário, atribui-se ao procurador-geral da República o poder de ajuizar a representação de inconstitucionalidade de lei ou ato de natureza normativa, federal ou estadual.

Em 5 de fevereiro de 1966, a partir da Lei Institucional n° 3, ficam estabelecidas as eleições indiretas também para os governadores de estado.

Em 15 de novembro de 1966, já sob o regime bipartidário, foram realizadas eleições parlamentares para o Congresso Nacional. Os congressistas eleitos em 1966 deveriam assumir suas funções na nova legislatura em 1° de fevereiro de 1967, porém, em 7 de dezembro de 1966, foi aprovada a Lei Institucional n° 4, que convocou o Congresso

---

[161] A Lei Complementar n° 4 não impôs o bipartidarismo, mas restringiu a organização, estabelecendo limites que dificultaram a formação de organizações. A Lei Complementar n° 4 completa pode ser consultada em: http://legis.senado.gov.br/legislacao/ListaTextoIntegral.action?id=90596&norma =116094. Paulo Bonavides argumenta que, de fato, não houve bipartidarismo, mas, sim, um partido único, uma vez que as regras em vigor impediram o partido de oposição de exercer o poder de governar. Esta importante observação histórica pode ser lida em: BONAVIDES, Paulo. *Teoria Geral do Estado*. São Paulo: Malheiros, 2012. p. 530.

Nacional, no final de sua legislatura[162], em sessão extraordinária, para se reunir de 12 de dezembro do mesmo ano até 24 de janeiro de 1967, para discutir o projeto da nova Constituição apresentado pelo presidente da República[163], a fim de promulgar a nova Constituição em 24 de janeiro de 1967.

Em 24 de janeiro de 1967, a nova Constituição foi promulgada/editada[164] pelo Senado e pela Câmara dos Deputados e entrou em vigor em 15 de março de 1967.

Sob a égide da Carta de 1967, o Ministério Público compunha o Poder Judiciário, na forma do artigo 137. Não havia regra de hierarquia constitucional que dispusesse sobre o papel do Ministério Público, relegando à norma infraconstitucional a sua organização.

Entretanto, ainda que o Ministério Público fizesse parte da estrutura do Poder Judiciário, a Carta de 1967 dispunha que o procurador-geral da República seria escolhido e nomeado pelo presidente da República, com referendo do Senado, sendo demissível *ad nutum* pelo presidente. Ou seja, mantinha a fórmula do chefe da instituição atrelado ao Poder Executivo.

A Carta de 1967 amplia a função do procurador-geral da República como censor dos direitos e garantias individuais dos

---

[162] Sobre a legitimidade dos congressistas no final da legislatura para aprovar uma nova constituição, é interessante ler os pronunciamentos dos deputados daquela época, que podem ser consultados nos *Anais da Constituição de 1967*. Brasília: Diretoria de Informação Legislativa, 1967. Também disponível eletronicamente em: http://www.senado.leg.br/publicacoes/anais/pdf/Anais_Republica/1967/1967%2 0Livro%202.pdf. Sobre o tema do poder constituinte e sua legitimidade, destaca-se o discurso do deputado nacional (MDB/RS) Unírio Carrera Machado (PTB), p. 253 -255. O Deputado Unírio foi posteriormente demitido de seu mandato pelo AI n° 5.

[163] Sobre a usurpação do poder constituinte pelo poder constituído leia-se: FAORO, Raymundo. *Assembléia Constituinte a legitimidade recuperada*. São Paulo: Brasiliense, 1986.

[164] Alguns autores se referem à Constituição de 1967 como uma constituição semi outorgada. Como exemplo disso, temos: CERQUEIRA, Marcello. *A Constituição na história*: origem e reforma. Rio de Janeiro: REVAN, 2006. Outros preferem chamá-la de Constituição-Instrumento, como WACHOWICZ, Marcos. *Poder Constituinte e Transição Constitucional*. Curitiba: Juruá, 2004, p. 153; e FRANCO, Afonso Arinos de Melo. *Direito constitucional: teoria da constituição: as Constituições do Brasil*. Rio de Janeiro: Forense, 1981. p. 1330.

cidadãos ao criar, no art. 151, a figura do "abuso dos direitos individuais e dos direitos políticos", prevendo pena de suspensão dos direitos políticos pelo prazo de dois a dez anos, que deveria ser declarada pelo Supremo Tribunal Federal, mediante representação do procurador-geral da República.

Em 13 de dezembro de 1968, o então presidente Costa e Silva publicou o Ato Institucional nº 5, que manteve a Constituição de 1967, contudo, o AI-5 deu ao presidente da República o poder de estabelecer o recesso (encerramento) do Congresso e autorizava-o a legislar sobre assuntos da competência do Congresso[165].

Com base no AI nº 5, foi emitido o AI nº 12, de 31 de agosto de 1969, estabelecendo que o presidente, em caso de impedimento, seria substituído pela junta militar composta pelos ministros da Marinha, do Exército e da Aeronáutica, e o AI nº 16, de 14 de outubro de 1969, que substituiu o presidente da República (então doente) pela junta militar, até a eleição indireta do novo presidente.

Em 17 de outubro de 1969, a junta militar, em uso da autonomia conferida pela AI nº 16, e os poderes para legislar sobre qualquer matéria do AI nº 5, redigiu e outorgou a Emenda Constitucional nº 1 à Constituição de 1967, reformulando a Constituição e incorporando no texto constitucional as disposições contidas nos atos institucionais e complementares[166].

---

[165] De acordo com o Art. 4 da AI nº 5: "*Art. 4 - No interesse da preservação da Revolução, o Presidente da República, ouvido o Conselho Nacional de Segurança, e sem as limitações previstas na Constituição, poderá suspender os direitos políticos de qualquer cidadão por um período de 10 anos e encerrar os mandatos eletivos nacionais, estaduais e municipais. Finalmente, 181 parlamentares foram demitidos, 173 deputados nacionais e oito senadores, assim como três ministros do Supremo Tribunal Federal*". AGÊNCIA SENADO. Oito senadores cassados pelo AI-5 têm seus mandatos devolvidos simbolicamente. *Agência Senado*, 20 dez. 2012. Disponível em: http://www12.senado.gov.br/noticias/materias/2012/12/20/oito-senadores-cassados-pelo-ai-5-recebem-de-volta-seus-mandatos.

[166] Para a discussão sobre se a Emenda Constitucional nº 1/69 é uma nova constituição ou se é uma revisão desta, um debate que extrapola o objetivo deste artigo, veja: BONAVIDES, Paulo; ANDRADE, Paes de. *História Constitucional do Brasil*. Rio de Janeiro: Paz e Terra, 1991. p. 443-444.

Com a Emenda Constitucional n° 1/69, que substituiu em boa parte a Carta de 1967, o Ministério Público passou a ser parte do Poder Executivo, na forma do então novo artigo 94, mantendo-se a redação de delegar à lei infraconstitucional a organização da instituição, das atribuições e prerrogativas de seus membros e suas competências.

Como adverte Sauwen Filho[167], em um primeiro momento, poder-se-ia pensar que a modificação da EC 1/69 fosse apenas de deslocamento do Ministério Público da tutela do Poder Judiciário para o Poder Executivo, dado que a semelhança de redação dos textos normativos poderia levar a essa falsa impressão de que o Ministério Público permanecia inalterado, no entanto é a partir daí que passa a ocorrer um incremento normativo das funções do Ministério Público e do procurador-geral da República, a partir do uso pelo Poder Executivo (frise-se ditatorial) das atuações do Ministério Público para implementar uma pauta governamental (autoritária), que coloca o Ministério Público de forma institucional como coadjuvante da ação política do regime, ou como conceituado por Pontes de Miranda[168]: "ramo heterotópico do poder executivo" (ou homotópico) e "órgão de cooperação nas atividades governamentais".

Evidentemente que o Ministério Público, sobretudo o federal, na vigência da EC 1/69, deixa de ser uma instituição de garantia encarregada da defesa da ordem e do regime democrático, para conformar-se como órgão coadjuvante de ação política de governo implementada pelo Poder Executivo ditatorial, pois, no mesmo instante que a instituição é deslocada para subordinação ao Poder Executivo, crescem suas atribuições e funções institucionais para dar auxílio à agenda política governamental[169]. E a figura do procurador-

---

[167] SAUWEN FILHO, João Francisco. *Ministério Público Brasileiro e o Estado Democrático de Direito*. Rio de Janeiro: Renovar, 1999. p. 160.

[168] PONTES DE MIRANDA, Francisco Cavalcanti. *Comentários à Constituição Federal de 1967*. São Paulo: RT, 1973. Tomo III. p. 406.

[169] SAUWEN FILHO, João Francisco. *Ministério Público Brasileiro e o Estado Democrático de Direito*. Rio de Janeiro: Renovar, 1999. p. 163; RAMOS, José Saulo Pereira. Os arquivos da ditadura guardam segredos incômodos para o MP. *Conjur*, 19 jan. 2005.

geral da República, na condução da agenda autoritária de restrição de direitos e garantias individuais, não deixa de exercer a vocação de *caudilho* institucional do regime.

Aliás, como bem alertado por Daniela Silva Fontoura de Barcellos e Rogério Sganzerla, a ditadura civil-militar conseguiu aumentar o grau de legitimidade para realizar graves violações de direitos humanos e suspender direitos e garantias fundamentais ao tornar tudo legalmente previsto na Constituição e nas leis infraconstitucionais, utilizando deste subterfúgio de tornar oficial a repressão por meio da aparência de legalidade e constitucionalidade das leis e das instituições. Acrescentam os autores que, por esse motivo, a ditadura brasileira é considerada por alguns como tendo sido mais branda do que as demais ocorridas na região no período[170].

Rogério Arantes argumenta que a intenção das Forças à frente do regime autoritário era institucionalizar a revolução, dando uma feição híbrida ao governo, sempre em busca de legitimidade. Para tanto, o autor ressalta que a valorização do Ministério Público surge com a preocupação do regime em relação ao controle da Administração Pública, no sentido de estamento burocrático. O autor ressalta que o Código do Processo Civil (CPC) de 1973 introduziu a defesa dos interesses públicos como função institucional do Ministério Público, tornando-o o guardião de uma espécie de interesse público ampliado, sendo esse o marco para que a instituição tivesse ainda mais poder[171].

Disponível em: https://www.conjur.com.br/2005-jan-19/abrirem_arquivos_maior_surpesa_mp.

[170] BARCELLOS, Daniela Silva Fontoura de; SGANZERLA, Rogério. Direitos restritos e pena de morte: os processos de crimes políticos no Superior Tribunal Militar entre 1964 a 1975. *In:* SIQUEIRA, Gustavo Silveira; WOLKMER, Antonio Carlos; PIERDONÁ, Zélia Luiza. (coord.). *História do direito.* Florianópolis: CONPEDI, 2015. p. 237.

[171] ARANTES, Rogério B. *Ministério Público e Política no Brasil.* São Paulo: Sumaré, 2002. p. 39.

Em 1° de abril de 1977, com base no AI n° 5, o então presidente Ernesto Geisel declarou que o Congresso estava em recesso e começou a legislar sobre todos os assuntos de interesse do Estado. Durante o período em que o Congresso foi encerrado, o presidente decretou uma série de medidas legais, que ficaram conhecidas como o "Pacote de abril"[172].

Entre as mudanças significativas estavam as introduzidas pela Emenda Constitucional n° 8, de 14 de abril de 1977[173], que emendou a Constituição de 1967 para prever a eleição indireta de governadores de estado, a criação da eleição indireta de 1/3 dos senadores (*senadores biônicos*), a modificação do quórum para aprovação de emendas constitucionais de 2/3 para maioria simples, assim como a extensão do mandato do presidente da República para 6 anos.

As medidas tomadas no chamado "Pacote de abril", que representaram um endurecimento do governo ditatorial, principalmente em termos de participação política, apesar de o governo já ter anunciado uma distensão, geraram uma série de movimentos populares e institucionais que promoveram o fim do regime[174], em uma verdadeira mobilização nacional, também motivada pelo fim do milagre econômico[175].

---

[172] O pacote de abril é uma resposta às eleições de 1974, quando, pela primeira vez desde o estabelecimento do regime militar, houve um crescimento da oposição.

[173] Vide: http://www.planalto.gov.br/ccivil_03/constituicao/Emendas/Emc_anterior1988/emc08-77.htm.

[174] MDB, OAB, CNBB, etc.

[175] Grande parte do período de ditadura militar no Brasil foi sustentada pela ideia de que um progresso econômico significativo tinha sido assegurado para o país. Este período foi conhecido como o "milagre econômico". Quando esta ideia perdeu seu apoio real, o governo teve dificuldade de se sustentar politicamente também. A "farsa" do milagre econômico contribuiu muito para o fim do governo militar. Nas palavras de Celso Furtado, "*Em suma, na década entre 1964 e 1973, apesar do aumento considerável do produto nacional, não houve evidência de qualquer ganho na autonomia da economia brasileira em sua capacidade de autotransformação, nem houve qualquer fortalecimento da capacidade da sociedade de financiar o autodesenvolvimento*" (FURTADO, Celso. *O Brasil Pós-"Milagre"*. Rio de Janeiro: Paz e Terra, 1981. p. 42).

Com a diminuição do quórum para a aprovação de emendas constitucionais, o processo de reforma da Constituição de 1967 começou a partir de inúmeras emendas[176]. De fato, em 13 de outubro de 1978, o Congresso aprovou a Emenda Constitucional n° 11[177], que revogou os atos institucionais (incluindo a AI n° 5) e estabeleceu que deputados e senadores eram invioláveis no exercício do mandato, por suas opiniões, palavras e votos, salvo no caso de crime contra a segurança nacional.

Na mesma EC 11/78, foi atribuído ao procurador-geral da República o poder de requerer a suspensão dos mandatos parlamentares nos casos de crime contra segurança nacional. Novamente, o uso da expansão de poder repressivo atribuído ao procurador-geral da República, para levar adiante a agenda autoritária do regime.

Em 28 de agosto de 1979, foi publicada a Lei n° 6.683, que concedeu anistia àqueles que, no período entre 2 de setembro de 1961 e 15 de agosto de 1979, cometeram crimes políticos ou crimes com eles relacionados, delitos eleitorais, àqueles cujos direitos políticos foram suspensos e aos funcionários da Administração Direta e Indireta, de fundações ligadas ao poder público, aos funcionários dos Poderes Legislativo e Judiciário, aos militares e aos dirigentes e representantes sindicais, punidos com base em Atos Institucionais e Complementares[178].

---

[176] A redução do quórum para a aprovação de emendas constitucionais em 1977 foi percebida, principalmente pela oposição legal, como uma manobra no sentido de garantir condições para a continuação da abertura por meio de uma política legislativa reformista, sob rígido controle governamental. Cf. BARBOSA, Leonardo Augusto de Andrade. *Mudança Constitucional, Autoritarismo e Democracia no Brasil Pós 1964*. Tese (Doutorado em Direito Constitucional) – Faculdade de Direito da Universidade de Brasília, Brasília, 2009. p. 135.

[177] A EC n° 11/78 só entrou em vigor em janeiro de 1979. Para o texto completo, ver: http://www.planalto.gov.br/ccivil_03/constituicao/Emendas/Emc_anterior1988/emc11-78.htm.

[178] Art. 1 da Lei n° 6683/79.

Nesse contexto, surgiu ainda Lei Complementar n° 40, de 1981, que é decorrente da Emenda Constitucional n° 7/77 e que organizou os ministério públicos nos estados e institucionalizou no Ministério Público a função de ser o promotor da ação penal pública e da ação civil pública, e logo a Lei n° 7347/85, lei da ação civil pública, que disciplinou e ampliou, consideravelmente, as atribuições do Ministério Público ao lhe conferir competências para tutelar os interesses difusos e coletivos e lhe deu legitimidade processual para tanto. Essas normas são essenciais para organizar corporativamente os Ministérios Públicos dos estados e separá-los normativamente da confusão com o Ministério Público da União.

Essa divisão institucional vai levar a certa tensão no momento pré-constituinte nos *lobbies* corporativos dos Ministérios Públicos dos estados, com suas reivindicações institucionais e a figura do procurador-geral da República, como chefe supremo do Ministério Público da União e que tem uma agenda diferente para o Ministério Público das agendas políticas das corporações dos Ministério Públicos dos estados[179].

Por outro lado, segundo Helga Bezerra, também no início dos anos 1980, tramitaram algumas propostas de criação de um *ombudsman* no Brasil. A primeira do deputado Mendonça Neto, de criar uma Procuradoria-geral do Povo, por meio de emenda constitucional, para investigar as violações à lei e aos direitos fundamentais do cidadão. Outra de autoria do deputado José Costa, que propunha uma Procuradoria-geral do Poder Legislativo. A terceira, em 1984, quando o deputado Jonas Nunes tentou a instituição de uma Procuradoria Popular com a função de receber e apurar queixas ou denúncias de cidadãos prejudicados por atos da Administração. No Senado Federal,

---

[179] Essa discussão é das mais importantes no processo pré-constituinte para entender como os projetos de organização do Ministério Público ecoam na Assembleia Nacional Constituinte. A historiografia desse processo não passou despercebida pelos historiadores e cientistas sociais. Em diversas oportunidades, o promotor de justiça de São Paulo, Hugo Mazzilli, compilou o processo por meio das fontes primárias, das quais ele é protagonista. Tudo pode ser conferido no seu site, que é, sem dúvida, o melhor repositório de impressões sobre a instituição Ministério Público. Vide: http://www.mazzilli.com.br/.

em 1983, foi apresentada uma proposta pelo senador Luis Cavalcante de criação do *ombudsman* como solução para a corrupção, e um ano depois, com a proposta do senador Marco Maciel, que queria uma Ouvidoria Geral[180].

Nenhuma proposta foi aprovada.

Em 1983, o deputado Dante de Oliveira apresentou uma proposta de emenda à Constituição que visava modificar os artigos da Constituição de 1967 com relação às eleições para presidente, restabelecendo as eleições diretas. A emenda proposta foi rejeitada na Câmara dos Deputados em abril de 1984, e as eleições indiretas para presidente e vice-presidente da República foram mantidas. Com a rejeição da emenda, eleições presidenciais indiretas foram realizadas em janeiro de 1985, com Tancredo Neves eleito presidente e José Sarney vice-presidente.

Na véspera de tomar posse como presidente, o eleito Tancredo Neves foi hospitalizado, tendo José Sarney tomado posse em 15 de março de 1985. Nessa ocasião, Sarney fez o discurso de Tancredo, no qual ele se comprometeu com o estabelecimento de uma nova Constituição. Com a morte de Tancredo Neves em 21 de abril de 1985, José Sarney tornou-se o presidente definitivo do Brasil[181].

Em 28 de junho de 1985, o presidente José Sarney enviou a mensagem nº 330 ao Congresso Nacional, com a proposta de alteração da Constituição (PEC nº 43/85 [182]), que visava transformar o Congresso Nacional em uma Assembleia Nacional Constituinte, a fim de criar uma nova Constituição, de modo a *"respeitar a lei que temos e modificá-la de acordo com os processos admitidos por ela"*.

---

[180] BEZERRA, Helga Maria Saboia. Defensor do Povo: origens do instituto do Ombudsman e a malograda experiência brasileira. *Direito, Estado e Sociedade*, n. 36, p. 46-73, jan./jun. 2010. p. 51.

[181] O discurso está disponível em: http://www.biblioteca.presidencia.gov.br/ex-presidentes/jose-sarney/discurso-de-posse/discurso-de-posse/view.

[182] Vide: http://www.senado.gov.br/publicacoes/anais/constituinte/emenda.pdf.

Em 18 de julho de 1985, pelo Decreto n° 91.450, o presidente da República criou a Comissão Provisória de Estudos Constitucionais, vinculada à Presidência da República, com o objetivo de produzir material que servisse como insumo para a Assembleia Nacional Constituinte.

Essa comissão foi presidida por Afonso Arinos e foi composta por 50 juristas de confiança do presidente da República, com apenas uma mulher, a advogada Floriza Verucci. A comissão ficou conhecida como a Comissão dos Notáveis e concluiu seus trabalhos apresentando um anteprojeto de Constituição para discussão[183].

Nesse projeto da Comissão de Afonso Arinos (Comissão Provisória de Estudos Constitucionais), gestou-se o projeto de instituição de um defensor do povo, que seria nomeado pela Câmara dos Deputados, com poderes de proteção das pessoas prejudicadas por atos abusivos de autoridades públicas. O autor da inclusão do *defensor del pueblo brasileiro* no esboço constitucional foi Cândido Antônio Mendes de Almeida, um dos membros da Comissão[184].

O anteprojeto propunha[185]:

> *Art. 56 – É criado o Defensor do Povo, incumbido, na forma da lei complementar, de zelar pelo efetivo respeito dos poderes do Estado aos direitos assegurados nesta Constituição, apurando abusos e omissões de qualquer autoridade e indicando aos órgãos competentes as medidas necessárias à sua correção ou punição.*

---

[183] Vide: https://www2.camara.leg.br/legin/fed/decret/1980-1987/decreto-91450-18-julho-1985-441585-publicacaooriginal-1-pe.html.

[184] Diz Helga Bezerra que *"todo o arcabouço do anteprojeto quanto à questão dos Direitos Humanos deveu-se à Cândido Mendes. No auge da tortura praticada nos calabouços do AI-5, Cândido Mendes atuava na surdina e salvava vidas. Cumpria esta tarefa com a ajuda do cardeal Eugênio Sales, do Rio de Janeiro, mesmo em condições em que uma ínfima indiscrição do que faziam transformaria ambos em mitos. Foi ele o responsável pela inclusão no esboço constitucional da figura do 'defensor do povo'"* (BEZERRA, Helga Maria Saboia. Defensor do Povo: origens do instituto do Ombudsman e a malograda experiência brasileira. *Direito, Estado e Sociedade*, n. 36, p. 46-73, jan./jun. 2010. p. 52).

[185]   Vide:
https://www.senado.leg.br/publicacoes/anais/constituinte/AfonsoArinos.pdf.

> *§ 1° – O Defensor do Povo poderá promover a responsabilidade da autoridade requisitada no caso de omissão abusiva na adoção das providências requeridas.*
>
> *§ 2° – Lei complementar disporá sobre a competência, a organização e o funcionamento da Defensoria do Povo, observados os seguintes princípios:*
>
> *I – o Defensor do Povo é escolhido, em eleição secreta, pela maioria absoluta dos membros da Câmara dos Deputados, entre candidatos indicados pela sociedade civil e de notório respeito público e reputação ilibada, com mandato não renovável de cinco anos;*
>
> *II – são atribuídos ao Defensor do Povo a inviolabilidade, os impedimentos, as prerrogativas processuais dos membros do Congresso Nacional e os vencimentos dos Ministros do Supremo Tribunal Federal;*
>
> *III – as Constituições Estaduais poderão instituir a Defensoria do Povo, de conformidade com os princípios constantes deste artigo.*
>
> *[...]*
>
> *Art. 170 – Compete privativamente à Câmara dos Deputados:*
>
> *VI – Eleger o Defensor do Povo.*

Entretanto, como se verá adiante, essa proposta acabou não prosperando diante do debate constituinte por motivos de Ministério Público, que também havia ganhado espaço no anteprojeto com autonomia institucional, na forma do artigo 308, mas com ampla independência do presidente da República para nomeação do procurador-geral da República, na forma do artigo 310 do anteprojeto.

Por sua vez, em 27 de novembro de 1985, através da Emenda Constitucional n° 26/85[186], foi estabelecido que o Congresso Nacional, a partir de 1° de fevereiro de 1987, funcionaria como uma Assembleia Nacional Constituinte (constituinte parlamentar)[187].

---

[186] No artigo 4° da EC n° 26/85, foram reafirmados os termos do artigo 1° da Lei n° 6683/79, que, a partir de então, passou a ter o *status* de norma constitucional. Vide: http://www.planalto.gov.br/ccivil_03/constituicao/Emendas/Emc_anterior1988/emc26-85.htm.

[187] A proposta de um plebiscito para o povo escolher entre um constituinte exclusivo ou parlamentar, subsidiado por 70.000 telegramas, foi apresentada no parecer de Flávio Bierrenbach, relator da comissão mista que deu origem à PEC n° 26, mas seu parecer foi arquivado, prevalecendo o substituto do governo para o constituinte

Assim, os parlamentares eleitos no processo de 15 de novembro de 1986 – 487 deputados nacionais e 49 senadores, e 23 dos 25 senadores eleitos em 1982, em um total de 559 – iniciaram a deliberação constituinte, na modalidade parlamentar, em 1º de fevereiro de 1987, tendo concluído as deliberações em 5 de outubro de 1988, quando o presidente da Assembleia Nacional Constituinte, em sessão solene, promulgou a Constituição Federal. Deve-se notar que o Congresso Nacional funcionou normalmente em seu papel de legislador ordinário [188] em paralelo com o funcionamento da Assembleia Nacional Constituinte[189].

Portanto, nesse contexto de ampliação de atribuições do Ministério Público e da força do procurador-geral da República é que se desenvolvem os processos pré e constituinte, que vão gerar a fórmula normativa do "novo" Ministério Público que vai surgir na Constituição de 1988.

2.2. Entre Curitiba e Assembleia Nacional Constituinte

Como visto, existe um alargamento das funções normativas do Ministério Público no período da ditadura militar. Aliado a isso, o procurador-geral da República, chefe supremo do Ministério Público da União, ganha poder para auxiliar na agenda do regime. Vale lembrar

---

parlamentar. Cf. ROCHA, Antônio. Genealogia da Constituinte: do autoritarismo à democratização. *Lua Nova*, São Paulo, n. 88, p. 29-87, 2013. p. 59.

[188] Para Daniel Sarmento, o fato de o Congresso funcionar normalmente em seu papel ordinário teve sérias implicações para o trabalho da Assembleia Constituinte, na medida em que houve confusão indevida entre a política ordinária, típica das funções cotidianas do Congresso, e as extraordinárias exigências de elaboração de uma Constituição, contribuindo para a inserção no Texto Constitucional de questões que não eram relevantes para serem incluídas nele. Cf. SARMENTO. Daniel. 21 Anos da Constituição relativo 1988: a Assembleia Constituinte 1987/1988 e a Experiência Constitucional Brasileira sob a Carta de 1988. *Direito Público*, v. 6, n. 30, p. 7-41, 2011. p. 11.

[189] OLIVEIRA, Mauro Márcio. *Fontes de informações sobre a Assembleia Nacional Constituinte de 1987*: quais são, onde buscá-las e como usá-las. Brasília: Senado Federal; Subsecretaria de Edições Técnicas, 1993. p. 11-12.

que o Ministério Público Federal acumulava, com a função de ser titular da ação penal e da ação civil pública, também a função que hoje é dada à Advocacia-Geral da União. E, por esse motivo, fazia a função de um caudilho institucional.

Além disso, era praxe, na ditadura, nomear o procurador-geral da República para vagas que surgissem junto ao Supremo Tribunal Federal[190].

A marca das ditaduras militares é o que dá a identidade ao constitucionalismo regional e a sua superação é o que vai dar origem às constituições garantistas do pós-regime, com a reestruturação e a democratização das instituições.

Por esse motivo, a função do Ministério Público e sua história no período, aliada ao papel do procurador-geral da República, é fundamental para construção normativa dessa "nova" instituição e para verificação se esta cumpre os padrões para ser enquadrada na instituição de garantias de direito humanos e fundamentais, tão cara ao constitucionalismo surgido na América do Sul com as novas constituições ou com as reformas constitucionais do pós-ditadura.

Para isso, é importante fazer uma pequena digressão ao momento histórico político que podemos chamar de momento constituinte. Pode-se dizer que a vontade constituinte, ou momento constituinte ou, ainda, situação constituinte encontrava-se presente no início da década de 1980, pois o país vivia um típico "momento constituinte"[191] caracterizado pela efervescência política e pela genuína mobilização popular em prol de um "recomeço".

---

[190] CARDOSO, Maurício. Nomeação premiada. Nomear procurador-geral para o Supremo era praxe durante a ditadura. *Consultor Jurídico*, 29 maio 2020. Disponível em: https://www.conjur.com.br/2020-mai-29/nomear-pgr-supremo-praxe-ditadura.

[191] Raúl Gustavo Ferreyra, apoiado na tese de uma democracia dualista desenvolvida por Bruce Ackerman, faz uma diferenciação entre momentos constituintes e momentos correntes. Para o autor, um momento constituinte é aquele fragmento temporal de extraordinária mobilização popular com o objetivo de elaborar a legislação de maior hierarquia no sistema jurídico. Cf. FERREYRA, Raúl Gustavo. *Reforma Constitucional y Control de Constitucionalidad*. Buenos Aires: Ediar, 2007. p. 76.

A proposta de uma nova Constituição para o Brasil, que ganhou força crescente, vertiginosa, ao longo das décadas de 1970 e 1980, esteve atrelada ao reconhecimento, por muitos atores sociais, da necessidade de construção de uma nova cidadania no país, inclusiva e de completa ruptura com a ditadura que assumira o governo brasileiro, a partir do golpe de 1964[192]. Essa ruptura previa também uma modificação em termos institucionais e uma aposta que a democratização era possível em todos os níveis de poder e nas instituições que, em certa medida, colaboraram com o autoritarismo.

Entre 1983 e 1984, as campanhas pelas Diretas Já ocuparam as ruas, com ampla cobertura da imprensa e contando com crescente mobilização da sociedade. Não obstante a proposta de Emenda Constitucional n° 5/83, conhecida como a emenda Dante de Oliveira – Emenda das Diretas Já – foi rejeitada pela Câmara dos Deputados em abril de 1984, em uma votação realizada sob o decreto governamental de "estado de emergência" (usando das prerrogativas de salvaguarda constitucional criadas pela Emenda Constitucional n° 11/78) que restringia a comunicação no Distrito Federal[193].

Algumas instituições como a Ordem dos Advogados do Brasil (OAB), engajaram-se no processo de redemocratização e constituinte de forma determinante[194]. Assim também ocorreu com a Conferência Nacional dos Bispos do Brasil (CNBB).

---

[192] VERSIANI, Maria Helena. Uma República na Constituinte (1985-1988). *Revista Brasileira de História*, São Paulo, v. 30, n. 60, 2010. p. 235.

[193] Em 18 de abril de 1984, o presidente Figueiredo determinou, pelo Decreto n° 88.888, o estabelecimento de medidas emergenciais na área do Distrito Federal e nos dez municípios goianos mais próximos. As medidas valeriam no período de 19 de abril a 17 de junho de 1984, considerando que a votação da emenda Dante de Oliveira aconteceria no dia 25. Pelo decreto, nos dias em que vigorassem as medidas de emergência, o Exército assumiria o controle da segurança pública, garantiria a vigência da proibição às manifestações de rua, patrulharia os aeroportos e todas as vias de acesso ao Distrito Federal. As rádios e as TVs também ficariam impedidas de transmitir ao vivo a sessão da Câmara em que ficaria apreciada a emenda das Diretas Já!. Sobre o tema, por todos, WACHOWICZ, Marcos. *Poder Constituinte e Transição Constitucional*. Curitiba: Juruá, 2004. p. 184.

[194] FAORO, Raymundo. Constituinte: a verdade e o sofisma. *In*: SADER, Emir. *et al.* *Constituinte e democracia no Brasil hoje*. São Paulo: Brasiliense, 1985.

O Ministério Público também não ficou de fora.

A Confederação das Associações Estaduais do Ministério Público (CAEMP), hoje chamada de CONAMP, promoveu uma série de medidas de organização das corporações com o objetivo de reivindicar uma determinada conformação de Ministério Público que entendiam ser a forma de democratizar a instituição, por meio de garantias aos seus membros, para que estes pudessem exercer a função de uma verdadeira instituição de garantias, em favor da sociedade.

Foi daí que surgiu a o anteprojeto institucional que ficou conhecido como "*Carta de Curitiba*", que foi aprovada no 1º Encontro Nacional de Procuradores-Gerais de Justiça e Presidentes de Associação do Ministério Público, realizado em junho de 1986[195] em Curitiba.

A Carta de Curitiba é uma resposta corporativa do Ministério Público, sobretudo dos Ministérios Públicos estaduais, já que os membros do Ministério Público Federal não faziam ainda parte da associação, ao anteprojeto da Comissão dos Notáveis, dirigida por Afonso Arinos, que previa a figura do defensor do povo (*ombusdman*) em instituição autônoma, diversa do Ministério Público, com todas as características de ser a instituição de garantias secundária, responsável pela salvaguarda dos direitos humanos e fundamentais com o poder de responsabilizar as autoridades públicas pelas violações de direitos.

O grupo do Ministério Público paulista, formado por Luiz Antônio Fleury Filho, Antônio Araldo Ferraz Dal Pozo, Cláudio Ferraz de Alvarenga, Walter Paulo Sabella, José Emmanuel Burle Filho, Hugo Nigro Mazzilli, Antônio Augusto Mello de Camargo Ferraz, Paulo Salvador Frontini, Moacyr Antônio Ferreira Rodrigues e Pedro Franco de Campos, com o apoio de ministérios públicos do Rio Grande do Sul e do Mato Grosso do Sul, liderou o processo[196].

---

[195] MAZZILLI, Hugo Nigro. Tese apresentada ao VII Congresso Nacional do Ministério Público, pub. AMMP/Conamp, abr. 1987. Disponível em http://www.mazzilli.com.br/pages/informa/curitibaconst.pdf.

[196] Conforme os depoimentos de memória oral constantes no livro de entrevistas organizado por Alvaro Wamrath Bischoff, Gunter Axt e Ricardo Vaz Seelig chamado

O objetivo era abrir espaço da nova linha de atuação do Ministério Público, na qual o foco eram as ações preventivas e extrajudiciais, consolidando o papel do promotor como agente político garantidor.

Assim, a Carta de Curitiba foi apresentada à Assembleia Nacional Constituinte com as reivindicações da categoria profissional. Os promotores de todo o país pediam, entre outras coisas, a absorção pelo Ministério Público da função de defensor do povo.

Em diversas oportunidades, há relatos de certo conflito entre os interesses dos Ministérios Públicos Estaduais e os interesses do Ministério Público Federal, em especial do procurador-geral da República à época, que compunha a Comissão do anteprojeto de Afonso Arinos.

Reivindicavam os Ministérios Públicos Estaduais certas questões que eram essenciais para que o Ministério Público fosse efetivamente o defensor do povo, como eles pretendiam na Carta, mas que não tinham a adesão do Ministério Público Federal.

Uma das questões que opunha os Ministérios Públicos Estaduais e Ministério Público Federal era a possibilidade do exercício da advocacia por membros do Ministério Público. Ao que tudo indica, os procuradores da República não estavam dispostos a abrir mão dessa possibilidade, enquanto os promotores estaduais entendiam que a função de advogado era incompatível com as reivindicações das prerrogativas que faziam em relação à autonomia e à independência dos membros do Ministério Público, inclusive para absorverem as funções de *defensor del pueblo*.

Além disso, havia discussão sobre a margem de discricionariedade da escolha do chefe da instituição. O então procurador-geral da República entendia que a fórmula tradicional da

Histórias de vida do Ministério Público do Rio Grande do Sul: a constituinte de 1988. Porto Alegre: Procuradoria-Geral de Justiça; Memorial do Ministério Público, 2006.

119

discricionariedade do presidente da República deveria ser mantida, afinal ele mesmo não era procurador da República de carreira[197].

Essas tensões e divergências, comuns ao processo constituinte, foram relatadas por Nelson Jobim em evento realizado pelo Conselho Nacional do Ministério Público (CNMP)[198], em razão dos 30 anos da Constituição Federal, quando o então deputado sintetizou a questão:

> *Até então, o Ministério Público integrava o gabinete da Presidência da República e diziam que era um órgão burocrata do Direito Penal. Então, achamos que deveria ocorrer uma separação. Havia um grupo que queria manter os procuradores da República como advogados da União, apesar da autonomia conquistada, mas essa ideia foi vencida politicamente.*

Assim, nesse contexto político de intenso debate constituinte é que o anteprojeto da Associação dos Promotores Estaduais (hoje CONAMP), ou Carta de Curitiba, foi proposto de forma expressa que a função de defensor do povo fosse atribuída diretamente ao Ministério Público, nas suas competências institucionais da seguinte forma:

> *Art. 3º. Cabe ao Ministério Público promover a aplicação e a execução das leis.*
>
> *§ 1º São funções institucionais privativas do Ministério Público:*
>
> *a) representar por incompatibilidade de lei ou ato normativo com normas de hierarquia superior;*
>
> *b) promover a ação penal pública e supervisionar os procedimentos investigatórios, podendo requisitá-los e avocá-los;*
>
> *c) intervir nos processos judiciais nos casos previstos em lei ou quando entender existir interesse que lhe caiba defender;*
>
> *d) promover inquérito para instruir ação civil pública.*
>
> *§ 2º Compete ao Ministério Público, sem exclusividade:*

---

[197] MAZZILLI, Hugo N. *Manual do Promotor de Justiça*. 2. ed. São Paulo: Saraiva, 1991. p. 28.

[198] A íntegra da fala de Nelson Jobim na qual há um depoimento de memória oral pode ser vista em https://youtu.be/4TbcLzFapyQ.

a) conhecer de representações por violação de direitos humanos e sociais, por abusos do poder económico e administrativo, apurá-las e dar-lhes curso, como defensor do povo, junto ao Poder competente;

b) promover a ação civil pública e tomar medidas administrativas executórias em defesa dos interesses difusos e coletivos, dos interesses indisponíveis, bem como, na forma da lei, de outros interesses públicos.

Em síntese, o movimento criado pelos próprios Ministérios Públicos, sobretudo os estaduais, e a partir da articulação da Confederação Nacional do Ministério Público (CONAMP), relatado em depoimento de memória oral coletados por Bischoff, Axt e Seelig[199], é o que impulsionou os debates constituintes sobre a necessidade de criar um novo Ministério Público, instituição que teria por função assegurar a defesa da democracia e dos direitos humanos e que seria titular da defesa dos interesses difusos e coletivos.

O então procurador-geral da República, Sepúlveda Pertence, que era um dos integrantes da Comissão Afonso Arinos, conseguiu influenciar os trabalhos da Constituinte por meio de um coeso *lobby* formado pelos membros do Ministério Público.

O grande debate travado na Assembleia Nacional Constituinte entre os parlamentares que lá estavam era saber quais os limites da atuação, ou do controle de atuação, ficariam expressamente atribuídos ao Ministério Público.

Para tanto, o novo Ministério Público deveria ser uma instituição autônoma e independente dos poderes de Estado, justamente para poder garantir as novas funções. Esse movimento ganhou força nos debates da Assembleia Nacional Constituinte[200], principalmente na discussão sobre a necessidade de fortalecimento das instituições

---

[199] BISCHOFF, Walmrath Bischoff; AXT, Gunter; SEELIG, Ricardo Vaz. *Histórias de vida do Ministério Público do Rio Grande do Sul*: a constituinte de 1988. Porto Alegre: Procuradoria-Geral de Justiça; Memorial do Ministério Público, 2006.

[200] As informações aqui constantes são retiradas do amplo debate da Assembleia Nacional Constituinte em torno da institucionalização do Ministério Público registrado nas atas da assembleia, disponíveis em: https://www.senado.leg.br/publicacoes/anais/asp/CT_Abertura.asp.

democráticas, e impulsionou a radical modificação das competências e da institucionalidade do Ministério Público[201].

Para isso, foi intensa a participação dos membros do Ministério Público por ocasião da Assembleia Nacional Constituinte. Houve, sem dúvida, uma organização do grupo da Carta de Curitiba para conquistar o novo Ministério Público.

Nos anais da Assembleia, pode-se constatar as manifestações e os movimentos desse grupo, a título de exemplo tem-se a manifestação do promotor paulista Antônio Araldo Ferraz Dal Pozzo [202] na subcomissão do Poder Judiciário e Ministério Público.

> *Aqui se pretende cortar esse cordão, que nos liga a uma história do Ministério Público nascido exatamente para defender em juízo os interesses privados do rei – legens du roi. De lá para cá, o Ministério Público tem cumprido uma trajetória histórica, que se distancia cada vez mais das suas origens. Pretendemos, realmente, conduzi-lo a uma outra direção para que seja tão somente representante do interesse da sociedade, para que defenda o regime democrático, a ordem jurídica e a Constituição. No entanto, a parte relativa ao Ministério Público da União retrata o pensamento médio do Parquet federal de hoje. É por isso que encontramos, nesse anteprojeto, a dicotomia de um Ministério Público estadual, que não representa a União nem a Fazenda do Estado, e o Ministério Público da União, que conserva, aqui, nestas sugestões a representação judicial da União. Evidentemente, o descortino político, parlamentar, a vivência dos Constituintes conduzirão o Ministério Público a uma ou outra direção. Esperamos que seja na direção do Ministério Público dos Estados, que é a que defendemos.*

O constituinte Ibsen Pinheiro, pertencente ao Ministério Público, explicou que nas propostas havia duas correntes fazendo *lobby* em relação ao papel do Ministério Público e do Defensor do Povo no processo constituinte. Uma mais conservadora, que queria manter o

---

[201] SANTORO, Antonio E. R.; CYRILLO, Carolina. As Forças-Tarefas do Ministério Público Federal: o discurso político punitivo anticorrupção na instituição de garantias. *Revista Brasileira de Direito Processual Penal*, Porto Alegre, v. 6, n. 3, p. 1271-1299, set./dez. 2020.

[202] Vide: https://www.senado.leg.br/publicacoes/anais/constituinte/3c_Subcomissao_Do_Poder_Judiciario.pdf, p. 24.

Ministério Público na alçada do Poder Executivo, como titular da ação penal, e outra que queria criar uma instituição autônoma e independente de fiscalização e controle, para ser o defensor do povo, despojado de qualquer estrutura dos Poderes e exclusivamente competente para fazer a função de *ombudsman*. No final, prevaleceu a proposta intermediária dos Ministérios Públicos Estaduais, ou seja, o mesmo titular da ação penal é o *ombudsman*[203].

Com isso, o constituinte complementou que, da forma como a votação foi conduzida, levava a crer que se estava criando um quarto poder, dado que haviam sido atribuídas importantíssimas funções constitucionais extrajudiciais ao Ministério Público, alterando a lógica de que uma função essencial à administração da justiça deveria exclusivamente atuar no Poder Judiciário, que, de certa forma, seria o poder responsável por conter, em alguma medida, eventual abuso na atuação do Ministério Público.

Deixar o Ministério Público com atuação restritivamente em matéria jurisdicional seria uma forma de não permitir ao Ministério Público caráter decisório definitivo, função que ficaria exclusivamente a cargo de um poder público instituído.

Por sua vez, o constituinte Nelson Jobim argumentou que as importantíssimas atribuições extrajudiciais não davam ao Ministério Público essa possibilidade de ser um quarto poder, já que a Constituição era clara ao dinamizar as demandas dos poderes entre os três clássicos poderes Executivo, Judiciário e Legislativo, sendo que as atividades de quaisquer das funções essenciais à administração da justiça, incluída a função do Ministério Público, estavam sujeitas às limitações efetuadas pelos três poderes.

Ainda que não tenha havido um acordo entre os constituintes sobre se o Ministério Público consistia ou não em um quarto poder, é indubitável que o Ministério Público, no uso das suas atribuições

---

[203] Depoimento de memória oral constante em: BISCHOFF, Walmrath Bischoff; AXT, Gunter; SEELIG, Ricardo Vaz. *Histórias de vida do Ministério Público do Rio Grande do Sul*: a constituinte de 1988. Porto Alegre: Procuradoria-Geral de Justiça; Memorial do Ministério Público, 2006. p. 122-123.

constitucionais, quer de titular da ação penal pública, quer na atuação como defensor do povo, dos direitos coletivos e transindividuais, exerce uma enorme parcela de poder, talvez não visualizada de forma clara pelos congressistas que o estipularam com tantas competências e prerrogativas à nova Constituição[204].

De fato, sumiu na proposta constituinte a figura do defensor do povo autônomo, transferindo-se para o Ministério Público a tarefa de escrutinar e promover a responsabilidade do abuso de poder de qualquer governante, tal como pretendido pelos autores da Carta de Curitiba.

Para se ter uma visualização de quão acirrada era a disputa em torno da arquitetura constitucional do Ministério Público, vale o panfleto que consta no relatório de memória institucional do Ministério Público de Goiás como tendo sido distribuído na Assembleia Nacional Constituinte, conforme a Figura 1[205].

---

[204] Parece evidente olhando sob a lupa do futuro em relação ao passado que a absorção pelo Ministério Público da função de defensor do povo, com a extinção da figura autônoma e independente que propunha o anteprojeto de Afonso Arinos, retirou qualquer instituição de controle sobre o Ministério Público.

[205] UNES, Wolney; PONDÉ, Roberta (org.). *Memória do Ministério Público em Goiás.* Goiânia: Instituto Centro Brasileiro de Cultura, 2008. p. 99.

- Figura 1 – Panfleto

Fonte: UNES, W.; PONDÉ, R. (Org.). Memória do Ministério Público em Goiás. Goiânia: Instituto Centro-Brasileiro de Cultura, 2008, p. 99.

Portanto, se de um lado as funções do Ministério Público vêm ocupando lugar de cada vez mais destaque, pela atuação na proteção dos direitos difusos e coletivos, o que contribui para sua legitimidade perante a população, aspecto pelo qual o Ministério Público se aproxima dos demais atores sociais e da comunidade diretamente interessada, que projeta na instituição seus anseios pela busca de soluções para os conflitos coletivos e sociais; por outro lado, o Ministério Público, enquanto instituição permanente de defesa da cidadania, é órgão de controle da Administração Pública e tem como dever, entre outras atribuições, zelar pela implementação de políticas e serviços públicos de qualidade, na forma da lei.

Promulgada a Constituição Federal brasileira, de 5 de outubro de 1988, a questão do defensor do povo se dava por resolvida: ficaram nas mãos do Ministério Público as funções que se queria com o defensor do povo. A nova Constituição deixou inscritas, no art. 129, as funções às quais ficou reduzido o *"ombudsman"* brasileiro, institucionalmente abrigado no Ministério Público.

Assim, decidiu-se, como bem dito por Helga Bezerra, *"por um controle sujeito ao corporativismo, em lugar de um externo e isento de interesses de classe"*[206]. Complementa a autora lamentando que foi desperdiçada a oportunidade de acautelar-se a sociedade civil contra o Estado por meio de uma Defensoria do Povo para denunciar e processar abusos de poder, por fora de uma corporação governamental.

De fato, a ausência do defensor do povo diferente e autônomo, inclusive, em relação ao Ministério Público, aparentemente, criou poderes controláveis e Ministério Público sem controle.

E isso porque, principalmente em âmbito federal, mesmo que o Ministério Público seja instituição autônoma, seu chefe máximo segue sendo o procurador-geral da República. Na forma do art. 128, § 1º, o Ministério Público da União tem por chefe o procurador-geral da República, nomeado pelo presidente da República entre integrantes da carreira, maiores de 35 anos, após a aprovação de seu nome pela maioria absoluta dos membros do Senado Federal, para mandato de dois anos, permitida a recondução, mas que pode ser destituído por iniciativa do presidente da República, com autorização da maioria absoluta do Senado Federal.

Assim, considerando os critérios de que uma instituição de garantia, nos moldes normativos propostos por Luigi Ferrajoli e anteriormente delineados, podemos ver que o Ministério Público, ao menos o federal, ainda mantém uma dependência do Poder Executivo que pode vir a comprometer sua função de garantia.

Por outro lado, é inegável que o processo constituinte escolheu o Ministério Público para fazer a função de garantias secundárias, isto é, ser aquela que tem por objetivo salvaguardar a parcela do indecidível

---

[206] BEZERRA, Helga Maria Saboia. Defensor do Povo: origens do instituto do Ombudsman e a malograda experiência brasileira. *Direito, Estado e Sociedade*, n. 36, p. 46-73, jan./jun. 2010.

pela ação ou omissão em relação à concretização das garantias primárias, dando as condições normativas para essa atuação.

2.3.   A dupla institucionalidade do Ministério Público Federal na CF 88 e o papel do Procurador-geral da República

A Constituição Federal de 1988, seguindo a linha de ser uma constituição sul-americana reconstituinte do momento imediatamente posterior às ditaduras, manteve uma lógica regional de preocupação com a máxima garantia de direitos fundamentais. Foi nesse contexto que o constituinte de 1987/88 modificou radicalmente as atribuições e a institucionalidade do Ministério Público, criando uma instituição de garantia dos direitos humanos e da democracia, na forma do artigo 127.

Essa importante modificação institucional produzida pela Constituição Federal de 1988, balizada pelo comando normativo constitucional, que também garantiu autonomia à instituição e protegeu seus membros dando-lhes independência, foi articulada pelo constituinte para atribuir ao Ministério Público novas responsabilidades, para além da função típica de ser agente de persecução criminal, função mantida no artigo 129, I, da Constituição.

Especificamente no que diz respeito ao Ministério Público, a Constituição Federal de 1988 ampliou enormemente suas competências e atribuições. Também modificou fortemente sua estrutura e lhe atribuiu uma nova institucionalidade, fruto do desenvolvimento institucional de diversos Ministérios Públicos Estaduais, em especial dos Ministérios Públicos de São Paulo e do Rio Grande do Sul em um movimento pré-constituinte para a conformação dessa institucionalidade.

O Ministério Público brasileiro, portanto, é composto pelos Ministérios Públicos nos estados (atuam perante a Justiça estadual), e pelo Ministério Público da União (MPU), que, por sua vez, possui quatro ramos: o Ministério Público Federal (MPF), o Ministério Público do Trabalho (MPT), o Ministério Público Militar (MPM) e o Ministério Público do Distrito Federal e Territórios (MPDFT).

A compatibilidade da nova função do Ministério Público de assegurar e zelar pelos direitos humanos e fundamentais, como defensor do povo e da tradicional função de ser o titular da ação penal pública, dentro de uma mesma instituição, é um desafio e uma tarefa complexa, uma vez que a conformação de uma única instituição com essas duas características é experiência peculiar do modelo constitucional brasileiro, pós-Constituição de 1988.

Mais de três décadas depois dessa nova configuração constitucional dúplice do Ministério Público, ainda é um desafio discutir, de forma articulada entre a teoria e o desenvolvimento institucional, de que modo essas duas funções aparentemente antagônicas se desenvolveram em uma mesma instituição.

Portanto, importante verificar na matriz teórica do garantismo, como teoria da Constituição e da democracia, como exposto nos tópicos anteriores, de que modo a promessa de transformar o Ministério Público em uma instituição de garantias, proposta do desenho institucional da Constituição de 1988, vem se realizando no âmbito do Ministério Público Federal, diante dessa dupla institucionalidade, de ser ao mesmo tempo defensora da democracia e dos direitos humanos e titular da ação penal.

A hipótese inicial é a de que, ao menos no âmbito do Ministério Público Federal, até o momento, prevalece a vocação institucional da ordem jurídica anterior à Constituição de 1988, em especial pela falta de compreensão institucional do Ministério Público Federal como verdadeira instituição de garantias de direitos humanos, no sentido essencial de um garantismo do sul, uma vez que privilegia, institucionalmente, um discurso e uma prática que podem ser definidos como a do antigarantismo, sobretudo ao dar prevalência institucional para a função da persecução criminal. E isso pode ser demonstrado com os dados dos relatórios de gestão do Capítulo 3.

Entretanto, para que seja possível comprovar essa hipótese, é imperioso traduzir normativamente o Ministério Público a partir dos pressupostos de sua construção constitucional e de como essa instituição se organiza após ter o constituinte operado normativamente e radicalmente sua modificação.

A primeira medida tomada foi criar a Advocacia-Geral da União com obrigações de defesa em juízo da União, liberando o Ministério Público da União desta função que acumulava com a de ser o titular da ação penal pública. Essa medida era essencial para retirar a subordinação do Ministério Público do Poder Executivo[207].

Como segunda medida, deu-se *status* constitucional às funções da instituição e prerrogativas de seus membros, remodelando sua institucionalidade, para criar um Ministério Público autônomo e independente das funções de governo, com competências e atribuições de *status* constitucional (e não por mera lei), cumulando a sua titularidade da ação penal pública (art. 129, I) com a função de controlador dos poderes públicos, ou defensor do povo (art. 129, II), para proteção do patrimônio público e social, do meio ambiente e de outros interesses difusos e coletivos (art. 129, III), além da defesa dos interesses das populações indígenas (art. 129, V).

Se de um lado a vocação histórico-institucional do Ministério Público para perseguir com vistas à punição de um delito se mantém, de outro lado, a Constituição Federal quis que o Ministério Público abrisse outra frente de atuação, não repressiva e punitiva, mas de controle e fiscalização, para que os delitos contra o patrimônio, o ambiente e os direitos difusos e coletivos não venham sequer a ocorrer. É o Ministério Público, como garantidor ou defensor[208], o responsável por proteger patrimônio, meio ambiente e direitos coletivos e difusos

---

[207] Na forma do art. 29 do ADCT, os integrantes do Ministério Público da União na data da promulgação da Constituição poderiam optar pela carreira da Advocacia-Geral da União e manter as prerrogativas que tinham até aquele momento, inclusive a de exercer a advocacia, o que era parte do entrave corporativo pré-constituinte para que o Ministério Público Federal aderisse ao projeto da CONAMP.

[208] MAZZILLI, Hugo N. *Manual do Promotor de Justiça*. 2. ed. São Paulo: Saraiva, 1991. p. 113; DOUZA, Alexander Araujo de. *Ministério Público como instituição de garantia*: as funções essenciais do parquet nas modernas democracias. Rio de Janeiro: Lumen Juris, 2020. p. 135.

da atuação potencialmente danosa, quer dos particulares, quer dos poderes públicos.

Portanto, o Ministério Público constitucional representa uma verdadeira instituição de garantia dos direitos fundamentais[209].

Dessa forma, a Constituição Federal de 1988 empodera o Ministério Público com grande função essencial à administração da justiça, destinando a ele um papel de controle jurídico e técnico das atividades de condução da política exercida pelas funções governamentais, sejam elas do Executivo, como da Administração Pública, ou do Legislativo. Segundo os dizeres de Hermes Zanetti Júnior[210], o Ministério Público é um *"órgão autônomo de tutela do interesse público"*.

Com o parâmetro normativo constitucional, é possível identificar que a opção do constituinte foi de criar no Ministério Público a mais potente instituição de garantias dos direitos humanos e da democracia da Constituição de 1988, para que sua atuação não se confunda com as funções de governo.

Dito isso, é importante verificar que se trata de uma instituição dotada de uma extensa e complexa série de atribuições, porém, que manteve, além dessas funções de garantia, também a titularidade do exercício da ação penal pública, sua tradicional função institucional.

Na forma do art. 129 da Constituição Federal, são funções institucionais do Ministério Público:

> I - *promover, privativamente, a ação penal pública, na forma da lei;*
>
> II - *zelar pelo efetivo respeito dos Poderes Públicos e dos serviços de relevância pública aos direitos assegurados nesta Constituição, promovendo as medidas necessárias a sua garantia;*

---

[209] ZANETI, Hermes. CPC/2015: O Ministério Público como Instituição de Garantia e as Normas. *Revista Jurídica Corregedoria Nacional: A Atuação Orientadora das Corregedorias do Ministério Público*, v. II. Brasília: Conselho Nacional do Ministério Público, 2017. p. 107.

[210] *Ibidem.*

III - promover o inquérito civil e a ação civil pública, para a proteção do patrimônio público e social, do meio ambiente e de outros interesses difusos e coletivos;

IV - promover a ação de inconstitucionalidade ou representação para fins de intervenção da União e dos Estados, nos casos previstos nesta Constituição;

V - defender judicialmente os direitos e interesses das populações indígenas;

VI - expedir notificações nos procedimentos administrativos de sua competência, requisitando informações e documentos para instruí-los, na forma da lei complementar respectiva;

VII - exercer o controle externo da atividade policial, na forma da lei complementar mencionada no artigo anterior;

VIII - requisitar diligências investigatórias e a instauração de inquérito policial, indicados os fundamentos jurídicos de suas manifestações processuais;

IX - exercer outras funções que lhe forem conferidas, desde que compatíveis com sua finalidade, sendo-lhe vedada a representação judicial e a consultoria jurídica de entidades públicas.

Além disso, no que se refere ao Ministério Público Federal, a norma constitucional do § 1º, do artigo 128, ainda atribui ao presidente da República a nomeação do procurador-geral da República, mesmo que limite que a escolha deva recair em membro da carreira, garantindo certa independência em relação à função de governo, pois existe o limite nas opções de escolha, o que não acontecia no sistema jurídico anterior.

Portanto, se até a Constituição de 1988 estava claro que o procurador-geral da República era agente político atrelado ao projeto de governo, na Constituição de 1988, essa clareza política acaba camuflada por norma que dá aparência de juridicidade à "política" para a chefia da instituição, dado que a escolha política do presidente deve se dar com base no corpo técnico da instituição.

É certo, também, que esse novo Ministério Público brasileiro vem ganhando notável destaque na mídia brasileira em razão de seu papel na defesa de uma imensa gama de interesses de natureza social, coletiva e punitiva, justamente porque a Constituição Federal deu ao Ministério Público essa ampla frente de atuação, que vem desde defender a sociedade contra a má administração, passando pela defesa dos direitos humanos até a punição penal.

Diariamente, os jornais e as emissoras de rádio e de televisão noticiam novas ações de grande impacto na sociedade e no cenário político, como, por exemplo, ações ambientais ou ações criminais e civis por atos de improbidade administrativa e lesão ao patrimônio público envolvendo políticos, prefeitos, governadores, secretários e presidentes[211].

Antonio Eduardo Ramires Santoro e Natália Lucero Frias Tavares identificam que existe uma prática sistemática de uso e abuso dos chamados *maxiprocessos* como forma de atuação de todo sistema de justiça, incluindo do Ministério Público. Esses maxiprocessos, que segundo os autores têm sua caracterização predominantemente voltada para atuação penal, possuem as seguintes características: (1) cobertura midiática massiva das atuações; (2) o gigantismo processual; (3) a confusão processual; (4) a mutação substancial do modelo clássico de legalidade penal; e (5) o incremento da utilização dos meios investigação ou obtenção de provas[212].

Se tomarmos a atuação do Ministério Público como elemento desses maxiprocessos, é possível identificar que o discurso de legitimação de atuação institucional se dá pelo fato de haver a instituição recebido a atribuição de ser a defensora do povo, como demonstrado anteriormente.

Nesse sentido, como o Ministério Público tem a atribuição normativa de ser o garantidor do Estado de Direitos e da Democracia (art. 127 da CF), toda a sua atuação vem legitimada normativamente como instituição de garantia dos direitos humanos e fundamentais. Portanto, como agente defensor do povo, não há margem de

---

[211] MACEDO JÚNIOR, Ronaldo Porto. A evolução institucional do ministério público brasileiro. *In*: SADEK, Maria Tereza (org.). *Uma introdução ao estudo da justiça*. Rio de Janeiro: Centro Edelstein de Pesquisas Sociais, 2010. p. 65-94.

[212] SANTORO, Antonio Eduardo Ramires; TAVARES, Natália Lucero Frias. *Lawfare brasileiro*. Belo Horizonte: Editora D'Plácido, 2019. p. 50.

questionamento sobre a estrita constitucionalidade (ou legalidade) da atuação, o que permite ao Ministério Público ser um verdadeiro instrumento de *lawfare*, garantindo a aparência de legalidade em todo e qualquer processo.

Por esse motivo, o Ministério Público tornou-se, hoje, um novo e importante ator político, chamado por Rogério Arantes[213] de agente político da lei.

Esse processo de atuação política de agentes da lei parece ter relação com o próprio processo de constitucionalização do político, no qual o direito passa a ser a chamado a regular e a ditar os processos de organização do político.

O processo de constitucionalização do político aparece na doutrina norte-americana, na qual o Estado nasce com a Constituição. O conceito de constituição de Thomas Paine[214] é o "senso comum" de todo constitucionalismo moderno a partir da sua famosa frase "*in America the law is King*", estudada por todos os autores de direito constitucional. Esse processo é conhecido na doutrina do constitucionalismo como paradoxo da democracia constitucional liberal[215]. Esse paradoxo se constitui porque democracia significa autogoverno do povo, isto é, o poder que tem o povo de estabelecer as normas da organização política sob as quais recaem suas opções fundamentais.

Do produto dessas decisões políticas fundamentais se extrai a Constituição, como norma-base do sistema jurídico, que controla o exercício dos Poderes e a produção das demais normas do sistema jurídico[216]. Portanto, é o produto da democracia, isto é, a Constituição que acaba por impor limites jurídicos às decisões democráticas do povo

---

[213] ARANTES, Rogério. *Ministério Público e a política no Brasil*. São Paulo: Sumaré, 2002.

[214] O trocadilho para brincar com o nome da obra, que, na verdade, é um panfleto.

[215] HOLMES, Stephen. Precommitment and the paradox of democracy. *In*: HOLMES, Stephen. *Passions and Constraints*: On the Theory of Liberal. Chicago: University of Chicago Press, 1995. p. 150.

[216] FERRAJOLI, Luigi. *Direito e razão*: teoria do garantismo penal. São Paulo: Revista dos Tribunais, 2014. p. 79.

ao estabelecer os procedimentos e limites jurídicos ao exercício da democracia do povo.

Nesse sentido, o constitucionalismo se funda na ideia de que a Constituição, como salvaguarda dos princípios fundadores, vincula as gerações futuras, inclusive em relação ao exercício do poder democrático.

No entanto essa possibilidade de autovinculação e de restrição da vontade majoritária das gerações futuras é contestável se vista desde a perspectiva da teoria da democracia, em especial se tomadas as versões procedimentais ou majoritárias de democracia, ou seja, toda e qualquer pretensão de controlar a decisão tomada pelo procedimento democrático que extrapole os próprios requisitos mínimos para o funcionamento da democracia seria injustificável[217]. Lembrando sempre a crítica dialógica de Roberto Gargarella de que o constitucionalismo não pode ser um escudo contra a democracia[218].

Acontece que, quando esse processo de constitucionalização do político tem falhas democráticas, o caráter político da Constituição é reduzido a uma instância jurídica como forma de extensão ideológica de uma espécie de espantalho do liberalismo político[219], que, de fato, é altamente autoritário.

Assim, o conteúdo político da Constituição se comprime e se transforma em um conteúdo jurídico. O conteúdo político da Constituição se transforma em uma interpretação de regras jurídicas convencionais e isso dá ensejo a um enraizamento corporativo da

---

[217] Essa é a concepção de Thomas Jefferson desenvolvida por toda doutrina do constitucionalismo para fazer a crítica democrática do constitucionalismo liberal. Essa visão jeffersoniana é analisada de forma contemporânea por todos os autores que trabalham o direito constitucional contemporâneo como John Hart Ely, Jeremy Waldron, Richard Bellamy, Larry Kramer, John Elster e Richard Dahl. No Brasil, por todos: VIEIRA. Oscar Vilhena. *A Constituição e sua reserva de justiça*: um ensaio sobre os limites materiais ao poder de reforma. São Paulo: Malheiros, 1999, em especial nas páginas 21 e seguintes,

[218] GARGARELLA, Roberto. *El derecho como una conversación entre iguales*. Buenos Aires: Siglo Veintiuno, 2021. *E-book*.

[219] SCHMITT, Carl. *O Conceito do Político*. Petrópolis: Vozes, 1992. p. 42.

linguagem constitucional, de modo que apenas os juristas podem operar dentro do conteúdo político, que é capturado pelo discurso do jurídico[220].

Tal modelo garante um absoluto controle social e político sobre as zonas de conflito que são indiscutíveis, sobre as bases empíricas do discurso constitucional. Essa transformação do conteúdo político em conteúdo jurídico evita a interação política e frustra as formações populares, o que inviabiliza a democracia, já que criptografa a linguagem, de modo que as decisões políticas fundamentais por meio de uma linguagem constitucional se tornam acessíveis apenas aos titulares do conhecimento jurídico[221].

O primeiro propósito dessa criptografia é a dissimulação e a subtração de todas as dimensões de poder, pois as manifestações sensíveis de poder são ininteligíveis e indecifráveis para todos aqueles que não compartilham o conhecimento da linguagem de tomada de decisão e as chaves da criptografia, que se tornam eminentemente jurídicas. E, nesse sentido, se verifica a constitucionalização do político, entregando o manejo do poder não mais ao povo, mas aos titulares do conhecimento técnico jurídico[222].

Em uma certa medida, é isso que ocorre ao se transferir a um ator jurídico, isto é, ao Ministério Público, o controle jurídico da atividade política, disfarçado na conformação normativo-constitucional de um Ministério Público como instituição de garantias dos direitos fundamentais.

---

[220] KRAMER, Larry. *The people themselves*. Oxford: Oxford University Press, 2004. *E-book*.

[221] HINCAPIE, Gabriel Mendez; RESTREPO, Ricardo Sanin. La constitución encriptada. Nuevas formas de emancipación del poder global. *Revista de Derechos Humanos y Estudios Sociales*, n. 8, jul./dic. 2012. p. 118.

[222] *Ibid.*, p. 119.

Em recente artigo, Rafael Viegas[223] analisa, sob o prisma da ciência política, a face oculta do poder no Ministério Público Federal e o poder de agenda de suas lideranças, trabalhando com algumas variáveis: i) o *design* da organização pública permite a atuação dos seus integrantes em toda a cadeia alimentar do poder; ii) em razão desse *design*, as suas lideranças conseguem constituir uma agenda para ditar o funcionamento concreto do MPF, que possui implicações no seu contexto, mas, também, para fora dele; iii) os caminhos da política que cruzam o MPF revelam a presença marcante de lideranças que registram atuação destacada na Associação Nacional dos Procuradores da República (ANPR), para chegar à conclusão de que a conversão do poder burocrático em político é possível por instrumentalização dos mecanismos institucionais do Ministério Público Federal pelas suas lideranças, ocupando posições de cúpula na burocracia pública.

Veja-se que, por meio do discurso jurídico criptografado, várias são as manifestações de membros do Ministério Público de modo a dar suporte ao discurso da impunidade, da morosidade e do clamor social para dar publicidade à pauta da expansão do discurso punitivo ou de pautas de interesse da instituição.

Assim, é cediço que o controle político pelo jurídico feito pelo Ministério Público também pode se dar pela atribuição do inciso I, do artigo 129, da Constituição que estabelece o Ministério Público como titular da ação penal pública. Essa função persecutória e punitiva típica do direito penal é, por vezes, utilizada como controle pelo direito penal das políticas, quer a atividade política, quer as políticas públicas e dos grupos a elas destinados. Não se deve deixar de lembrar as críticas sobre o uso do direito penal da emergência, ou processo penal de emergência, para caracterizar as práticas punitivas crescentes e

---

[223] VIEGAS, Rafael Rodrigues. A face oculta do poder no Ministério Público Federal (MPF) e o poder de agenda de suas lideranças. *Revista Brasileira de Ciência Política*, n. 39, p. 1-32, 2022.

violadoras da legalidade, como já advertia Luigi Ferrajoli em *Direito e Razão*[224].

Ou, de modo mais estrutural, no uso dessa importante instituição jurídica para pôr em prática uma espécie de plano de ação que translada a atores jurídico-políticos, no caso o Ministério Público, uma política de soberania baseada na decisão do uso do poder de dizer quem deve morrer e quem deve viver, naquilo que ficou amplamente conhecida como a teoria de Achille Mbembe da necropolítica[225].

E, nesse sentido, ao conjugarmos a técnica da atribuição do poder de decisão de vida e de morte de quem deve estar enquadrado como sujeito do direito penal com a criptografia jurídica das categorias políticas fundamentais, é possível dizer que, escondida na roupagem da democracia constitucional e em uma institucionalidade nova, é necessário discutirmos em que modelo de instituição de garantias o Ministério Público se constituiu ao longo desses anos de remodelagem, que ocorreram a partir da Constituição de 1988.

Dito isso, é importante verificar que se trata de uma instituição dotada de uma extensa e complexa série de atribuições que não se restringem ao órgão da acusação penal pública.

O art. 129 da Constituição lhe atribui uma série de funções institucionais relevantes, a saber: a) o exercício da ação penal; b) a promoção do respeito dos direitos dos cidadãos, por meio de uma espécie de controle da atividade da Administração Pública; c) a promoção da ação civil pública para a proteção do patrimônio público e social, do meio ambiente e de outros interesses difusos e coletivos (como os direitos dos consumidores, das minorias, etc.); d) as ações do controle de constitucionalidade; e) a defesa dos direitos e dos interesses das populações indígenas; f) o controle externo da atividade policial, etc. Assim, essa é a complexa estrutura organizativa para dar conta de suas atribuições constitucionais de cuidar de diversas frentes, que vão

---

[224] FERRAJOLI, Luigi. *Direito e razão*: teoria do garantismo penal. Tradutores: Ana Paula Zomer Sica, Fauzi Hassan Choukr, Juarez Tavares e Luiz Flávio Gomes. 4. ed. São Paulo: Revista dos Tribunais, 2002. p. 650 e ss.

[225] MBEMBE, Achille. Necropolitics. *Public Culture*, v. 15, n. 1, 2003.

desde o meio ambiente e o patrimônio público, aos direitos dos indígenas e, principalmente, à instituição e à organização de forças-tarefa para combate da criminalidade.

Trata-se, em suma, de uma instituição vocacionada para ser uma instituição de garantia de direitos fundamentais; uma instituição de garantia, precisamente, dos direitos sociais e do estado social de direito da democracia. Essa vocação é a sua parametrização normativa constitucional, fruto da nova institucionalidade constitucional.

Entretanto pode-se identificar que o Ministério Público Federal, ao investir no discurso punitivo como carro-chefe de sua atuação, em especial no discurso de combate à corrupção, desafia a função institucional prevista no art. 129, II, da Constituição, de ser defensor do povo e se converter em ator político do discurso punitivo em combate a todos os cânones do constitucionalismo liberal garantista, em uma democracia constitucional, convertendo-se em uma instituição de garantia antigarantista.

Aliado a isso, é essencial que se compreenda que além das atribuições que a Constituição estabeleceu ao Ministério Público de forma institucional, dos artigos 127 a 129, também existem a competências unipessoais dadas ao procurador-geral da República, que são: a) a representação na intervenção federal a que se refere o art. 36 da CF, a iniciativa de leis a que se refere o art. 61 da CF, a possibilidade de receber a delegação do presidente da República para conceder indulto ou comutar penas, na forma do parágrafo único do art. 84 da CF; b) a propositura das ações direta de inconstitucionalidade, declaratória de constitucionalidade e arguição de preceito fundamental, na forma do art. 103 da CF; c) indicar os membros que vão compor o Conselho Nacional de Justiça (CNJ), na forma dos incisos X e XI do art. 103-B da CF, bem como oficiar junto ao CNJ na forma do § 6º do mesmo art. 103-B da CF; d) suscitar perante o Superior Tribunal de Justiça incidente de deslocamento de competência para Justiça Federal nas hipóteses de grave violação de direitos humanos, com a finalidade de assegurar o cumprimento de obrigações decorrentes de tratados internacionais de direitos humanos dos quais o Brasil seja parte; e) presidir o Conselho Nacional do Ministério Público (CNMP) na forma do art. 130-A, inciso I, da CF.

Essas atribuições do procurador-geral da República fazem com que ele não responda, necessariamente, ao Ministério Público de forma institucional, elemento que deve ser levado em conta em uma análise institucional.

Luigi Ferrajoli, em seu texto sobre o Ministério Público como instituição de garantias[226], parece entusiasmado em utilizar o modelo do Ministério Público brasileiro, em especial as competências do Ministério Público Federal, para ilustrar os novos papéis do Ministério Público (ou *Defensorías del Pueblo*) surgidos nas novas constituições e nos modelos constitucionais da América Latina, o que ele conceituou como sendo o constitucionalismo de terceira geração.

Nesse afã de identificar as características de uma instituição de garantias, nos moldes teóricos por ele idealizado e estruturado nos seus textos sobre o constitucionalismo garantista, como anteriormente trabalhado, comete uma confusão entre as atribuições do procurador-geral da República e as institucionais do Ministério Público e compromete a aplicação da sua própria teoria com um enquadramento empírico equivocado.

Isso porque o procurador-geral da República, por mais que seja necessariamente um membro do Ministério Público Federal e tenha as atribuições de chefiar o Ministério Público Federal, no caso da competência para impulsionar o processo constitucional, recebe a atribuição de forma unipessoal em razão do cargo de procurador-geral da República, que, normativamente, segue atado às escolhas do chefe do Poder Executivo e sofre inegável pressão política.

Assim, por mais independente que tenha se tornado a instituição Ministério Público, em termos normativos na Constituição Federal de 1988, o procurador-geral da República, chefe do Ministério Público da União e legitimado de forma unipessoal para impulsionar a garantia jurisdicional da constituição, segue tendo sua fórmula de indicação e

---

[226] FERRAJOLI, Luigi. Per un Pubblico Ministero come istituzione di garanzia. *Questione Giustizia*, Milano, n. 1, p. 31-43, 2012. p. 36.

ascensão ao cargo dependente da indicação por parte do presidente da República, nos mesmos moldes que acontece desde o século XIX[227].

Certamente, o deslize empírico de Ferrajoli não compromete a teoria no sentido amplo, mas permite a crítica institucional e tópica deste livro, que se propôs a analisar em que medida o Ministério Público Federal é uma instituição de garantias, no plano normativo da Constituição Federal de 1988 e na prática institucional posterior ao 1º PEI 2011-2021 do MPF, que será analisado adiante.

O principal problema da confusão entre as competências constitucionais do procurador-geral da República com aquelas dadas ao Ministério Público como instituição está em estabelecer que a Constituição de 1988 atribuiu ao Ministério Público a função extraordinária de ser instituição de garantia da Constituição, mediante a atribuição de legitimidade para provocar, processualmente, as ações do controle de constitucionalidade perante o Supremo Tribunal Federal na forma do artigo 103 da Constituição.

Ocorre que essa função não foi dada institucionalmente pela Constituição ao Ministério Público Federal, mas, sim, de forma unipessoal ao procurador-geral da República, ainda que na Lei complementar nº 75/1993 (lei orgânica do Ministério Público da União) diga, no art. 6, que promover essas ações é atribuição do Ministério Público da União.

De fato, o procurador-geral da República ainda responde, em certa medida, ao presidente da República, embora tenha havido uma pequena alteração quanto à limitação da escolha do seu titular por parte do presidente. É de se lembrar que existe um histórico anteriormente descrito, da função de procurador da República com alinhamento ao projeto político de ocasião. Essa independência institucional do Ministério Público, como instituição de garantias, no que diz respeito

---

[227] No mesmo erro incorre Alexander Araújo de Souza em sua obra *O ministério público como instituição de garantia: funções essenciais do parquet nas modernas democracias* (Rio de Janeiro: Lumen juris, 2020. p. 140), quando, ao transcrever o texto de Luigi Ferrajoli, inclusive a citação de Hans Kelsen, consigna que essa é uma atribuição dada ao Ministério Público que passa "despercebida pela doutrina".

a ser instituição de garantia da Constituição, se torna simbólica, dado que o procurador-geral da República responde ao presidente da República e não à instituição Ministério Público.

Entretanto resta verificar se essa dependência compromete em alguma medida o modelo normativo constitucional garantista, que refunda as bases da instituição de garantias do Ministério Público.

Isto é, verificar na vida institucional do Ministério Público, e aqui, por recorte metodológico, no Ministério Público Federal, se existe uma prática constante de manutenção da instituição nos moldes normativos para a qual foi constitucionalmente desenhada ou se a realização da promessa constitucional garantista não se verifica na atuação institucional, levando-se em conta a variável da posição institucional do procurador-geral da República.

Em outras palavras, estabelecidas as premissas teóricas e normativas do garantismo sul-americano e da construção do Ministério Público na Constituição Federal de 1988, é chegado o momento de verificar em que medida a promessa teórica e normativa de entregar um novo Ministério Público, redemocratizado e compatível com uma instituição de garantia, efetivamente ocorreu.

Escolheu-se, no recorte do objeto, por trabalhar com um dos Ministérios Públicos brasileiros que foi o Ministério Público Federal, e por conta disso, responder ao questionamento teórico de forma apenas aplicável a ele, como já delimitado na introdução deste livro.

Institucionalmente, o Ministério Público Federal é um dos ramos do Ministério Público da União e tem sua previsão constitucional no art. 128, inciso I, cujo texto refere que o Chefe de todo o Ministério Público da União é o procurador-geral da República, nomeado pelo presidente da República entre integrantes da carreira, maiores de 35 anos, após a aprovação de seu nome pela maioria absoluta dos membros do Senado Federal, para mandato de dois anos, permitida a recondução. Na forma do § 2º do art. 128 da Constituição, a destituição do procurador-geral da República, por iniciativa do presidente da

República, só poderá ocorrer mediante a autorização da maioria absoluta do Senado Federal[228].

O Ministério Público da União é (re)organizado por meio da lei complementar nº 75/93, na qual se encontram disciplinadas as carreiras no Ministério Público da União com seus respectivos conselhos superiores, seus órgãos colegiados e a forma de nomeação de seus membros de direção das respectivas carreiras. O Ministério Público da União é composto pelo Ministério Público Federal (MPF), o Ministério Público do Trabalho (MPT), o Ministério Público Militar (MPM) e o Ministério Público do Distrito Federal e Territórios (MPDFT). Cada uma das carreiras é independente, mas todas tem por chefe o procurador-geral da República que é a quem compete designar os chefes das carreiras, salvo a do Ministério Público do Distrito Federal e Territórios (MPDFT) que, por força do art. 128 da Constituição Federal, terá o seu procurador-geral escolhido por meio de lista tríplice entre integrantes da carreira e que será nomeado pelo chefe do Poder Executivo.

Importante destacar que, na forma do art. 27 da LC 75/93, no caso de vacância do cargo de procurador-geral da República, quem exercerá o cargo de forma interina é o vice-presidente do Conselho Superior do Ministério Público Federal, até o provimento definitivo do cargo. Note-se que o substituto *pro tempore* do cargo de procurador-geral da República é exclusivamente um dos ocupantes do cargo da carreira do Ministério Público Federal e não das demais carreiras componentes do Ministério Público da União.

---

[228] A norma constitucional do art. 128 diferenciou a forma de nomeação e destituição dos chefes dos Ministérios Públicos Estaduais da fórmula do procurador-geral da República, prevendo que em relação aos chefes dos Ministérios Públicos dos Estados e o do Distrito Federal e Territórios formarão lista tríplice entre integrantes da carreira, na forma da lei respectiva, para escolha de seu procurador-geral, que será nomeado pelo chefe do Poder Executivo, para mandato de dois anos, permitida uma recondução. Além disso, os procuradores-gerais nos Estados e no Distrito Federal e Territórios poderão ser destituídos por deliberação da maioria absoluta do Poder Legislativo, na forma da lei complementar respectiva.

O Conselho Superior do Ministério Público Federal tem suas competências normativas previstas no art. 57 da LC 75/93 e, como se observa, nenhuma delas é partilhada com as competências constitucionais dadas de forma unipessoal ao procurador-geral da República. Ou seja, os membros da carreira do Ministério Público Federal só poderão exercer as atribuições próprias e constitucionais dadas ao procurador-geral da República quando estiverem exercendo eventualmente o cargo de forma interina, na forma do art. 27 anteriormente exposto.

Um curioso caso entre essa disputa pelas competências unipessoais do procurador-geral da República e o desejo de atuação em relação a elas por parte da burocracia estamental do Ministério Público Federal se deu quando a vice-procuradora geral da República Deborah Duprat exerceu de forma interina a função de procuradora-geral da República no ano de 2009, na forma do art. 27 da LC 75/93[229], por 22 dias até que o novo procurador-geral da República iniciasse seu mandato.

Na ocasião, a procuradora-geral interina encaminhou uma série de pautas a respeito de temas de direitos humanos que geraram polêmica nos setores conservadores da sociedade, tais como marcha da maconha, casamento entre pessoas do mesmo sexo e interrupção terapêutica da gestação no caso de anencefalia. Esses temas que parecem ser daqueles contramajoritários e típicos de uma instituição de garantias eram represados pela pauta política dos procuradores-gerais da República escolhidos pelos presidentes.

Posteriormente, Deborah Duprat assumiu a função de procuradora federal dos direitos do cidadão para desempenhar o papel de *Defensoría del Pueblo* dentro da estrutura do Ministério Público Federal. Lembrando que a função é um dos ramos de divisão interna

---

[229]   Vide: https://www.conjur.com.br/2009-jul-23/22-dias-duprat-colocou-pgr-favor-gays-aborto-marcha-maconha;   e https://www.correiobraziliense.com.br/app/noticia/politica/2009/07/25/interna _politica,129590/ao-optar-por-duprat-como-vice-procurador-geral-da-republica-sinaliza-a-chancela-de-acoes-polemicas-da-colega.shtml.

do Ministério Público Federal, não sendo uma carreira autônoma na estrutura burocrática e que seu (ou sua) titular é designado pelo procurador-geral da República entre os subprocuradores-gerais da República mediante prévia aprovação do Conselho Superior do Ministério Público Federal, para exercer as funções pelo prazo de dois anos, permitida uma recondução, precedida de nova decisão do Conselho Superior, na forma do art. 40 da Lei Complementar nº 75/1993.

Portanto, o exemplo parece sugerir que, por mais que o Ministério Público seja normativamente uma instituição de garantias, o procurador-geral da República é uma instituição de governo. E como o procurador-geral da República é quem conduz a pauta de atuação do Ministério Público Federal, é possível verificar a subordinação da instituição de garantias pela instituição de governo.

A organização da burocracia institucional e como ela se estabelece nas relações internas de poder da instituição, relativamente a como se acessam as posições de liderança no Ministério Público da União, o papel das associações de classe dos membros do Ministério Público, em especial a Associação Nacional dos Procuradores da República, e as escolhas feitas pelo procurador-geral da República entre os membros das carreiras que ocuparão essas posições são temas muito estudados pelos autores da ciência política, que já há muito identificaram a atuação política da instituição. Essa identificação empírica das ciências sociais, como já visto anteriormente, é o que leva a necessidade de se fazer uma análise normativa, já que no plano da ciência jurídica existe ainda uma lacuna sobre as consequências normativas dessa identificação[230].

Para comprovar ou descartar a hipótese inicial da pesquisa, a saber que o Ministério Público tornou-se uma instituição de garantia antigarantista, optou-se por verificar em documentos institucionais

---

[230] VIEGAS, Rafael Rodrigues. A face oculta do poder no Ministério Público Federal (MPF) e o poder de agenda de suas lideranças. *Revista Brasileira de Ciência Política*, n. 39, p. 1-32, 2022.

produzidos pelo Ministério Público Federal nos quais a instituição organiza e conforma seu papel e suas vocações institucionais de atuação, para que seja possível aferir se efetivamente o Ministério Público Federal cumpre a função de ser uma instituição de garantias no modelo normativo de garantismo, como teoria e prática de uma democracia constitucional, como delineado anteriormente, ou se o Ministério Público Federal apartou-se do comandado modelo normativo constitucional para se converter em uma instituição de poder ou em uma instituição antigarantista.

O Ministério Público Federal, seguindo a determinação do Conselho Nacional do Ministério Público (CNMP), realizou seu 1º Planejamento Estratégico Institucional 2011-2021. Com base nele, foram determinadas prioridades de atuação e criados bancos de dados com informações públicas e disponíveis.

Portanto, nosso próximo passo é analisar, normativamente, o 1º Planejamento Estratégico Institucional 2011-2021, para identificar como o Ministério Público Federal definiu conduzir a atuação da instituição.

2.4. Ministério Público Federal e o 1º planejamento estratégico institucional (PEI-MPF 2011-2020): o combate à corrupção como prioridade institucional

Antes de analisar de modo empírico como o Ministério Público Federal conduziu sua institucionalidade por meio dos relatórios de gestão do próximo capítulo, optou-se por focar aqui no fato de o Ministério Público Federal, a partir do ano de 2011, ter instituído o 1º Planejamento Estratégico Institucional 2011-2021 do Ministério Público Federal (PEI).

O PEI foi construído por meio de debate entre membros e servidores de todas as unidades do Ministério Público Federal, para construir a missão, a visão, os valores e os objetivos estratégicos do Ministério Público Federal como instituição, com o objetivo de nortear as decisões do Sistema Integrado de Gestão Estratégica e Governança

(SIGE). Modelo esse de gestão participativa concebido para auxiliar a tomada de decisão do procurador-geral da República, chefe do Ministério Público Federal, quanto a questões relacionadas ao alinhamento estratégico de todo o Ministério Público Federal como instituição.

Essa foi a primeira vez, desde que a Constituição Federal mudou as funções normativas do Ministério Público, que um plano de ação estratégico foi instituído no Ministério Público Federal.

Segundo consta no site da instituição, o planejamento foi realizado e construído de modo institucional e dialógico, por seus membros, e materializado em um documento com missão, visão, objetivos e valores a serem implementados para o decênio de atuação[231].

O processo de "modernização do Ministério Público Federal" teve início com o Planejamento Estratégico Institucional 2011-2021, e seu objetivo era criar uma estrutura integrada e organizada para a instituição, possibilitando a agilidade na tomada de decisão, de modo a aprimorar e adequar a gestão de pessoas, de materiais e de recursos orçamentários e financeiros às necessidades da atividade institucional, visando à melhoria dos serviços prestados à sociedade brasileira.

O modelo de gestão estratégica adotado pelo Ministério Público Federal utilizou ferramentas e instrumentos que levaram, tanto a área administrativa como a finalística a planejarem suas iniciativas de modo a contribuir para a consecução da missão da instituição. Além disso, englobou a gestão dos processos, dos projetos, o acompanhamento do desempenho e da transparência e o suporte ao sistema de governança do MPF.

O 1º Planejamento Estratégico Institucional 2011-2021 do Ministério Público Federal foi construído por meio de debate entre membros e servidores de todas as unidades do país. Foram 10 meses

---

[231] Vide: https://www.mpf.mp.br/o-mpf/sobre-o-mpf/gestao-estrategica-e-modernizacao-do-mpf/planejamento-estrategico/planejamento-estrategico-institucional-2011-2020.

de trabalho intenso em que foram construídas a missão, a visão, os valores e os objetivos estratégicos do Ministério Público Federal.

A construção do planejamento teve como base metodológica o *Balanced Scorecard* (BSC). Realizaram-se seminários para proporcionar um ambiente favorável para a exposição da diversidade e variedade de ideias, experiências e funções.

O PEI 2011-2021 tinha 25 objetivos estratégicos que nortearam as decisões do SIGE, o modelo de gestão participativa concebido para auxiliar a tomada de decisão do procurador-geral da República.

O planejamento realizado implicou nos objetivos institucionais expostos no seguinte mapa, que apresenta o resultado consolidado do PEI-MPF no período de 2011 a 2021:

- Figura 3 – Mapa dos resultados consolidados do PEI-MPF 2011-2021

Fonte: MPF (2011).

Cabe assinalar que, por meio da Decisão nº 17/2020, o procurador-geral da República prorrogou o PEI 2011/2020 para 2021 devido às limitações ocasionadas pelas medidas de isolamento impostas pela pandemia da covid-19, ao cenário de incerteza quanto à retomada das atividades presenciais e à necessidade de dar continuidade às ações relacionadas à elaboração do novo plano estratégico em um ambiente colaborativo, participativo e seguro[232].

Por sua vez, o planejamento teve como base metodológica o *Balanced Scorecard* (BSC). O *Balanced Scorecard* (BSC) é uma metodologia de medição e gestão de desempenho desenvolvida em 1992 por Robert Kaplan e David Norton, na Harvard Business School, para o mundo empresarial, por meio de um estudo realizado entre diversas empresas, denominado *"Measuring Performance in the Organization of the Future"*, patrocinado pelo Instituto Nolan e Norton[233].

Esse estudo foi motivado pela crença de que os métodos até então existentes de medição de desempenho empresarial, em geral apoiados nos indicadores contábeis e financeiros, estavam se tornando insuficientes.

Evidentemente, o BSC foi criado no âmbito empresarial e com o objetivo de maximização do lucro das empresas, objetivo do setor para o qual foi pensado.

O BSC cria uma estratégia motivacional segundo a qual, nas corporações, as estratégias devem ser baseadas na ideia de que *"Having Trouble with Your Strategy? Then Map It"*, ou melhor dito: "Em havendo um problema estratégico, crie um mapa"[234].

Para os autores e criadores do método, os mapas estratégicos podem representar objetivos para o crescimento da receita através da possibilidade de se atingir mercados-alvo de clientes, nos quais o crescimento rentável ocorrerá. Também poderão fazer propostas de

---

[232] A totalidade das ações do 1º Planejamento Estratégico Institucional do Ministério Público Federal (PEI-MPF 2011-2020) foi prorrogada pelo PGR até 2021, em razão da pandemia da covid-19 e todas as informações sobre o PEI podem ser acessadas em: http://www.mpf.mp.br/o-mpf/sobre-o-mpf/gestao-estrategica-e-modernizacao-do-mpf/planejamento-estrategico/planejamento-estrategico-institucional-2011-2020. Acesso em: 25 jun. 2021.

[233] BANDEIRA, Herivânio Torres; AMORIM, Tania Nobre Gonçalves Ferreira. O Balanced Scorecard do Ministério Público da União: peculiaridades e inter-relações dos mapas estratégicos. *Sistemas & Gestão*, v. 13, n. 3, p. 345-356, 2018.

[234] KAPLAN, Robert S.; NORTON, David P. Having Trouble with Your Strategy? Then Map It. *Harvard Business Review*, Sep./Oct. 2000.

valor que levarão os clientes a fazerem mais negócios e com margens mais altas de lucros.

Os mapas estratégicos mostram as relações de causa e efeito pelas quais melhoras específicas criam resultados desejados de uma perspectiva mais ampla e como uma organização converterá suas iniciativas e recursos, incluindo os ativos intangíveis, como a cultura corporativa e o conhecimento dos funcionários, em resultados lucrativos tangíveis.

Segundo Paul Niven[235], o *balanced scorecard* foi originalmente criado tendo-se em mente a empresa que busca o lucro. No entanto é possível sua aplicação na gestão pública, mesmo tendo em perspectiva que a gestão pública é revestida pelo formalismo legal por envolver gestão de bens e interesses da coletividade.

Enquanto o setor privado obedece à racionalidade gerencial, o setor público é desafiado a conciliar obrigatoriamente a racionalidade gerencial com racionalidade jurídica, ou submissão ao regime de direito administrativo.

Diferentemente da gestão privada, a pública visa prestar serviços à coletividade priorizando os problemas que geram maiores expectativas além de zelar pelos bens e interesses coletivos. Na literatura sobre o tema[236], é consenso que o uso do BSC, ajustado estruturalmente, pode significar benefício para a própria Administração Públicas, para a comunidade de um modo geral e particularmente para os usuários dos serviços públicos ou para atividade econômica do Estado.

---

[235] NIVEN, Paul R. *Balanced scorecard passo-a-passo*: elevando o desempenho e mantendo resultados. Rio de Janeiro: Qualitymark, 2005. p. 357.

[236] BANDEIRA, Herivânio Torres; AMORIM, Tania Nobre Gonçalves Ferreira. O Balanced Scorecard do Ministério Público da União: peculiaridades e inter-relações dos mapas estratégicos. *Sistemas & Gestão*, v. 13, n. 3, p. 345-356, 2018.

Segundo Kaplan e Norton[237], é comum à maioria das entidades governamentais enfrentar dificuldades com a arquitetura original do BSC, que destaca o lucro no topo da estrutura do *balanced scorecard*. Para se transformar em instrumento de gestão pública, o BSC deve ter o cidadão como enfoque principal, como perspectiva de cliente e não, necessariamente, o lucro.

Salientam os autores que a dificuldade em apontar o verdadeiro cliente no BSC no setor dos serviços públicos é aparente, e recomendam às entidades públicas serem receptivas à inserção de objetivos de longo prazo identificados com os propósitos da instituição no topo dos BSCs, como, por exemplo, redução da pobreza e do analfabetismo ou melhoria do meio ambiente. Em seguida, os objetivos imediatos devem ser orientados para a consecução desses objetivos de alto nível[238].

O BSC na Administração Pública baseado na eficácia, efetividade e eficiência passou a ser utilizado com adaptações que permitiam identificar que nos órgãos públicos havia necessidade de prestação de serviços públicos independentemente do lucro, dado que, em muitos casos (ou quem quase todos), um serviço público se difere de uma atividade econômica do Estado.

Na Administração Pública, o sentido do BSC é verificar em que medida o serviço público está a contento, de modo eficiente para a população em geral, visto que é a sociedade, e suas expectativas, a destinatária do serviço público. Nesse sentido, o filtro de eficiência é dado pela aprovação da sociedade de como aquele serviço público é prestado.

Segundo Ghelman e Costa[239], a Administração Pública pode e deve se inspirar no modelo de gestão privada, mas nunca deve perder

---

[237] KAPLAN, Robert S.; NORTON, David P. *Organização orientada para a estratégia*: como as empresas que adotam o balanced scorecard prosperam no novo ambiente de negócios. 5. ed. Rio de Janeiro: Campus, 2000.

[238] *Ibid.*, p. 147.

[239] GHELMAN, Silvio; COSTA, Stella Regina Reis. Adaptando o BSC para o setor público utilizando os conceitos de efetividade, eficácia e eficiência. *In*: SIMPÓSIO

a perspectiva de que, enquanto o setor privado visa à maximização do lucro, o setor público tem como objetivo cumprir a sua função social. Por isso, não se pode simplesmente aplicar diretamente os princípios da administração de empresas na gestão pública.

No que diz respeito à organização do Estado, depois da Emenda Constitucional nº 19/1988, a eficiência na Administração Pública tem se tornado uma das questões centrais para a melhoria da gestão pública e marca uma transformação naquilo que ficou conhecido como a reforma do Estado[240].

A demanda por serviços públicos de qualidade passou a ser central e o choque de gestão, através do aumento da eficiência, passou a ser o foco do administrador público.

Sendo assim, um BSC voltado para a Administração Pública, além de medir a melhora da qualidade da prestação dos serviços para "o cliente direto", deve aferir se o cidadão/sociedade está satisfeito com a prestação de um serviço público, ou seja, é preciso demonstrar os benefícios, efeitos ou impactos diretos ou indiretos do exercício da atividade pública para o cidadão. Por isso, Ghelman e Costa[241], ao customizarem o BSC para o setor público, apontam que é preciso ter uma perspectiva para os clientes que meça o atendimento aos requisitos de qualidade dos produtos/serviços ofertados e a satisfação do cliente; e outra com foco no cidadão/sociedade que busque medir a efetividade da ação pública.

Por fim, cabe o destaque feito pelos mesmos autores de que, para se adaptar o *balanced scorecard* ao setor público brasileiro, foi necessário alterar as relações de causa e efeito entre as perspectivas, pois, além do

DE ENGENHARIA DE PRODUÇÃO, 13., 2006, Bauru. *Anais* [...]. Bauru: Faculdade de Engenharia da UNESP, 2006. p. 2.

[240] CRISTÓVAM, José Sérgio da Silva. *Administração Pública democrática e supremacia do interesse público*: novo regime jurídico-administrativo e seus princípios constitucionais estruturantes. Curitiba: Juruá, 2015. p. 287.

[241] GHELMAN, Silvio; COSTA, Stella Regina Reis. Adaptando o BSC para o setor público utilizando os conceitos de efetividade, eficácia e eficiência. *In*: SIMPÓSIO DE ENGENHARIA DE PRODUÇÃO, 13., 2006, Bauru. *Anais* [...]. Bauru: Faculdade de Engenharia da UNESP, 2006. p. 6.

objetivo primordial de um órgão público não ser a busca pelo lucro, para se implementar uma gestão pública focada em resultados, é preciso aumentar a eficiência, a eficácia e a efetividade das ações públicas.

Com efeito, a Constituição Federal de 1988 inaugurou um novo sistema referente ao conceito de serviço público, principalmente aquilo que dizem os artigos 173 e 175 da Constituição Federal de 1988.

O artigo 173 estabeleceu a chamada atividade econômica do Estado, enquanto o artigo 175, o conceito de serviços públicos, no sentido estrito.

Até essa modificação de marco normativo, era corrente, na doutrina de direito administrativo, a ideia de que toda atividade prestada pela Administração Pública era um serviço público. Isso porque a escola de Bordeaux teve enorme influência no direito administrativo[242].

Ocorre que nem toda atividade prestada pela Administração Pública é um serviço público.

As entidades estatais, representando a Administração Pública, em algumas circunstâncias, não prestam serviço público, mas exercem atividade econômica, em concorrência com o particular[243]. É exemplo disso a atividade bancária, que pode ser exercida através de empresa pública ou de sociedade de economia mista. Entretanto essa atividade não difere na sua essência da atividade bancária prestada por um particular, uma vez que as pessoas de direito administrativo que exercem tais atividades o fazem no regime de direito privado. Portanto, não gozando de nenhum privilégio de ordem fiscal, civil ou trabalhista. Ou seja, não exercem atividade econômica com os privilégios do regime de direito administrativo, pois não são regidas por ele.

---

[242] Por todos, MEDAUAR, Odete. Serviço Público. *Revista de Direito Administrativo*, v. 189, p. 100-113, 1992.

[243] AGUILLAR, Fernando Herren. *Direito Econômico*. São Paulo: Atlas, 2014.

Por outro lado, em alguns casos, a Administração Pública exerce atividade chamada de serviço público no sentido estrito e na forma do artigo 175 da Constituição.

Tais serviços são aqueles que competem ao poder público manter, inclusive quando a sua prestação se der por meio da execução por um particular que lhe faz as vezes a partir de contrato de concessão. Isto é, um particular que representa o poder público como se ele fosse, no regime de direito administrativo, como é o caso da energia elétrica, serviços postais, água esgoto, telefonia, etc.

Na atividade econômica do Estado, ou seja, quando Administração Pública exerce atividade em regime de concorrência com o particular, é evidente que os métodos de gestão próprios da iniciativa privada que visam ao lucro como seu fim devem ser implementados, uma vez que atividade econômica é uma atividade privada e de mercado por excelência. Tanto é que o poder público, por meio da Administração Pública, só pode exercer essa atividade econômica nos estritos limites do artigo 173 da Constituição e de forma subsidiária.

Já em relação aos serviços públicos, como se trata de atividade estatal essencial, é possível adaptar os métodos de gestão privados e de mercado para que os serviços sejam prestados obedecendo aos ditames do regime de direito administrativo, mas que também se possa prestá-los dando efetividade ao princípio constitucional da eficiência. Portanto, aos serviços públicos, desde que de forma adaptada, a necessidade de contemplar os requisitos da continuidade de prestação, modicidade de tarifas, maior abrangência na prestação, podem ser utilizados os métodos e as estratégias privadas de gestão de maximização e de eficiência.

Certamente, há, algumas vezes, confusão entre os conceitos de atividade econômica e serviço público, justamente porque, em um modelo de economia de mercado, essas atividades estatais têm expressão econômica e têm um custo[244].

---

[244] TAVARES, André Ramos. *Direito Constitucional Econômico*. Rio de Janeiro: Forense, 2011.

Entretanto essas atividades de fruição prestadas pela Administração Pública, ou por quem lhe faça as vezes, não se confundem com as funções de garantia secundária, como a atividade do Ministério Público, que não é uma atividade de expressão econômica, mas ao contrário, jamais será exercida no regime de economia de mercado.

Portanto, às funções de garantia secundárias não é possível adaptar os métodos e as estratégias de gestão privada, porque a atividade exercida não é uma atividade de fruição econômica e não há como identificar o usuário ou o cliente determinado da função de garantia. Impossível tarifar a atividade do Ministério Público de modo a quantificar por meio de preço, o valor de sua atuação, nem é possível dimensionar o sucesso da atuação do Ministério Público pela maximização do lucro, como finalidade da atividade econômica.

Aqui cabe uma importante observação: institucionalmente, o Ministério Público não compõe a Administração Pública, não faz parte do Poder Executivo, nem presta um serviço público, no sentido estrito, como delineado anteriormente.

O Ministério Público é uma função de garantias, e parte dessa sua função é controlar a prestação dos serviços públicos e a probidade daqueles que os prestam, inclusive aqueles sujeitos à eficiência do art. 37 da Constituição Federal, com a redação dada pela EC nº 19/98.

Além disso, é o próprio Conselho Federal do Ministério Público (CNMP) que, ao determinar o uso do BSC para os Ministérios Públicos, alertou que a metodologia foi recusada pelo Tribunal de Contas da União (TCU), em relação a sua atividade fim, bem como que a Câmara dos Deputados e o Senado Federal tenham argumentado que não adotam o modelo BSC, por considerá-lo de difícil aplicação no setor público[245].

---

[245] Essa informação consta no portal da secretaria geral do CNMP e pode ser conferida aqui: https://www.cnmp.mp.br/portal/images/visao_360/estrategia/03_-_Miss%C3%A3o_vis%C3%A3o_valores_e_objetivos.pdf.

De fato, se usarmos aqui os requisitos para caracterizar uma instituição de garantias, como delimitado anteriormente, o TCU também é dessas instituições de garantias e não consiste em um serviço público. Isso porque o TCU exerce, na forma do art. 71 da Constituição Federal, a função de fiscalizador dos recursos e patrimônios públicos da União, cobrando o bom uso orçamentário da Administração. Da mesma forma, também o Poder Legislativo não presta serviço público e, sim, exerce atividade de poder de Estado legiferante, não podendo, nenhuma dessas instituições, adaptar uma metodologia de maximização de lucros para consecução de suas atividades, visto que seria incompatível com suas finalidades.

Dito isso, ainda que se considere que é legítimo e necessário o uso da metodologia do BSC na gestão das atividades-fim do Ministério Público Federal, existe um erro metodológico na implementação do BSC no Ministério Público Federal.

Os autores desse método de gestão, como visto anteriormente, explicam que a adaptação do BSC do setor privado (lucro) para o setor público deve incluir, necessariamente, as expectativas da sociedade em relação ao serviço público que será prestado. Entretanto, no BSC do Ministério Público Federal, não houve qualquer consulta à sociedade (clientela) sobre a sua visão a respeito da boa prestação do "serviço" de Ministério Público, sendo que todo o 1º PEI do MPF foi realizado a partir da visão interna dos seus membros e dos seus servidores de carreira.

Portanto, "a percepção dos participantes" de que o MPF é eficiente em ser o "olhar da sociedade" e em assegurar o respeito aos princípios, direitos e garantias constitucionais é uma visão exclusivamente interna dos membros do Ministério Público Federal e dos servidores, sem qualquer base empírica da real visão da sociedade sobre a instituição[246].

Esse erro metodológico pode levar a uma percepção de que os membros do Ministério Público Federal quiseram utilizar do 1º PEI e

---

[246] BRASIL. Ministério Público Federal. *Uma construção coletiva*: planejamento estratégico 2011-2020. Brasília: Secretaria-Geral, 2011. p. 42.

do BSC para mudarem normativamente a função institucional do Ministério Público, já que, como se verá adiante, na análise dos dados de gestão da instituição, a partir de então, as referências ao cumprimento das funções institucionais se dão pelo alcance dos objetivos do PEI e não mais pelos padrões normativos constitucionais.

Mas e no que isso implica em termos institucionais?

Implica que o Ministério Público Federal deixa de pautar suas ações pelos padrões da normatividade constitucional, da função de garantia de ser o *defensor del pueblo*, que foi conquistada no processo constituinte, para investir institucionalmente na função de titular da ação penal como carro-chefe da instituição. Com isso, medindo seus *standards* de qualidade e cumprimento do dever institucional, por ser reconhecido pela sociedade pelo combate à corrupção, mediante uso das suas ferramentas institucionais para fazer com que a sociedade patrocine seu discurso, de modo a fazer ver aprovadas normas que facilitem a maximização desses resultados[247].

Interessante mencionar, ainda, a mero título de informação, a pesquisa coordenada por Rodrigo Ghiringhelli de Azevedo, feita no ano imediatamente anterior ao 1º PEI, sobre Perfil Socioprofissional e Concepções de Política Criminal do Ministério Público Federal[248], que justamente demonstra o perfil altamente punitivista dos membros da instituição, precisamente aqueles que foram os consultados para formação do BSC que gerou o 1º PEI.

Cite-se por oportuno a resposta à pergunta sobre o vínculo dos membros com alguma das correntes de política criminal apresentadas. Predominou a adesão à chamada "Defesa social" (34,7%), seguida do "Funcionalismo penal" (15%), do "Garantismo penal" (13,2%), da "Tolerância zero" (12,6%) e do "Abolicionismo penal" (0,6%); 22,8%

---

[247] Apenas pelo caráter simbólico veja-se como ocorrem as traduções oficiais do MPF conforme Portaria PGR/MPF nº 618. Ministério Público Federal para o inglês Federal Prosecution Service.

[248] AZEVEDO, Rodrigo Ghiringhelli de. (coord.). *Perfil socioprofissional e concepções de política criminal do Ministério Público Federal*. Brasília: Escola Superior do Ministério Público da União, 2010.

declararam não ser adeptos de nenhuma delas e 1,2% declarou-se adepto de outras posições.

Chama atenção que, na principal instituição de garantias da Constituição Federal de 1988, apenas 13,2% dos membros do MPF atuantes em matéria penal se vejam como garantistas.

Mas o que se deveria esperar da postura penal dos membros de uma instituição de garantias, que recebeu do poder constituinte a atribuição de ser "instituição permanente, essencial à função jurisdicional do Estado, incumbindo-lhe a defesa da ordem jurídica, do regime democrático e dos interesses sociais e individuais indisponíveis"?[249]

Deveria se esperar que a postura penal e processual penal fosse baseada, no mínimo, nos padrões do garantismo penal, que basicamente podem ser traduzidos nos axiomas garantistas (garantias) penais e processuais penais, todos compatíveis com as regras constitucionais e convencionais do devido processo penal, no Estado Interamericano de Direito, que são[250]:

- (A1) *Nulla poena sine crimine* – princípio da retributividade ou da consequencialidade da pena em relação ao delito – segundo o qual não pode ser aplicada pena a ninguém que não tenha praticado um crime;

- (A2) *Nullum crimen sine lege* – princípio da legalidade, no sentido lato e estrito – segundo o qual qualquer previsão de crime deve estar na lei formal (sentido lato) e com descrição unívoca e precisa dos elementos que compõem o crime (sentido estrito);

- (A3) *Nulla lex (poenalis) sine necessitate* – princípio da necessidade ou da economia do direito penal – segundo o qual não se pode admitir que uma lei penal criminalize algo sem necessidade de intervenção na liberdade do cidadão;

---

[249] Art. 127 da CF.

[250] FERRAJOLI, Luigi. *Derecho y Razón*. Madrid: Trotta, 2000. p. 93.

- (A4) *Nulla necessitas sine injuria* – princípio da lesividade ou da ofensividade – segundo o qual não se pode considerar necessário que uma lei penal criminalize algo que não viola, não atinge nenhum bem jurídico;

- (A5) *Nulla injuria sine actione* – princípio da materialidade ou da exterioridade da ação – segundo o qual não se admite ser possível criminalizar uma ofensa a um bem jurídico que não tenha sido praticado por uma conduta humana, afastando punições pelo que o sujeito é ou simplesmente pensa;

- (A6) *Nulla actio sine culpa* – princípio da culpabilidade ou responsabilidade pessoal – segundo o qual não é possível punir uma conduta humana que não tenha sido conduzida pela vontade pessoal, afastando a possibilidade de responsabilidade criminal objetiva.

- (A7) *Nulla culpa sine judicio* – princípio da jurisdicidade, no sentido lato e estrito – segundo o qual ninguém pode constatar a culpa se não estiver investido formalmente de poderes jurisdicionais e exercido por alguém imparcial (sentido lato), mas também que aquele investido do poder jurisdicional respeite uma série de regras que exigem descrições precisas e impedem o uso de palavras vagas ou valorativas a respeito da verificabilidade ou refutabilidade das teses processuais que enunciam fatos e provas (sentido estrito);

- (A8) *Nullum judicium sine accusatione* – princípio acusatório ou da separação entre juiz e acusação – segundo o qual é preciso que haja uma acusação e que o julgador não seja a mesma pessoa do acusador;

- (A9) *Nulla accusatio sine probatione* – princípio do ônus da prova ou da verificação – segundo o qual cabe à acusação provar os termos de suas alegações, o que decorre diretamente do princípio da presunção de inocência;

- (A10) *Nulla probatio sine defensione* – princípio do contraditório ou da defesa – segundo o qual uma decisão pela imposição de punição só é legítima se for garantido ao acusado o direito de se defender.

No entanto apenas 13,2% dos procuradores da República estão de acordo com os padrões penais e processuais penais da constituição.

E, no mesmo sentido, chama atenção o contido no *Anuário do Ministério Público Brasil de 2020: O Poder dos Poderes – O Ministério Público também governa o Brasil*, publicado pelo Consultor Jurídico (Conjur), cuja apresentação é feita pelo procurador-geral da República, no qual foram analisadas 13 teses qualitativas em matéria penal e processual penal, defendidas por procuradores-gerais da República e subprocuradores-gerais da República em processos judiciais perante o STF e o STJ.

Foi constatado, nessa análise qualitativa, que, em 85% dos casos, o Ministério Público se posicionou contrário às teses ditas garantistas, tais como: a criação do juiz de garantias; a possibilidade de intervenção judicial nos acordos de colaboração premiada firmados pelo MP; cumprimento da pena privativa de liberdade após o trânsito em julgado; interrupção da gestação até a 12ª semana (descriminalização do aborto), etc.

Além disso, observou-se que, nessas hipóteses, o Ministério Público defende relativizar direitos e garantias constitucionais, quando "acredita" que essas teses não beneficiam sua configuração de defesa da sociedade[251].

A pesquisa do Conjur, segundo os autores, privilegiou os processos de grande impacto econômico, político e social e teve por objetivo comprovar como o Ministério Público, por meio da manifestação judicial de seus membros, se posicionava em matéria penal.

Esses processos são aqueles maxiprocessos a que se referem Antonio Eduardo Ramires Santoro e Natália Lucero Frias Tavares, os

---

[251] Consultor Jurídico, Anuário do Ministério Público Brasil de 2020: O Poder dos Poderes – O Ministério Público também governa o Brasil p. 24.

quais, pelos fins políticos que conduzem os processos de natureza penal com típico desenho maximizado (maxiprocessos), acabam sendo utilizados como instrumentos de *Lawfare* político e se apresentam como processos de emergência, não democráticos, no sentido de democracia constitucional, não vinculados à razão jurídica que caracteriza o Estado de Direito[252].

Portanto, ao que tudo indica, a postura antigarantista em termos epistemológicos também compromete a atuação do Ministério Público como instituição de garantias e desmonta sua razão normativa de haver sido pensada como importante instituição de garantias. Assim como no que diz respeito à persecução e acusação penal, pois a sujeição da acusação às teses garantistas, que aprimorem o sistema acusatório, permite que a função jurisdicional se desenvolva em termos democráticos.

Em outras palavras, a postura de um Ministério Público antigarantista ataca o próprio estado constitucional democrático de direito e compromete a normatividade constitucional pela qual tanto lutaram os promotores estaduais da Carta de Curitiba.

No momento que o Ministério Público se conforma constitucionalmente como uma instituição de garantias, como vem a literatura jurídica sendo uníssona em classificar o Ministério Público brasileiro, não pode essa atuação garantista ser parcial, quando convém às máximas de eficiência dos seus membros, nem apenas na função de *defensor del pueblo* (que, como se verá, é secundária nas prioridades do Ministério Público Federal a partir do 1º PEI).

O Ministério Público tem que ser garantista na atuação penal, na atuação como *defensor del pueblo* e naquelas atuações unipessoais do procurador da República como defensor da Constituição. Caso contrário, vamos constatar que a Constituição Federal de 1988 criou uma instituição altamente autoritária, sem controle e antigarantista

---

[252] SANTORO, Antonio Eduardo Ramires; TAVARES, Natália Lucero Frias. *Lawfare brasileiro*. Belo Horizonte: Editora D'Plácido, 2019. p. 55.

(portanto, anticonstitucional), o que, em termos do *dever ser*, é uma contradição normativa.

Não seria razoável, em uma perspectiva garantista, pensar que a sociedade, como clientela do Ministério Público, pudesse escolher violar direitos humanos. Isso levaria ao absurdo de tornar uma instituição de garantias antigarantista.

Em outras palavras, pode parecer pueril, mas os métodos e as estratégias de eficiência típicas da Administração Pública (ou das corporações privadas) devem ser vistas com ressalvas para adaptação em uma função de garantias. Isto é, o filtro de eficiência baseado na legitimação de atuação da instituição pela imagem e expectativa da vontade da sociedade é algo incompatível com uma instituição de garantias, que atua, como anteriormente delineado, no âmbito contramajoritário ou do indecidível (ou seja, na esteira da manutenção de direitos humanos fundamentais, inclusive quando esses direitos são incômodos para uma visão majoritária e de clamor social).

A legitimação de atuação institucional baseada na opinião popular, ou majoritária, é aquela típica das funções de governo, que operam na órbita das decisões majoritárias para satisfação de políticas públicas, naquela parcela do decidível, ou discricionário, desde que não venham a ferir nenhum direito fundamental.

O Ministério Público como instituição de garantias deveria operar na órbita do indecidível, por sua conformação normativa constitucional, ou, melhor dito, não poderia escolher outra visão e prospecção institucional senão a manutenção dos direitos humanos e da democracia, mesmo que esses valores se tornem desconfortáveis para a opinião ou o clamor público de ocasião, visto que sua legitimação institucional é exclusiva para isso.

O Ministério Público não recebeu autorização institucional, na normativa constitucional vigente, para patrocinar nenhum valor ou missão institucional senão aquelas expostas no artigo 127 da Constituição Federal, ou seja, a defesa da ordem jurídica, do regime democrático e dos interesses sociais e individuais indisponíveis, mesmo que isso lhe custe uma imagem popular eventualmente desconfortável.

Feitas essas considerações e levando em conta que todo o Ministério Público por meio do planejamento geral feito pelo CNMP adota o modelo de BSC, o que conduz à ideia de que o Ministério Público como instituição optou, deliberadamente, como conformação institucional, em ser uma instituição de governo baseada na maximização da satisfação da legitimação pela vontade popular, passa-se à análise específica do 1º PEI do Ministério Público Federal.

Se tomarmos o mapa estratégico do 1º PEI-MPF 2011-2021, fica claro que a visão que se pretende da instituição é aquela que lhe vincula em âmbito nacional com o reconhecimento social pelo combate ao crime e à corrupção.

Nesse sentido, o plano de ação já indica que a função primordial pela qual o Ministério Público Federal quer ser reconhecido pela sociedade é com base na sua função constitucional do art. 129, I, que é a de ser titular da ação penal pública, isto é, uma agência de persecução criminal que se legitimará socialmente pela opinião pública de seu reconhecimento por essa atuação. Nesse sentido, ainda que, no PEI-MPF 2011-2021, o combate à corrupção e à criminalidade seja apenas um dos objetivos institucionais, esse é o objetivo principal pelo qual a instituição gostaria de se legitimar socialmente.

A partir dessa visão, o Ministério Público Federal passou a adotar como sua prioridade institucional a legitimação pela atuação penal, principalmente para se ver reconhecido pela população pelo seu viés punitivo, como o das megaoperações criminais, para incorporar no discurso político a persecução penal, como forma de legitimação institucional[253].

Portanto, a adaptação do BSC em relação ao uso da metodologia em uma instituição de garantias não só exige adaptação como um cuidado maximizado, tendo em vista que a medição da atuação de garantidor de direitos humanos não pode se dar pela aprovação social

---

[253] SANTORO, Antonio E. R.; CYRILLO, Carolina. As Forças-Tarefas do Ministério Público Federal: o discurso político punitivo anticorrupção na instituição de garantias. *Revista Brasileira de Direito Processual Penal*, Porto Alegre, v. 6, n. 3, p. 1271-1300, set./dez. 2020. p. 1282.

em relação a isso, visto que justamente direitos humanos são linhas de ação e limites às vontades populares majoritárias.

Todas essas constatações encontram-se presentes nos documentos de transparência produzidos pela Procuradoria-Geral da República nos seus relatórios de prestação de contas e transparência de gestão e atuação, nos períodos imediatamente posteriores ao início da implementação do 1º PEI-MPF, nos quais aparece claramente a legitimação política institucional exclusivamente pelo reconhecimento da sociedade em relação à legitimidade do Ministério Público Federal pelo combate à corrupção.

E, com isso, no próximo capítulo, serão apresentados os dados empíricos, em que se poderá comprovar tudo o que até aqui foi discutido.

CAPÍTULO 3. MINISTÉRIO PÚBLICO FEDERAL: A APORIA FUNÇÃO DE GARANTIA OU DE GOVERNO?

3.1. Ministério Público Federal: agência de combate à corrupção

Para comprovar ou descartar a hipótese da pesquisa, optou-se por verificar, em documentos institucionais produzidos pelo Ministério Público Federal, nos quais a instituição organiza e conforma seu papel e suas vocações institucionais de atuação, se efetivamente o MPF cumpre a função de ser uma instituição de garantias no modelo normativo de garantismo sul-americano, como teoria e prática de uma democracia constitucional, como delineado anteriormente, ou se apartou-se do comandado modelo normativo constitucional para se converter em uma instituição de governo ou em uma instituição antigarantista.

Como visto, a partir do 1º PEI-2011-2021, o Ministério Público Federal organizou-se corporativamente, a partir da visão de seus membros, para ser reconhecido, nacional e internacionalmente, pela excelência na promoção da justiça, da cidadania e no combate ao crime e à corrupção [254]. Essa construção normativa coletiva mudou a institucionalidade do Ministério Público Federal.

Em termos retóricos, poder-se-ia dizer que o Ministério Público Federal, a partir das prioridades escolhidas no 1º PEI 2011-2021, retomou sua vocação institucional histórica perdida na Assembleia Nacional Constituinte, quando as associações dos Ministérios Públicos Estaduais lutaram por dar uma feição democrática ao Ministério Público, de forma institucional, como um todo.

Não pode ser ignorado que o Ministério Público Federal não aderiu plenamente ao projeto da Carta de Curitiba, nem se movimentou de forma explícita para adquirir a função de defensor do

---

[254] BRASIL. Ministério Público Federal. *Uma construção coletiva*: planejamento estratégico 2011-2020. Brasília: Secretaria-Geral, 2011.

povo, como fizeram os Ministérios Públicos Estaduais, na Assembleia Nacional Constituinte.

E, o elemento de ligação entre as associações dos Ministérios Públicos Estaduais e o Ministério Público Federal, na época, era o procurador-geral da República Sepúlveda Pertence, que não era do quadro de carreira do Ministério Público Federal, uma vez que a Constituição de 1967, com a EC nº 1/69, permitia a escolha do procurador-geral da República fora da carreira, como visto[255].

Além disso, nos relatos de memória oral, fica claro que havia certa resistência corporativa por parte do Ministério Público Federal com a modelagem institucional da constituinte para um Ministério Público que fosse, ao mesmo tempo, persecutor criminal e defensor do povo.

Portanto, o Ministério Público Federal, por meio dos seus membros (corporação), ao escolher no 1º PEI 2011-2021 que a visão institucional era ser reconhecido nacional e internacionalmente pela excelência na promoção da justiça, da cidadania e no combate ao crime e à corrupção, ou seja, em ser legitimado pela atuação como agência de persecução criminal especializada no combate à corrupção, produziu uma revanche à Carta de Curitiba, de modo a desconstruir a ideia normativa da instituição de garantias, desenhada na Constituição Federal de 1988[256].

---

[255] Valem os relatos de memória oral também de Sepúlveda Pertence explicando como foi feita a discussão constituinte e as consequências contemporâneas disso. Vide: https://www.conjur.com.br/2016-jul-13/entrevista-sepulveda-pertence-ex-presidente-supremo.

[256] O CNMP, como órgão de controle administrativo das atividades dos Ministérios Públicos, determinou em âmbito nacional a realização dos planejamentos estratégicos institucionais. Do que se pode observar, os Ministérios Públicos do Estados mantiveram como visão institucional a ideia de que o Ministério Público é instituição permanente e essencial da defesa da ordem jurídica e do Estado Democrático de Direito, na defesa dos interesses da sociedade. A título de exemplo podem ser conferidos os Mapas dos MPPA e MPES disponíveis em: https://www2.mppa.mp.br/institucional/sobre-o-mppa/mapa-estrategico.htm e em https://www.mpes.mp.br/Arquivos/Anexos/8fbd2c0a-3f5c-4b97-8fd5-c0bb21e5b2a2.png.

Portanto, o objetivo deste capítulo é apresentar, em termos descritivos e analíticos, as principais atividades relacionadas ao direito penal, constitucional e direitos humanos já apresentados nos relatórios de gestão da Procuradoria-Geral da República no período compreendido pelo 1º PEI 2011-2021.

Em termos descritivos, as três áreas foram assim divididas, levando-se em conta que o Ministério Público Federal tem essas três esferas de atuação.

Chamei de "direito penal" a competência do Ministério Público vinculada a sua atuação como titular da ação penal, ou seja, aquelas previstas no art. 129, I e VIII, da Constituição Federal. Classifiquei como "direitos humanos" a função de *defensoría del Pueblo*, ou aquelas previstas no art. 129, II, III e V, e denominei "direito constitucional" a atuação prevista no art. 129, IV, e a atuação unipessoal do procurador-geral da República do art. 130 da Constituição.

Deixei de analisar a função prevista no art. 129, VII, a saber, o exercício do controle externo da atividade policial, pois essa função não apareceu no Mapa do 1º PEI 2011-2021, embora seja, a meu ver, uma função fundamental nessa arquitetura institucional do Ministério Público, que merece uma outra pesquisa, que não coube no objeto da presente.

Esses dados foram escolhidos para demonstrar a condução da instituição, justamente porque esses dados são os relatórios de gestão. Lembrando que o Ministério Público Federal é conduzido na sua agenda pelo procurador-geral da República, na forma da LC nº 75/93, e que os relatórios são a produção institucional de adequação da instituição ao 1º PEI 2011-2021, que serviu para orientar a tomada de decisão do procurador-geral.

Em termos analíticos, pretendo observar se houve uma mudança do perfil da gestão e das prioridades institucionais entre as três gestões que conduziram o Ministério Público Federal no período do 1º PEI-2011-2021, ou se a instituição foi conduzida de forma uniforme, orientada pelo Planejamento.

As três gestões que serão analisadas a seguir são: de Rodrigo Janot (2013 a 2017); Raquel Dogde (2017 a 2019); e Augusto Aras (2019 a 2021)[257].

Quando o 1º PEI 2011-2021 começou a ser implementado, o procurador-geral da República era Roberto Gurgel (2011-2013). Não é possível fazer uma descrição pormenorizada e nem uma análise sobre o perfil institucional da gestão de Roberto Gurgel no período de 2011-2013, pois o relatório de gestão[258] foi deixado a cargo da Secretaria-geral e apenas descreve os mapas estratégicos por áreas, anunciando sua implementação.

Entretanto uma observação pertinente a ser feita é que em todos os setores (áreas) de atuação do Ministério Público Federal, seja na defesa do meio ambiente, seja na proteção das comunidades indígenas, nos direitos humanos, no direito constitucional ou na atuação criminal e de controle das polícias, a prioridade institucional "ser reconhecido pelo combate à corrupção" aparece em primeiro lugar.

O relatório refere-se primordialmente à governança aplicada ao setor público baseado na eficiência, *accountability*, transparência e probidade. Afirma a necessidade do planejamento estratégico do Ministério Público Federal e ressalta que a grande estratégia de afirmação da instituição é apresentar o planejamento para o período compreendido entre 2011 e 2020. Portanto, os dados da gestão Roberto Gurgel referem-se principalmente à estrutura de meio e não

---

[257] A gestão de Augusto Aras de 2022 em diante não é objeto de análise, pois já se encontra fora do 1º PEI 2011-2021. O Ministério Público Federal já tem o segundo PEI, com um novo mapa, que vai de 2022-2027 e foi instituído pela Portaria PGR/MPF nº 3, de 11 de fevereiro de 2022, na qual pode se conferir, a título de curiosidade, a mudança da visão institucional, segundo a qual o MP deixa de "ser visto pela sociedade pelo combate à corrupção" para "defesa do estado democrático de direito". O acesso ao 2º PEI pode ser feito aqui: https://www.mpf.mp.br/o-mpf/sobre-o-mpf/gestao-estrategica-e-modernizacao-do-mpf/planejamento-estrategico/planejamento-estrategico-institucional-2022-2027-1.

[258] BRASIL. Ministério Público Federal. *Governança, gestão, inovação e resultados*: biênio 2011-2013. Brasília: MPF, 2013.

para programação de atividade-fim (funções institucionais do Ministério Público Federal e da Procuradoria-Geral da República).

A título de esclarecimento, o objetivo da presente análise não é traçar um perfil sociológico ou psicológico dos procuradores-gerais da República, mas, sim, descrever o perfil de suas efetivas atuações demonstradas nos relatórios de gestão, que conduzem o Ministério Público, de forma normativa, para uma ou outra direção, de modo a verificar se o Ministério Público Federal segue sendo uma instituição de garantias, como delineado na matriz teórica da presente pesquisa que é o garantismo, e como previsto na Constituição.[259]

É a partir do relatório de transparência institucional de 2013/2015, na primeira gestão de Rodrigo Janot, que as discussões institucionais passam a ser possíveis de discussão analítica.

A gestão da Procuradoria-Geral da República sob a liderança de Rodrigo Janot (2013 a 2017) pode ser caracterizada como um período de um ativismo institucional na busca de ver satisfeita a visão de ser uma agência de persecução criminal do combate à corrupção, especialmente pelas ações relacionadas à Operação Lava Jato, que impulsionaram a instituição para promover pautas políticas, como projetos de lei de iniciativa popular e uma profunda judicialização da política, com o uso das instituições jurídicas como instrumentos de *lawfare* político[260].

A gestão da Procuradoria-Geral da República sob a liderança de Raquel Dogde (2017 a 2019) pode ser descrita como um momento de freio na atuação ativa da Operação Lava Jato, com a retomada de algumas atividades de contenção de poderes, seja do próprio Ministério Público, seja dos Poderes.

---

[259] Rafael Rodrigues Viegas tem uma excelente pesquisa a respeito do perfil político dos procuradores-gerais da República que pode ser consultado em: VIEGAS, Rafael Rodrigues. Governabilidade e lógica de designações no Ministério Público Federal: os "procuradores políticos profissionais". *Revista Brasileira de Ciências Políticas*, n. 33, p. 1-51, set./dez. 2020.

[260] Por todos, SANTORO, Antonio Eduardo Ramires. *et al. Maxiprocessos como instrumento de lawfare político*: estudos sobre a investigação e a colaboração premiada na Operação Lava-Jato. 1. ed. Rio de Janeiro: Pembroke Collins, 2021.

A gestão da Procuradoria-Geral da República sob a liderança Augusto Aras (2019 a 2021) buscou a autocontenção do Ministério Público de forma institucional, além do alinhamento com o Poder Executivo da Procuradoria-Geral da República, retomando a tradição da historiografia de construção desta última.

3.2. A gestão Janot e o Ministério Público Federal como agência de persecução criminal (2013-2017)

Rodrigo Janot Monteiro de Barros foi o procurador-geral da República por duas gestões consecutivas, de 2013 a 2015 e de 2015 a 2017. Foi indicado pela presidente Dilma Roussef a partir da lista tríplice informal que realiza a Associação Nacional dos Procuradores da República (ANPR). Rodrigo Janot foi o mais votado na lista e a presidente o indicou por este motivo.

Vale lembrar que o art. 128 da Constituição Federal diverge a forma de escolha dos chefes dos Ministérios Públicos. Para os Ministérios Públicos dos estados e do Distrito Federal, existe a exigência de formação de lista tríplice votada pelos membros do respectivo Ministério Público e a escolha pelo chefe do Poder Executivo deve recair necessariamente sobre um dos nomes da lista.

Para a escolha do procurador-geral da República, não há exigência de lista tríplice e a escolha pelo presidente da República pode se dar sobre qualquer membro da carreira, maior de 35 anos.

Da gestão Rodrigo Janot, existem quatro relatórios a serem analisados: 1) Relatório executivo de resultados do procurador-geral da República (PGR) setembro 2013/agosto 2014; 2) Relatório de resultados do Ministério Público Federal: 2013/2015: diálogo, unidade, transparência, profissionalismo, efetividade; 3) Relatório de resultados do procurador-geral da República: diálogo, unidade, transparência, profissionalismo, efetividade: 2015-2016; e 4) Relatório de resultados do procurador-geral da República: diálogo, unidade, transparência, profissionalismo, efetividade: 2015-2017, como segue.

O Relatório executivo de resultados do procurador-geral da República Rodrigo Janot para o período de setembro de 2013 até agosto de 2014[261] é o primeiro a ser descrito e analisado. Nele, o procurador-geral anuncia que reestruturou o Ministério Público Federal através de uma reorganização para dar efetividade ao combate à corrupção, já que essa é a prioridade institucional do Ministério Público Federal.

São anunciadas medidas de fortalecimento do gabinete do procurador-geral, o fortalecimento da investigação criminal e a formação de uma Câmara de Coordenação e Revisão específica sobre o tema[262].

No relatório, além da descrição da prioridade institucional do Ministério Público por reconhecimento nacional e internacional por sua excelência na promoção da justiça, da cidadania e no combate à corrupção, vem descrita a nova organização e atuação do Ministério Público Federal para dar efetividade à visão institucional.

Por esse motivo, o procurador-geral da República anuncia medidas para reestruturar o Ministério Público Federal nessa direção: o combate à corrupção.

No capítulo sobre transparência e diálogo, há descrição sobre o diálogo entre os três poderes e o procurador-geral da República e sobre o estímulo por parte da Procuradoria-Geral à participação do Ministério Público Federal nos debates do Congresso Nacional, sobretudo para ver aprovadas leis corporativas para os membros do Ministério Público Federal, como aumento do subsídio, aumento do número de vagas para promoção funcional, etc.

Em seguida, está o tópico sobre diálogo com a imprensa e com *marketing* multinível, no qual se destacam os eventos "Café com o

---

[261] BRASIL. Ministério Público Federal. Procuradoria-Geral da República. *Relatório executivo de resultados do Procurador-Geral da República (PGR) setembro 2013/agosto 2014*: diálogo, unidade, transparência, profissionalismo, efetividade. Brasília: MPF, 2014.

[262] Resolução CSMPF nº 148, de 1º de abril de 2014. Altera a Resolução CSMPF nº 20, de 6 de fevereiro de 1996, que dispõe sobre a estrutura de organização temática das Câmaras de Coordenação e Revisão do Ministério Público Federal, dando nova redação aos arts. 1º, 2º e 15.

PGR" e uma série de coletivas periódicas de imprensa com os principais meios de comunicação do país, para que sejam comunicadas as ações institucionais de atuação.

Em uma breve análise dos destaques de atuação, apresenta-se um resumo da atuação do MPF durante o período de setembro de 2013 até agosto de 2014, dividindo, metodologicamente nos três eixos: Penal, Direitos humanos e Controle de Constitucionalidade.

A principal atuação no âmbito criminal é a criação pelas Portarias PGR/MPF nº 216 e 217, de abril de 2014, da assim apelidada "força-tarefa" da Operação Lava Jato, que consistia em designar os procuradores Januário Paludo, Carlos Fernando dos Santos Lima e Orlando Martello Junior para atuarem, com exclusividade, em conjunto com os procuradores da República Deltan Dallagnol, Andrey Borges de Mendonça e Diogo Castor de Mattos, para atuarem nos processos da Lava Jato em Curitiba.

Também no âmbito criminal, é criada a 7ª Câmara de Coordenação e Revisão com o objetivo de tratar o sistema prisional e controlar a atividade policial e é redefinida a temática da 5ª Câmara de Coordenação, que passa a cuidar do combate à corrupção, prioridade institucional claramente considerada no relatório.

Na atuação da competência constitucional perante as ações do controle de constitucionalidade, destaca-se a discussão sobre a matéria eleitoral, em especial sobre financiamento de campanhas políticas por pessoas jurídicas e as que dizem respeito à Lei da Ficha Limpa.

Em relação aos direitos humanos, o primeiro destaque de atuação é sobre o monitoramento do sistema carcerário do estado do Maranhão, com a possibilidade de um pedido de intervenção federal.

O segundo diz respeito ao parecer do procurador-geral da República na ADPF nº 350, no qual Rodrigo Janot defendeu que sejam rejeitadas quaisquer interpretações da "Lei da Anistia" que ensejem extinção de punibilidade de crimes de lesa-humanidade ou a ele conexos, cometidos por agentes públicos (civis ou militares), no exercício da função ou fora dela. Portanto, na manifestação, o procurador-geral da República defendeu que a Lei da Anistia não pode impedir as investigações de crimes de lesa-humanidade.

Também iniciou o planejamento do projeto "Segurança sem Violência", reunindo o Ministério Público Federal, Conselho Nacional do Ministério Público, Conselho Nacional de Justiça, Ordem dos Advogados do Brasil, Conselho Nacional das Defensoras e Defensores Públicos-Gerais (Condege) e o Ministério da Justiça. Este projeto serve para articular melhorias nos presídios.

Como último destaque, está a atuação do procurador em manifestação junto ao Supremo Tribunal Federal no sentido de que, na ausência de lei específica legislada pelo Congresso Nacional, devem a homofobia e a transfobia serem equiparadas a crimes de racismo, com a aplicação do art. 20 da Lei nº 7.716/1989.

A partir das informações contidas no relatório, fica evidente que o procurador-geral passa a estruturar o Ministério Público Federal para, em respeito às prioridades do 1º PEI 2011-2021, dedicar-se com afinco à atividade criminal, no sentido lato, como carro-chefe ou linha de ação institucionais.

Pode-se fazer um comentário pontual no sentido de que, até para os casos de proteção em direitos humanos e no direito constitucional, existe uma carga do uso do sistema punitivo do Estado. Seja para remover os empecilhos punitivos criados pela Lei da Anistia, seja para o enquadramento penal da LGBTQIA+ fobia no crime de racismo.

Com isso, pode-se dizer que, em um primeiro momento da Gestão Janot, a Procuradoria da República começa a articular esforços estruturais para dar suporte à atuação ostensiva na matéria criminal e nos maxiprocessos que virão nos anos subsequentes.

Já no segundo relatório, o Relatório de resultados do Ministério Público Federal de 2013 a 2015[263], há uma pormenorizada descrição dos objetivos institucionais políticos do Ministério Público Federal no

---

[263] BRASIL, Ministério Público Federal. *Relatório de resultados do Ministério Público Federal: 2013/2015*: diálogo, unidade, transparência, profissionalismo, efetividade. Brasília: MPF, 2015.

período. A grande prioridade da gestão foi o combate à corrupção, em âmbitos nacional e internacional.

O relatório também cita a criação da Câmara de Coordenação e Revisão do Combate à Corrupção, o fortalecimento da investigação criminal e o lançamento da campanha publicitária #CORRUPÇÃONÃO.

Há, ainda, um destaque para os resultados das diversas forças-tarefa de combate à corrupção, como a Operação Lava Jato.

Além disso, o documento descreve a política de publicidade "das teses jurídicas do procurador-geral da República" e a manutenção do projeto de comunicação com a imprensa sobre a atuação prioritária do Ministério Público Federal no combate à corrupção.

Importante referir que há uma repetição dos dados de 2013 e 2014 do relatório anterior quanto às prioridades de atuação nestes anos. Porém existe uma clara prioridade institucional que começa a surgir, a partir de janeiro de 2015, que é a Operação Lava Jato, que se bem já estava presente no início da gestão, começa a ganhar corpo em 2015.

Em janeiro de 2015, é lançado o site da Operação Lava Jato[264], no qual ficaram disponíveis os dados completos sobre a operação, como histórico e fluxo das investigações, relação da Lava Jato com o caso Banestado, atuação dos doleiros e demais investigados. Também é possível encontrar a íntegra das denúncias apresentadas pelo Ministério Público Federal e as decisões judiciais.

Também é criado um grupo de trabalho para auxiliar a Procuradoria-Geral na análise dos desdobramentos da Operação Lava Jato em trâmite no Supremo Tribunal Federal.

Em meados de 2015, o Ministério Público Federal inicia a discussão sobre as dez medidas de combate à corrupção, baseadas nas experiências da atuação na Lava Jato.

---

[264] Vide: www.lavajato.mpf.mp.br.

Em abril de 2015, o procurador-geral da República conseguiu decisão perante o Supremo Tribunal Federal para abrir os inquéritos da Operação Lava Jato concernentes aos desvios da Petrobras.

No mesmo período, é instituída a força-tarefa da operação Zelotes, que apurou a organização suspeita de manipular resultados de julgamentos de processos no Conselho Administrativo de Recursos Fiscais (Carf), do Ministério da Fazenda.

Um dos principais destaques do período é a aprovação pelo Supremo Tribunal Federal do tema de repercussão geral, o de nº 184, que diz respeito aos Poderes Investigatórios Criminais do Ministério Público (PICs). Segundo decidiu o Supremo Tribunal Federal, o Ministério Público dispõe de competência para promover, por autoridade própria, e por prazo razoável, investigações de natureza penal, desde que respeitados os direitos e as garantias que assistem a qualquer indiciado ou a qualquer pessoa sob investigação.

Também há referência ao relatório de gestão apresentado ao Tribunal de Contas da União (TCU), com a prestação de contas anual da instituição para o ano de 2015, no qual consta que há uma atuação destacada do MPF no combate à corrupção de forma intensiva, demonstrando em números os ativos recuperados na atuação da Força-tarefa da Lava.

Outra questão que chama atenção é que o Ministério Público Federal começa a medir o impacto de sua atuação pelos padrões da mídia de modo a obter apoio da opinião popular sobre os processos e sua atuação.

- Figura 4 -

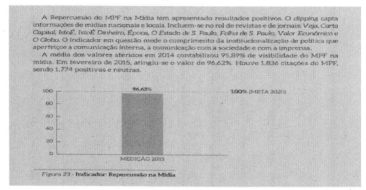

Fonte: MPF (2015)

Essa medição de satisfação pelos impactos de atuação na mídia, aparentemente, destoa da atuação contramajoritária de uma instituição que não deveria medir seu sucesso por citações positivas ou neutras, mas pela sua atuação na defesa dos direitos humanos e fundamentais de todos.

O que pode ser extraído do presente relatório é uma inegável prevalência da atuação em matéria criminal do Ministério Público Federal, em especial a dedicação institucional para o patrocínio e a consecução de esforços nas megaoperações de combate à corrupção.

Portanto, os documentos produzidos pela própria instituição, para efeitos discursivos, mostram que o Ministério Público Federal não quer se apresentar como uma instituição de garantias dos direitos fundamentais, de controle e de manutenção do Estado Democrático de Direito, como parece ser sua vocação normativo-constitucional, mas como sendo uma agência pública de combate à corrupção e de persecução penal, com o discurso ostensivo do combate à corrupção como prioridade institucional, que, segundo expõe, é a desejada pela sociedade.

Por sua vez, o relatório de resultados do procurador-geral da República Rodrigo Janot para o período entre 2015 e 2016[265] é subdividido em três partes, sendo estas o resultado da atuação na Procuradoria-Geral da República, no Ministério Público Federal e no Conselho Nacional do Ministério Público.

A primeira parte foca a atuação do gabinete da Procuradoria-Geral da República na priorização do combate à corrupção, das dez medidas de combate à corrupção e os números da Operação Lava Jato em todos os seus níveis de atuação.

Em sua segunda parte, o relatório dá enfoque à atuação do Ministério Público Federal na implementação do planejamento estratégico, na comunicação social, na campanha nacional de combate à corrupção e no diálogo com a mídia.

Por fim, a terceira a parte destaca a atuação do procurador-geral da República junto ao Conselho Nacional do Ministério Público, focada na estrutura de governança e na gestão administrativa.

Já na abertura do Relatório, aparece a demonstração de que efetivamente a instituição focou o combate à corrupção por meio das megaoperações e da utilização das forças-tarefa que se convertem nos já estudados maxiprocessos[266].

Há um claro foco da atuação no combate à corrupção e uma prevalência da Operação Lava Jato sobre todas as demais possíveis competências institucionais do Ministério Público Federal.

O procurador-geral começa a converter em números a eficiência da Operação Lava Jato para justificar os reforços a ela, seja no grupo de apoio aos processos da Operação no Supremo Tribunal Federal,

---

[265] BRASIL. Ministério Público Federal. *Relatório de resultados do Procurador-Geral da República*: diálogo, unidade, transparência, profissionalismo, efetividade: 2015-2016. Brasília: MPF, 2016.

[266] Para um estudo detalhado dos processos da Operação Lava Jato, consulte-se: SANTORO, Antonio E. R. A imbricação entre maxiprocessos e colaboração premiada: o deslocamento do centro informativo para a fase investigatória na Operação Lava Jato. *Revista Brasileira de Direito Processual Penal*, Porto Alegre, v. 6, n. 1, p. 81-116, jan./abr. 2020.

seja no aumento do contingente em Curitiba, de modo a justificar a prorrogação dos seus trabalhos.

- Figura 5 -

Resultados da Operação Lava Jato

1.397 procedimentos instaurados,
854 buscas e apreensões,
174 condunções coercitivas,
92 prisões temporárias e
6 prisões em flagrante.
112 pedidos de cooperação internacional, sendo 94 pedidos ativos para
30 países e 14 pedidos passivos com 12 países.
70 acordos de colaboração premiada firmados com pessoas físicas.
6 acordos de leniência e 1 termos de ajustamento de conduta.
48 acusações criminais contra 233 pessoas (sem repetição de nome),
sendo que em 21 já houve sentença, pelos seguintes crimes: corrupção,
crimes contra o sistema financeiro internacional, tráfico transnacional
de drogas, formação de organização criminosa, lavagem de ativos, entre
outros.
7 acusações de improbidade administrativa contra 38 pessoas físicas e 16
empresas pedindo o pagamento de R$ 12,1 bilhões.
Valor total do ressarcimento pedido (incluindo multas): R$ 38,1 bilhões.
Os crimes já denunciados envolvem pagamento de propina de cerca de
R$ 6,4 bilhões.
R$ 3,6 bilhões são alvo de recuperação por acordos de colaboração,
sendo R$ 745,1 milhões objeto de repatriação.
R$ 2,4 bilhões em bens dos réus já bloqueados.
Até o momento são 105 condenações, contabilizando 1.148 anos, 11 meses e 11 dias de pena.

Fonte: MPF (2016)

- Figura 6 -

Resultados da Operação Lava Jato no STF

1.337 manifestações
162 buscas e apreensões
147 quebras de sigilo fiscal
168 quebras de sigilo bancário
121 quebras de sigilo telefônico
3 quebras de sigilo telemático
2 quebras de sigilo de dados
16 sequestros de bens
4 sequestros de valores
81 inquéritos com 364 investigados entre pessoas físicas e jurídicas
14 denúncias em 17 inquéritos com 45 acusados
3 ações penais
41 acordos de colaboração premiada homologados perante o STF
R$ 79 milhões repatriados.

Fonte: MPF (2016)

Também foi estabelecida uma força-tarefa no estado do Rio de Janeiro para investigar crimes de corrupção acerca dos contratos da subsidiária da Eletrobras, a Eletronuclear. Este grupo foi criado em 2016 após haver indícios de possíveis irregularidades em contratos da usina nuclear Angra 3.

Em São Paulo, foi instaurada uma força-tarefa para investigar uma organização criminosa relacionada à empresa Consist. Além disso, foi estabelecida uma força-tarefa no Distrito Federal para investigar um esquema de corrupção no Conselho de Administração de Recursos Fiscais.

Dessas experiências, o Ministério Público Federal passou a comandar uma campanha nacional das chamadas "*10 medidas contra a corrupção*", que foi inicialmente proposta por membros da força-tarefa da Lava Jato de Curitiba.

As dez medidas são propostas de alterações legislativas para, segundo seus autores, melhorar o combate à corrupção e tornar mais efetivas as condenações dos acusados.

A campanha institucional possui um site[267] de divulgação de propaganda institucional, hospedado no domínio oficial do MPF, inclusive com venda de material publicitário em apoio à campanha. A página, que não é atualizada desde 2020, traz um evidente apelo do Ministério Público Federal por engajar a opinião pública a aderir à campanha, defendendo que são medidas essenciais para que uma nova realidade no combate à corrupção seja instituída no país.

Concretamente, o Ministério Público Federal propunha alterações legislativas para permitir a eficiência da punição, em forma de projeto de iniciativa popular, arrecadando mais de 2 milhões de assinaturas na proposta.

Assim, em 29 de março de 2016, foi apresentado o Projeto de Lei n° 4850/2016, que reuniu todas as propostas contidas nas *"10 medidas contra a corrupção"*.

Entre as modificações propostas, estava acrescentar o art. 579-A ao Código de Processo Penal, estabelecendo a possibilidade de execução imediata da condenação quando houvesse o reconhecimento do abuso do direito de recorrer[268]. Em segundo lugar, alterar o art. 609 para revogar os embargos infringentes e de nulidade e vedar embargos de declaração. Em terceiro lugar, alterar o *habeas corpus* para impedir o reconhecimento de nulidades processuais por meio do remédio constitucional.

A campanha *"10 medidas contra a corrupção"* é, sem dúvida, uma patologia de conflito institucional que aparece no Ministério Público Federal quando a instituição quer se ver reconhecida pela população pelo seu discurso punitivo e não ter sua legitimidade auferida por atuar no cumprimento do respeito aos direitos humanos e fundamentais.

Além disso, o uso das megaoperações criminais e os manifestos de cunho político que seus membros produzem para "alertar" a população sobre a necessidade de se incorporar no discurso político

---

[267] Vide: https://dezmedidas.mpf.mp.br/.

[268] Lembra-se aqui da competência do procurador da República para representar por abuso do direito individual ou político criado pelo art. 151 da Constituição de 1967.

criminal do chamado "populismo penal" dão a dimensão do sintoma desse conflito institucional no qual uma instituição que, normativamente, recebeu uma atribuição de ser uma função de garantia, quer se ver legitimada popularmente pela vontade majoritária de ocasião[269].

Aliado a isso, está o total apagamento das demais funções institucionais do Ministério Público Federal no relatório de resultados de 2015-2016, sendo a instituição convertida exclusivamente na agência de persecução criminal, que quer ser legitimada a atuar nesse sentido, ancorada na opinião popular.

O Ministério Público Federal deixa, pelo menos a partir daqui, de ser uma instituição de garantias, rompendo com a normatividade constitucional e se convertendo na instituição de garantias antigarantista, ou em uma instituição de governo não legitimada pela política ordinária, mas por um uso político mascarado de juridicidade, ou, como vem sendo pesquisado por Antonio Santoro, instrumento de *lawfare*.

Por sua vez, o Relatório de resultados do procurador-geral da República (PGR) Rodrigo Janot para o período de 2015 até 2017[270] procura demonstrar os objetivos atingidos e aqueles que ainda não o foram no intervalo que compreendeu a gestão.

O documento se divide em 3 partes, que são: os resultados da atuação da Procuradoria-Geral da República; os resultados da atuação do Ministério Público Federal (MPF); e a atuação do Conselho Nacional do Ministério Público (CNMP).

O Procurador-Geral da República Rodrigo Janot abre o relatório com entusiasmo em relação aos resultados da Operação Lava Jato, como sendo a estratégia mais bem-sucedida da história no combate à

---

[269] SANTORO, Antonio Eduardo Ramires; CYRILLO, Carolina. As Forças-Tarefas do Ministério Público Federal: o discurso político punitivo anticorrupção na instituição de garantias. *Revista Brasileira de Direito Processual Penal*, Porto Alegre, v. 6, n. 3, p. 1271-1300, 2020.

[270] BRASIL. Ministério Público Federal. Relatório de resultados do Procurador-Geral da República: diálogo, unidade, transparência, profissionalismo, efetividade: 2015-2017. Ministério Público Federal. Brasília: MPF, 2017.

corrupção. Rodrigo Janot diz que a organização da Operação Lava Jato só foi possível porque a Constituição Federal de 1988 transformou o Ministério Público em instituição autônoma e independente, incumbindo-lhe a defesa da ordem jurídica, do regime democrático, dos interesses sociais e individuais indisponíveis.

O documento, então, descreve a trajetória histórica da Operação Lava Jato, que vai de uma investigação a postos de gasolinas e lava-jatos em 2014, até se tornar uma megaoperação investigando as mais altas instâncias do sistema político nacional.

Fora a Operação Lava Jato, o documento destaca outras mega investigações de corrupção que ocorreram no período abordado, destacando as operações Zelotes, Sepsis, Greenfield e Cui Bono em Brasília. Há também a operação Ararath, que se encerrou em 2016.

- Figura 7 -

Fonte: MPF (2017)

O documento segue montando um panorama da atuação da Operação Lava Jato em suas perspectivas regionais: Paraná, Rio de

Janeiro e São Paulo. São abordados também o Distrito Federal e outras unidades federativas de forma menos detalhada.

No Paraná, o epicentro da operação, sua força-tarefa contou com 11 integrantes e 3 colaboradores e com mais de 1.765 procedimentos, 877 buscas e apreensões, 158 acordos de colaboração premiada e 10 acordos de leniência, além de serem promovidos 303 pedidos de cooperação internacional, resultando em 67 acusações criminais contra 282 pessoas, para as quais 34 houve sentença pelos crimes de corrupção contra o Sistema Financeiro Internacional, de tráfico transnacional de drogas, de organização criminosa, de lavagem de dinheiro, entre outros.

No Rio de Janeiro, houve a força-tarefa criada em 2016 para investigar irregularidades na subsidiária da Eletrobras, a Eletronuclear. A esta somam-se as operações Eficiência e Calicut, investigando grandes esquemas de propina e desvio de dinheiro público. A Operação Lava Jato do Rio de Janeiro apresentou os seguintes resultados, segundo o relatório, conforme a Figura 8.

- Figura 8 -

Fonte: MPF (2017)

Já no estado de São Paulo, a força-tarefa composta por três procuradores investigou o ex-ministro Paulo Bernardes e outras 12 pessoas relacionados a atividades criminosas em torno da empresa Consist. Da força-tarefa, seguiram-se mais de 13 inquéritos no período de 2015 a 2017.

No Distrito Federal, essas investigações tramitam em decorrência de informações adquiridas pela operação, envolvendo ações penais e de improbidade administrativa que surgiram da colaboração premiada das empresas Andrade Gutierrez, Odebrecht e J&F.

Dentro do gabinete de Rodrigo Janot, um grupo de trabalho foi instaurado no ano de 2015, com o intuito de fornecer ajuda ao procurador-geral da República para analisar fatos e processos relacionados à Operação Lava Jato, em relação às atuações de sua prerrogativa.

Desde então, o procurador-geral da República pediu abertura de inquérito em 28 oportunidades, envolvendo 55 pessoas relacionadas a depoimentos de Paulo Costa e Alberto Youssef.

Outro destaque da Operação Lava Jato foi a realização de delação premiada, a maioria realizada com executivos das empresas Odebrecht e Braskem.

O documento aborda, ainda, os supostos benefícios da delação premiada para a investigação e explica como tal instituto funciona. A delação premiada é prevista no artigo 6 da Lei n° 12.850/2013.

O documento continua reconhecendo as críticas comuns à instituição da delação premiada, anunciando que a prática está conforme com os tratados internacionais, em especial o art. 26 da Convenção de Palermo, que determina medidas para encorajar pessoas envolvidas com o crime organizado a colaborarem com a investigação em troca de redução de pena ou imunidade.

Com o crescimento da Operação Lava Jato, outras empresas e instituições estrangeiras começaram a ser envolvidas na operação, como, por exemplo, executivos da Odebrecht implicaram empresas latino-americanas e africanas.

Consta que o Ministério Público Federal fez 303 pedidos de cooperação internacional, dos quais 39 apenas envolviam o esquema da Odebrecht, em 14 países. O relatório aponta que, até 2017, uma cifra de 757 milhões de reais havia sido recuperada do exterior por meio de delações premiadas, e destes, 680 milhões já foram repatriados pelas forças-tarefas do Rio de Janeiro e Paraná. Entretanto, esclarece ainda o relatório, encontravam-se bloqueados no exterior 3,2 bilhões de reais.

O entusiasmo do Ministério Público Federal em retratar exclusivamente a sua atuação, no período, como sendo exclusivamente voltada ao combate à corrupção, teve que ser interrompido, pois a instituição foi obrigada a deter sua atenção a duas questões, que aparecem com menor importância no relatório de atuação, mas que são de extrema relevância para as funções normativas constitucionais do Ministério Público. São elas: 1) o "acidente de Mariana", ocorrido em novembro de 2015, para o qual foi criada a Força-Tarefa Rio Doce

(FTRD) com o objetivo de investigar a ocorrência do desastre socioambiental, nas esferas civil e criminal; e 2) a instituição da Força-Tarefa Avá Guarani, com o objetivo de investigar e prevenir crimes contra povos indígenas e solucionar conflitos fundiários do Mato Grosso do Sul.

Fora essas duas rápidas menções que estão no relatório, o retrato institucional do Ministério Público Federal é o mesmo do ano anterior: agência de persecução criminal, cuja prioridade institucional é a Lava Jato e seus desdobramentos, seja em âmbito de atuação jurisdicional com os processos nos quais atuam as forças-tarefa, seja no empoderamento do discurso político de legitimar suas ações penais pela opinião popular.

A essa altura, a Operação Lava Jato estava na fase do núcleo político e diversas eram as suas atuações nesse sentido. Escapa ao objeto deste livro analisar os efeitos da Lava Jato no ambiente de tensão da democracia, embora se saiba que foram muitos[271].

Note-se que em toda a gestão de Rodrigo Janot, por mais que fosse interessante manter a fórmula de análise qualitativa dos relatórios de gestão, mantendo-se a posição institucional pelas três funções essenciais do Ministério Público Federal – penal, direitos humanos e direito constitucional –, a prevalência e os esforços da instituição na Operação Lava Jato tornaram secundários os destaques na proteção dos direitos humanos e na atuação constitucional, no sentido estrito.

Além disso, a atuação das forças-tarefa aliada às campanhas midiáticas para aprovação de pautas políticas do Ministério Público Federal impediu que a instituição se desenvolvesse conforme os padrões do *dever ser* de uma instituição de garantias, como exaustivamente conceituado no primeiro capítulo deste livro.

A implementação fiel da prioridade do 1º PEI 2011-2021, a saber, ser o Ministério Público Federal reconhecido pelo combate à corrupção, na gestão de Rodrigo Janot, conduziu a instituição para se

---

[271] Por todos, KERCHE, Fábio; MARONA, Marjorie. *A política no banco dos réus*: a Operação Lava Jato e a erosão da democracia no Brasil. São Paulo: Autêntica, 2022.

transformar no avesso daquilo para o que ela foi desenhada pela Assembleia Nacional Constituinte. Ou seja, uma instituição de garantia antigarantista, porque se transformou em uma instituição de governo (no caso, em governo de oposição) que pautou sua atuação exclusivamente legitimada pela opinião popular majoritária e não por sua legitimidade em proteger direitos. Nesse sentido, o Ministério Público exerceu poder.

Por fim, não há qualquer destaque específico da atuação da Procuradoria Federal dos Direitos do Cidadão (PFDC) nos relatórios da gestão Rodrigo Janot, embora esse seja um setor fundamental do Ministério Público Federal para sua função como instituição de garantias.

3.3. A gestão Raquel Dodge na luta pela Defensoría del Pueblo?

Entre 18 de setembro de 2017 e 17 de setembro de 2019, Raquel Elias Ferreira Dodge assumiu a Procuradoria-Geral da República, e, com isso, a chefia do Ministério Público Federal. Raquel Dodge foi nomeada por Michel Temer, tendo ficado em segundo lugar da lista tríplice informal da Associação Nacional dos Procuradores da República (ANPR), substituindo o seu antecessor, Rodrigo Janot.

Raquel Dodge fez uma única gestão, deixando um único relatório, o Relatório de Gestão da Procuradoria-Geral da República[272], que, em termos quantitativos e qualitativos, para melhor contextualizar o presente subtópico, será utilizado para caracterizar a gestão.

O relatório de Raquel Dodge pode ser lido a partir de dois principais destaques:

---

[272] BRASIL. Ministério Público Federal. *Relatório de gestão da Procuradoria-Geral da República*: set 2017/set 2019: combate à corrupção, direitos humanos, eficiência, transparência, memória institucional, celeridade, defesa da democracia. Brasília: MPF, 2019. Disponível em: https://www.mpf.mp.br/portal/o-mpf/sobre-o-mpf/gestao-estrategica-e-modernizacao-do-mpf/sobre/publicacoes/publicacoes-arquivos/relatorio-atuacao-pgr-2019-2020.pdf?nocache100.

(i) de caráter *institucional,* abrangendo a "Apresentação", "Aperfeiçoamento da estrutura de trabalho", "Relações institucionais", "Atendimento ao Público Externo", "Comunicação Pública" e "Gestão administrativa, de pessoal e orçamentária"; e

(ii) de caráter *performativo,* englobando temas-chave para a compreensão da atuação do Ministério Público Federal, como "Atuação da Procuradora Geral da República em números", "Atuação criminal e combate à corrupção", "Constitucional", "Direitos humanos e defesa coletiva", "Cooperação internacional em números" e "Função Eleitoral".

Em termos quantitativos, é possível extrair do Relatório um total de 38.255 (trinta e oito mil, duzentos e cinquenta e cinco) manifestações de órgãos vinculados ao gabinete da Procuradoria-Geral da República, como é possível conferir na Figura 11.

Em relação à atuação em Cortes Superiores (STF e STJ), em matéria criminal, o Ministério Público Federal instaurou 96 inquéritos, apresentou 64 denúncias, as quais tiveram por alvo 222 denunciados, bem como apresentou 19 pedidos de homologação de colaboração premiada.

Quanto à cooperação internacional, tanto na modalidade ativa quanto na modalidade passiva, foram abertos 2.484 (dois mil, quatrocentos e oitenta e quatro) procedimentos[273].

---

[273] BRASIL. Ministério Público Federal. *Relatório de gestão da Procuradoria-Geral da República – set 2017/set 2019:* combate à corrupção, direitos humanos, eficiência, transparência, memória institucional, celeridade, defesa da democracia. Brasília: MPF, 2019, p. 14. Disponível em: https://www.mpf.mp.br/portal/o-mpf/sobre-o-mpf/gestao-estrategica-e-modernizacao-do-mpf/sobre/publicacoes/publicacoes-arquivos/relatorio-atuacao-pgr-2019-2020.pdf?nocache100.

- Figura 11 – Quantidade de manifestações por assessoria jurídica e secretaria vinculadas ao gabinete da PGR

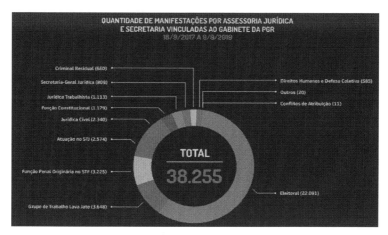

Fonte: MPF (2019)[274].

Em termos qualitativos, em razão dos recortes já estabelecidos, serão priorizadas as análises de três eixos dentro do perfil performativo apresentado no referido Relatório, quais sejam: (i) atuação em matéria penal; (ii) atuação em matéria constitucional; e (iii) atuação em matéria de direitos humanos.

A atuação em matéria criminal, notadamente no que se refere ao combate à corrupção e englobando desde a instauração de investigações até a fase executória, foi mantida como um dos principais "focos de atuação" da gestão de Raquel Dodge, totalizando 64 denúncias às Cortes Superiores, o que significou mais de 220 pessoas denunciadas[275]. Destaca-se que, embora tenha sido indicada pelo Presidente Michel Temer para o cargo, manteve independência em relação aos processos criminais e em relação a ele.

---

[274] BRASIL. Ministério Público Federal. *Relatório de gestão da Procuradoria-Geral da República*: set 2017/set 2019: combate à corrupção, direitos humanos, eficiência, transparência, memória institucional, celeridade, defesa da democracia. Brasília: MPF, 2019. p. 13. Disponível em: https://www.mpf.mp.br/portal/o-mpf/sobre-o-mpf/gestao-estrategica-e-modernizacao-do-mpf/sobre/publicacoes/publicacoes-arquivos/relatorio-atuacao-pgr-2019-2020.pdf?nocache100.

[275] *Ibid.*, p. 27.

Em se tratando do STF, em termos de matéria criminal, é possível extrair do Relatório a seguinte tabela de atuação:

Tabela 1 – Quantitativo das principais peças produzidas até 9/9/2019

Denúncias	42
Denunciados	126
Memoriais	37
Medidas cautelares	90
Requerimentos de instauração de inquérito	80
Pedidos de declínio de competência	345
Pedidos de homologação de colaboração premiada	11
Manifestações	6.873

Fonte: MPF (2019)

[276].

Em consequência, para ilustrar a performance do Ministério Público Federal, optou-se por trazer a sua atuação em três situações distintas: (i) o caso "Geddel Vieira Lima"; (ii) a Operação Sanguessuga; e (iii) o caso "Aldemir Bendine".

Trata-se de três casos especiais de atuação do Ministério Público Federal no STF, os quais desenham, respectivamente, a atuação na fase pré-processual ou investigatória, na fase de persecução penal e em uma anulação de sentença que, para o Ministério Público Federal, poderia representar grave ameaça ao combate à corrupção.

É sempre importante destacar que, na abertura do relatório, a procuradora-geral expôs que a atuação criminal e o combate à corrupção seguiram sendo prioridades de atuação na sua gestão, embora o Ministério Público Federal tenha uma gama de atuações que vai para além disso.

Quanto ao caso "Geddel Vieira Lima", a Secretaria da Função Penal Originária (SFPO) consolidou as investigações necessárias para que, dentro das 42 denúncias apresentadas ao STF, uma delas pôde ter como denunciado o ex-ministro Geddel Vieira Lima (PMDB) do

---

[276] BRASIL. Ministério Público Federal. *Relatório de gestão da Procuradoria-Geral da República: set 2017/set 2019:* combate à corrupção, direitos humanos, eficiência, transparência, memória institucional, celeridade, defesa da democracia. Brasília: MPF, 2019. p. 31. Disponível em: https://www.mpf.mp.br/portal/o-mpf/sobre-o-mpf/gestao-estrategica-e-modernizacao-do-mpf/sobre/publicacoes/publicacoes-arquivos/relatorio-atuacao-pgr-2019-2020.pdf?nocache100.

governo Lula (ministro da Integração Nacional) e do governo Temer (ministro-chefe da Secretaria de Governo) bem como seu irmão, o deputado federal Lúcio Vieira Lima. As investigações no âmbito da SFPO tiveram como origem a apreensão de R$ 51.000.000,00 (cinquenta e um milhões de reais) no apartamento de Geddel, em Salvador, na Bahia[277].

Em relação à Operação Sanguessuga, tem-se um exemplo de atuação do MPF durante a instrução da persecução penal. Isto é, mediante a produção de pareceres, memoriais, alegações finais, pedidos de prioridade, etc., o MPF acabou por realizar *front* para o estrito cumprimento de decisões monocráticas ou colegiadas do STF. Assim, em ações penais ligadas à Operação Sanguessuga, tendo como exemplo as Ações Penais nº 644/MT, 694/MT, 958/DF, tiveram suas reverberações em razão dos pedidos de prioridades protocolados[278].

No tocante ao caso "Aldemir Bendine", o Ministério Público Federal recebeu a anulação da sentença com maus olhos. Por "questões de forma", em 27 de agosto de 2019, a Segunda Turma do Supremo Tribunal Federal acabou por anular a decisão condenatória de primeira instância contra Aldemir Bendine, ex-diretor do Banco do Brasil e da Petrobras. Isso porque, como o réu era delatado, a Segunda Turma entendeu que este deveria apresentar suas alegações finais após os demais réus, colaboradores[279].

A subversão do entendimento do Ministério Público Federal a respeito do que significa o "devido processo criminal", com garantias processuais constitucionais, é tamanha que há um uso retórico de diminuição da sua importância como se isso não implicasse em violação de direitos.

---

[277] *Ibid.*, p. 29.

[278] BRASIL. Ministério Público Federal. *Relatório de gestão da Procuradoria-Geral da República: set 2017/set 2019:* combate à corrupção, direitos humanos, eficiência, transparência, memória institucional, celeridade, defesa da democracia. Brasília: MPF, 2019. p. 29. Disponível em: https://www.mpf.mp.br/portal/o-mpf/sobre-o-mpf/gestao-estrategica-e-modernizacao-do-mpf/sobre/publicacoes/publicacoes-arquivos/relatorio-atuacao-pgr-2019-2020.pdf?nocache100.

[279] *Ibid.*, p. 32.

Por sua vez, a atuação do Ministério Público Federal, em matéria criminal, perante o STJ, também pode ser trazida à discussão. Em termos quantitativos, é possível extrair do Relatório a Tabela 2:

Tabela 2 – Quantitativo das principais peças enviadas ao STJ

Denúncias	22
Denunciados	96
Memoriais	2
Medidas cautelares	32
Requerimentos de instauração de inquérito	16
Pedidos de declínio de competência	83
Pedidos de homologação de colaboração premiada	8
Manifestações	2.574

Fonte: MPF (2019)   [280].

Dando continuidade, a atuação do MPF no STJ, em termos materiais, encontra-se estritamente estimulada, como em relação à atuação no STF. Um exemplo disso é relativo ao caso "Marielle Franco e Anderson Gomes". A execução de Marielle Franco, então vereadora do município do Rio de Janeiro, e Anderson Gomes, seu motorista, teve seu inquérito instaurado pelo MPF, sendo o último inquérito instaurado na gestão de Raquel Dodge[281].

Outro enfoque da gestão de Raquel Dodge na PGR foi a seara do controle de constitucionalidade, em sentido geral, e a apresentação de ações diretas de inconstitucionalidade (ADIs) e arguições de descumprimento de preceito fundamental (ADPFs), em sentido estrito[282]. O órgão especializado vinculado à Procuradoria-Geral da República é a Secretária da Função Constitucional (SFConst), que totalizou 1.179 (mil, cento e setenta e nove) manifestações em ações de controle de constitucionalidade de assuntos que envolviam, entre

---

[280] *Ibid.*, p. 33.

[281] BRASIL. Ministério Público Federal. *Relatório de gestão da Procuradoria-Geral da República: set 2017/set 2019:* combate à corrupção, direitos humanos, eficiência, transparência, memória institucional, celeridade, defesa da democracia. Brasília: MPF, 2019. p. 33. Disponível em: https://www.mpf.mp.br/portal/o-mpf/sobre-o-mpf/gestao-estrategica-e-modernizacao-do-mpf/sobre/publicacoes/publicacoes-arquivos/relatorio-atuacao-pgr-2019-2020.pdf?nocache100.

[282] *Ibid.*, p. 35.

outras coisas, direitos humanos, matérias criminais e matérias eleitorais[283].

Desse total, é possível sintetizar os diversos tipos de manifestação protocolados pela SFConst na Tabela 3, de acordo com o Relatório de Gestão, até a data de 9 de setembro de 2019:

Tabela 3 – Manifestações protocoladas pela SFConst

Aditamento de inicial	11
Inicial de ADI	51
Inicial de ADPF	5
Inicial de Consulta de Matéria Eleitoral	1
Inicial de Mandado de Segurança	1
Apresentação de Memoriais	23
Ciência	548
Pareceres diversos	539

Fonte: MPF (2019)[284].

[284]

Em termos qualitativos, a atuação do MPF no controle de constitucionalidade abrange a mais variada gama de temáticas. Para fins do recorte aqui estabelecido e pretendendo uma ilustração didática, torna-se interessante analisar as ADIs e ADPFs a partir de dois eixos: (i) matéria criminal; e (ii) matéria de direitos humanos.

Quanto às ações de controle de constitucionalidade em matéria criminal, destaca-se a ADI nº 5.874, contra o Decreto nº 9.246/2017 de Michel Temer relativo ao indulto de Natal. Para Raquel Dodge, para que se zelasse a moralidade administrativa, dispositivos do Decreto que perdoavam multas pecuniárias configurariam renúncia de receita por parte do Poder Público. Ainda, entendeu que os dispositivos que possibilitavam o indulto, mesmo em processos nos quais ainda cabiam recursos, eram um desrespeito ao Poder Judiciário e à Constituição, o que era corroborado pela extensão do indulto a pessoas que também respondiam por crimes hediondos, contrariando o art. 5º, XLII, CRFB/88[285].

---

[283] *Ibid.*, p. 35.

[284] *Ibid.*, p. 36.

[285] RAQUEL Dodge propõe ADI contra decreto que definiu critério para concessão de indulto natalino. *MPF*, 27 dez. 2017. Disponível em: https://www.mpf.mp.br/pgr/noticias-pgr/raquel-dodge-propoe-adi-contra-decreto-que-definiu-criterio-para-concessao-de-indulto-natalino.

Outras duas ADIs que merecem destaque em matéria criminal são as ADIs nº 5.825 e 5.765, as quais pedem a declaração de inconstitucionalidade de leis estaduais que vedavam o decreto de medidas cautelares contra deputados estaduais. Em linhas gerais, a gestão de Raquel Dodge compreendia que "a execução da decisão condenatória criminal transitada em julgado independe da declaração da perda do mandato eletivo pelas respectivas Assembleias Legislativas"[286].

Em sede de ADPF, ainda, a procuradora-geral da República ajuizou questionamento de constitucionalidade contra a Portaria nº 666/2019, do então Ministério da Justiça e Segurança Pública do governo de Jair Bolsonaro.

Segundo Raquel Dodge, na petição da ADPF nº 619, a referida portaria violou inúmeros preceitos constitucionais, ao dispor sobre o impedimento de ingresso, repatriação e a consequente deportação sumária de "pessoa perigosa ou suspeita de praticar atos que contrariem a Constituição". Para Raquel Dodge,

> A possibilidade de retirada de estrangeiro do território nacional fundamentada em mera suspeita de ser "pessoa perigosa" ou envolvimento em atos contrários aos objetivos e princípios constitucionais, sem a garantia de prazos processuais administrativos razoáveis, de acesso a informações e de comprovação mínima da culpa violam os preceitos fundamentais da ampla defesa, contraditório, devido processo legal e presunção de inocência[287].

---

[286] BRASIL. MPF. *Relatório de gestão da Procuradoria-Geral da República: set 2017/set 2019*: combate à corrupção, direitos humanos, eficiência, transparência, memória institucional, celeridade, defesa da democracia. Brasília: MPF, 2019. p. 36. Disponível em: https://www.mpf.mp.br/portal/o-mpf/sobre-o-mpf/gestao-estrategica-e-modernizacao-do-mpf/sobre/publicacoes/publicacoes-arquivos/relatorio-atuacao-pgr-2019-2020.pdf?nocache100.

[287] PGR pede que STF suspenda portaria do Ministério da Justiça que prevê deportação sumária de pessoa "suspeita" ou "perigosa". *MPF*, 12 set. 2019. Disponível em: https://www.mpf.mp.br/pgr/noticias-pgr/pgr-pede-que-stf-suspensao-de-portaria-do-ministerio-da-justica-que-preve-deportacao-sumaria-de-pessoa-201csuspeita201d-ou-201cperigosa201d.

Em matéria de controle de constitucionalidade sobre direitos humanos, para os fins aqui pretendidos, destacam-se as seguintes ações: (i) ADPF nº 607; e (ii) ADPF nº 548.

A ADPF nº 607, ajuizada pela PGR, deu entendimento contrário ao Decreto nº 9.31/2019, o qual retirou do Mecanismo Nacional de Prevenção e Combate à Tortura (MNPCT) 11 cargos de peritos, realocando-os para o Ministério da Economia. Para a PGR, um dos argumentos centrais para a inconstitucionalidade do referido decreto é que invadiria a competência do Poder Legislativo, ao passo que o Poder Executivo editou um decreto regulamentar que alterava a estrutura de um órgão criado por lei[288].

A ADPF nº 548 foi ajuizada em razão do segundo turno das eleições gerais que ocorreram em 2018, contestando a constitucionalidade de atos judiciais e/ou administrativos que acabassem por afrontar a liberdade de expressão e a autonomia universitária[289].

A decisão por ajuizar a ADPF nº 548 por parte da procuradora-geral da República é bastante emblemática para exemplificar a relação entre as instituições de garantia primária dos direitos fundamentais e as instituições de garantia secundária, em um modelo garantista. Em breves palavras, quando os direitos fundamentais de liberdade acadêmica e de expressão, protegidos pelas universidades, não foram garantidos por ser a universidade autônoma em relação aos poderes majoritários, entrou em jogo a necessidade de a instituição de garantias secundárias (Ministério Público), com sua acionabilidade e autonomia em relação ao poder majoritário, assegurar os direitos fundamentais de liberdade acadêmica e de expressão que não estavam garantidos de forma suficiente pela autonomia das universidades.

---

[288] BRASIL. MPF. *Relatório de gestão da Procuradoria-Geral da República:* set 2017/set 2019: combate à corrupção, direitos humanos, eficiência, transparência, memória institucional, celeridade, defesa da democracia. Brasília: MPF, 2019, p. 37. Disponível em: https://www.mpf.mp.br/portal/o-mpf/sobre-o-mpf/gestao-estrategica-e-modernizacao-do-mpf/sobre/publicacoes/publicacoes-arquivos/relatorio-atuacao-pgr-2019-2020.pdf?nocache100.

[289] *Ibid.*, p. 37.

Em se tratando da atuação da procuradora-geral da República em matéria de direitos humanos, a primeira observação a ser feita é que o Relatório analisado a identifica no capítulo sobre "Direitos Humanos e defesa coletiva". Em sequência, imprescindível é destacar que, durante a gestão de Raquel Dodge, foi proposto ao STJ quatro Incidentes de Deslocamento de Competência (IDCs), com o objetivo de federalizar casos de graves violações de direitos humanos na esfera estadual.

Em linhas gerais, estes quatro IDCs são os seguintes: (i) caso "Favela Nova Brasília"; (ii) caso do "Conflito Agrário em Rondônia"; (iii) caso do "Sistema Socioeducativo do Espírito Santo"; e (iv) caso "Marielle Franco e Anderson Gomes". O primeiro trata das chacinas, o que demonstra a sua preocupação com a atuação de *defensoría del pueblo* do Ministério Público.

Por fim, mas não menos importante, na sua gestão, foi proposta a ADPF nº 568, que questionou a homologação, por parte da 13ª Vara de Curitiba, no âmbito da Operação Lava Jato, do Acordo de Assunção de Compromissos, firmado entre o Ministério Público Federal e a Petróleo Brasileiro S/A (Petrobras), no qual havia previsão de que os valores do acordo fossem destinados à uma fundação gerida pelos procuradores da República da Força-tarefa da Lava Jato, sob o argumento de que não é a função institucional constitucional do Ministério Público Federal gerir orçamento público e escolher de forma discricionária sua utilização.

Com todos esses exemplos, é possível dizer que a gestão de Raquel Dodge foi marcada por tentar calibrar as funções institucionais do Ministério Público Federal, rompendo com a condução linear de Rodrigo Janot, que entendia o Ministério Público Federal como tendo prioridade na atuação criminal.

De fato, Raquel Dodge tentou restaurar a função de *defensoría del pueblo* do Ministério Público Federal, que havia sido abandonada na implementação fiel do 1º PEI 2011-2021, na gestão anterior.

Além disso, há uma diminuição do peso institucional da Operação Lava Jato, principalmente pelo conflito da procuradora-geral com a equipe de Curitiba, bem representada pelo ajuizamento da ADPF n° 568 que questionava, justamente, os atos praticados pela força tarefa em Curitiba.

3.4. A gestão Augusto Aras e o Ministério Público de alinhamento (2019-2021). É preciso falar no PGR?

Augusto Brandão de Aras foi indicado em 5 de setembro de 2019 pelo então presidente da República, Jair Bolsonaro, para o cargo de procurador-geral da República. O presidente ignorou a lista tríplice informal da Associação Nacional dos Procuradores da República (ANPR), indicando Aras na forma que lhe faculta o art. 128 da Constituição Federal. Em 24 de agosto de 2021, o plenário do Senado aprovou sua recondução para a segunda gestão.

A atuação de Aras como PGR vai de 2019 a 2023, no entanto, como o recorte feito é o 1° PEI 2011-2021, o enfoque principal será para a primeira gestão, isso porque a partir da Portaria PGR/MPF n° 3, de 11 de fevereiro de 2022, foi instituído o 2° Mapa Estratégico do Ministério Público Federal, que vai de 2022 até 2027, estando em curso quando a pesquisa foi finalizada.

Sob o seu comando, até agora, foram produzidos os seguintes relatórios sobre a sua gestão: (i) Transparência e efetividade – Relatório de Destaques da Atuação – Set. de 2019 a set. de 2020[290]; e (ii) Pensamento e Ação – Procuradoria-Geral da República 2019 a 2021[291];

---

[290] BRASIL. Ministério Público Federal. *Destaques da Atuação*: Set/2019 a Set/2020. Procuradoria-Geral da República – transparência e efetividade. Brasília: MPF, 2020. Disponível em: https://www.mpf.mp.br/pgr/documentos/GAB_PGR_Destaques_Atuacao.pdf/view.

[291] BRASIL. Ministério Público Federal. *Pensamento e Ação* – Procuradoria-Geral da República 2019 a 2021. Brasília: MPF, 2021. Disponível em: https://www.mpf.mp.br/pgr/documentos/pensamento-e-acao-2019-2021.pdf.

e (iii) Destaques da Atuação da Procuradoria-geral da República – Setembro de 2021 a setembro de 2022[292].

O último relatório "Destaques da Atuação da Procuradoria-geral da República – Setembro de 2021 a setembro de 2022" não é objeto de recorte deste livro, já que foi elaborado com as diretrizes do 2º PEI 2022-2027.

Inicialmente, adota-se uma apresentação descritiva de cada relatório, que será analisado de forma crítica e mais detida posteriormente, segundo a mesma linha metodológica de verificar a atuação em matéria penal, em matéria de proteção dos direitos humanos e em relação ao controle de constitucionalidade.

O primeiro relatório, de 2019 a 2021, "Destaques da atuação: set./2019-set./2020"[293], foi organizado em capítulos nos quais cada um representa um mês. Para além da linha do tempo, o Relatório também organizou outros blocos de capítulos, organizados mês a mês, dedicados às atuações do Ministério Público Federal relacionadas à covid-19, apurações no sistema de justiça, corregedorias, correções, medidas administrativas, gestão orçamentária e cooperação internacional, que não serão objeto de atenção deste livro, tendo em conta a ênfase da análise das dimensões penais, constitucionais e de direitos humanos, da figura da gestão do procurador-geral da República, conforme será abordado de forma mais direta posteriormente.

Dito isso, cabe consignar um breve resumo dos principais pontos fixados neste relatório mês a mês.

---

[292] BRASIL. Ministério Público Federal. *Destaques da Atuação da Procuradoria-Geral da República*: Setembro 2021 – Setembro 2022. Disponível em: https://www.mpf.mp.br/pgr/documentos/GAB_PGR_Destaques_Atuacao.pdf/view.

[293] BRASIL. Ministério Público Federal. *Destaques da Atuação*: Set/2019 a Set/2020. Procuradoria-Geral da República – transparência e efetividade. Brasília: MPF, 2020. Disponível em: https://www.mpf.mp.br/pgr/documentos/GAB_PGR_Destaques_Atuacao.pdf/view.

o que, de outra sorte, poderia caracterizar igualmente o crime de denunciação caluniosa", apontou Aras.

Em maio, o destaque está no parecer encaminhado ao STF, no qual o procurador-geral da República opinou pela improcedência das ações diretas de inconstitucionalidade (ADIs) nº 5.790 e 5.793, que questionam a Resolução nº 181/2017, do CNMP. A norma dispõe sobre instauração e tramitação do procedimento investigatório criminal a cargo do Ministério Público.

Outro destaque está no parecer da Arguição de Descumprimento de Preceito Fundamental (ADPF) nº 442 enviado ao Supremo Tribunal Federal (STF). O procurador-geral da República, Augusto Aras, posiciona-se contrário à descriminalização da prática de aborto até a 12ª semana de gestação, recomendando que o tema seja tratado pelo Congresso.

Ainda em maio, o procurador-geral da República defendeu, em manifestação enviada ao Supremo Tribunal Federal, o levantamento do sigilo das partes do vídeo da reunião ministerial realizada em 22 de abril que tenham relação com o objeto do inquérito nº 4.831, que apura as declarações do ex-ministro da Justiça e da Segurança Pública Sergio Moro sobre o presidente Jair Bolsonaro.

Em junho de 2020, o foco está no memorial enviado ao STF na ADPF nº 572 – em que o partido Rede Sustentabilidade questiona o chamado Inquérito das Fake News (inquérito nº 4.781/DF). O procurador-geral da República defendeu o respeito ao sistema acusatório e a participação do Ministério Público no curso da investigação.

Também em junho de 2020, o Ministério Público Federal solicitou a prisão temporária, por cinco dias, de seis pessoas identificadas como líderes do acampamento 300 do Brasil, em Brasília. Os mandados de prisão foram cumpridos no âmbito do inquérito nº 4.828, aberto em abril a pedido da PGR para apurar a organização de atos antidemocráticos.

Em julho, ênfase para dois temas ambientais e de patrimônio envolvendo a Terra Indígena Urubu Branco, no estado de Mato Grosso, e a regulamentação de proteção a cavidades subterrâneas.

Em agosto de 2020, o procurador-geral da República encaminhou ao Supremo Tribunal Federal 22 ações diretas de inconstitucionalidade. A maioria questiona dispositivos de constituições estaduais de 17 unidades da Federação que concederam prerrogativa de foro perante os Tribunais de Justiça para autoridades estaduais.

Além disso, é criado o Grupo de Atuação Especial de Combate ao Crime Organizado (GAECO) do Ministério Público do Paraná.

Também em agosto de 2020, em sessão plenária do Supremo Tribunal Federal, o procurador-geral da República afirmou que "o Ministério Público não admite que governos espionem opositores políticos". A frase foi proferida no julgamento da ADPF nº 722, na qual a Rede Sustentabilidade questiona investigação sigilosa que teria sido aberta pelo Ministério da Justiça e Segurança Pública (MJSP) contra professores universitários e servidores federais e estaduais de segurança identificados como integrantes do "movimento antifascismo".

Por fim, ainda em agosto, em memorial encaminhado ao STF, o procurador-geral da República, na ADI nº 3.034, reitera a competência do Ministério Público para conduzir investigações criminais.

O documento destaca que essa prerrogativa já foi objeto de análise pelo Plenário da Corte em 2015, quando o colegiado, ao apreciar o Recurso Extraordinário nº 593.727 (Tema 184), decidiu que o MP detém poder investigatório próprio, desde que respeitados os direitos e as garantias conferidas a qualquer indiciado ou investigado. Nesse sentido, Aras ressalta que a mudança na jurisprudência traria insegurança jurídica, além de custos ao país.

No relatório, há também uma vasta coletânea de destaques a respeito da jurisprudência sobre a covid-19, no Supremo Tribunal Federal.

De forma mais analítica, em linhas gerais, a própria introdução do relatório enfatiza como principais marcas do primeiro ano da Atuação da PGR as seguintes: (i) combate à macrocriminalidade, com redução de 60% do acervo penal, e coibição de fraudes em matéria eleitoral; (ii) ajuizamento de 64 ações diretas de inconstitucionalidade e manifestação em cerca de 360 outras ADIs; e (iii) realocação de recursos para investimentos em hospitais e outras formas de atendimento da população em matéria de covid-19.

Vale conferir os dados em números apresentados pelo próprio relatório conforme a Figura 13:

PRINCIPAIS NÚMEROS

MATÉRIA CONSTITUCIONAL

Novas Ações Direta de Inconstitucionalidade:	**64**
Manifestações em ADIs e ADPF em curso:	**360**
Redução no acervo judicial:	**37,5%, de 240 para 150**
Redução no acervo extrajudicial (representações):	**64%, de 820 para 295**

MATÉRIA CRIMINAL

Denúncias:	**26**
Novos inquéritos:	**121**
Operações:	**20**
Número de denunciados:	**92**
Acordos de colaboração:	**19**
Multas negociadas:	**R$ 3 bilhões**
Investigados presos:	**27**
Declínios:	**67**
Recursos:	**247**
Investigados afastados:	**21**
Total de manifestações:	**21.958**

MATÉRIA ELEITORAL

Total de manifestações:	**7.698**
Recursos:	**898**
ACERVO JUDICIAL	
22/09/2019	**203**
21/09/2020	**164**
Redução de:	**19,21%**
Total de manifestações	**21.958**
ACERVO EXTRAJUDICIAL	
22/09/2019	**1.654**
21/09/2020	**66 procedimentos**
Redução de:	**96%**

COMBATE À COVID-19

Recursos destinados:	**R$ 2,2 bilhões**

Fonte: MPF (2020)

O combate à corrupção segue sendo, sem dúvida, a ênfase da gestão de Augusto Aras no período. Aliado a ela, alguns temas em matéria penal que são sensíveis e seguem a linha da agenda a respeito do modelo de sistema penal (ou criminal) que vem desenhado na epistemologia do Ministério Público Federal.

As teses em matéria de direito criminal consideradas "garantistas" são rechaçadas nas atuações do procurador-geral e de todo Ministério, principalmente aquelas que dizem respeito ao cumprimento de pena antes do trânsito em julgado, aos Poderes Investigativos Criminais do Ministério Público e à descriminalização do aborto, tal como também constatado na pesquisa do Anuário do Ministério Público do Conjur em 2020[294].

A propósito, vale a pena abordar um pouco mais alguns desses temas.

O primeiro é a constitucionalidade do cumprimento de pena após a prisão em segunda instância. Em 23 de outubro de 2019, o procurador-geral manifestou-se pela constitucionalidade de cumprimento da pena após condenação em segunda instância. Augusto Aras defendeu expressamente a manutenção do entendimento adotado pela Corte em 2016, quando o Supremo Tribunal Federal mudou a tese então prevalente e decidiu pela constitucionalidade de o réu condenado em segundo grau começar a cumprir imediatamente a pena[295].

O segundo tema envolve o cumprimento imediato da pena aplicada por condenação nos crimes de competência do Tribunal do Júri. Em 15 de abril de 2020, o procurador-geral da República defendeu que, independentemente da quantidade de anos da condenação do réu, o cumprimento da pena aplicada pelo Júri deveria se dar de forma imediata. O seu memorial à Corte destacou, em termos normativos, que o art. 5 da Constituição prevê a competência privativa do Júri para julgar crimes dolosos contra a vida e determina a soberania de seus veredictos.

O terceiro tema diz respeito ao parecer de Augusto Aras, lavrado em 7 de maio de 2020, para o STF, posicionando-se pela improcedência das ADIs nº 5.790 e 5.793, que questionavam a Resolução nº 181/2017, do CNMP, sob o fundamento de que a norma

---

[294] CONSULTOR JURÍDICO. *Anuário do Ministério Público Brasil de 2020*: O Poder dos Poderes – O Ministério Público também governa o Brasil. São Paulo: Conjur, 2020.

[295] BRASIL. Ministério Público Federal. *Destaques da Atuação*: Set/2019 a Set/2020. Procuradoria-Geral da República – transparência e efetividade. Brasília: MPF, 2020. p. 17-18. Disponível em: https://www.mpf.mp.br/pgr/documentos/GAB_PGR_Destaques_Atuacao.pdf/view.

protege a autonomia funcional do Ministério Público, quando dispõe sobre instauração e tramitação do procedimento investigatório criminal a cargo do Ministério Público[296].

Além disso, diversos foram os destaques no relatório referentes a processos em casos em matéria penal com elevada publicidade e exposição pela mídia, como Anthony Garotinho, Renan Calheiros, Geddel Vieira Lima, Wilson Witzel e transações da JBS. Por exemplo, houve a rescisão do acordo de colaboração com executivos da JBS (outubro de 2019); o retorno de Anthony e Rosinha Garotinho à prisão (dezembro de 2019); investigação contra Renan Calheiros em inquérito que apura a "Guerra dos Portos" (fevereiro de 2020); denúncia de Ciro Nogueira por corrupção passiva e lavagem de dinheiro (fevereiro de 2020); recurso contra homologação de acordo de colaboração de Sérgio Cabral (fevereiro de 2020); denúncia do deputado Paulinho da Força por corrupção e lavagem de dinheiro; análise de representações contra o presidente da República (abril de 2020); revogação de decisões que concederam prisão domiciliar ao doleiro Dario Messer (abril de 2020); manifestação contrária à transferência de Geddel Vieira Lima (abril de 2020); abertura de inquérito para apurar declarações do ex-ministro da Justiça Sergio Moro (abril de 2020); abertura de inquérito para apurar violação da Lei de Segurança Nacional (abril de 2020); apuração de agressões sofridas por jornalistas em manifestação; PGR solicita novas diligências no inquérito nº 4831 (junho de 2020); divulgação de trechos de vídeo de reunião ministerial relacionados a inquérito (junho de 2020); manifestação do MPF contrária à anulação de condenação do ex-deputado Paulo Melo (junho de 2020); chacina de Unaí (MS); PGR defende execução provisória da pena imposta pelo Tribunal do Júri (junho de 2020).

Além disso, há o pedido do Ministério Público para que o STF determine a prisão temporária dos organizadores de atos contra a democracia (junho de 2020).

São inúmeros os casos midiáticos em matéria criminal relatados.

---

[296] *Ibid.*, p. 30.

Por sua vez, o procurador-geral da República teve uma atuação destacada no âmbito do ajuizamento de ações ou na elaboração de pareceres nas ações constitucionais, em temas envolvendo as liberdades, direitos dos povos indígenas, questões federativas, organização dos poderes e instituições de garantias.

Quanto aos direitos fundamentais, destaca-se a atuação do MPF no combate às *fake news* e a manifestação no sentido contrário à liminar que suspende decisões judiciais de bloqueio de perfis em redes sociais (agosto 2020).

Quanto aos direitos especificamente dos povos originários, houve estudos das consequências da construção de Itaipu sobre o povo Avá-guarani; a suspensão de reintegração de posse dos Guarani-Kaiowá (fevereiro de 2020); Código Florestal: defesa da modulação de efeitos de decisão do STF (março de 2020); e a manifestação contrária ao pagamento de indenização milionária a particulares por terra indígena (junho de 2020).

Também em tema constitucional, a discussão sobre pandemia da covid-19 desempenhou um papel central. Nessa temática, Augusto Aras opinou pelo não conhecimento da ADPF ajuizada pelo PT que contestava condutas do governo federal classificadas como omissivas ou comissivas no enfrentamento à pandemia. O parecer defendia que a ADPF não é o instrumento processual adequado para tal defesa bem como que o Poder Judiciário deveria se abster de interferir nas políticas públicas[297].

Quanto às instituições de garantias, houve a manifestação pela improcedência de ADIs que questionam norma do CNMP que autoriza poderes sobre investigação criminal ao Ministério Público (junho de 2020).

---

[297] BRASIL. Ministério Público Federal. *Destaques da Atuação*: Set/2019 a Set/2020. Procuradoria-Geral da República – transparência e efetividade. Brasília: MPF, 2020. p. 36. Disponível em: https://www.mpf.mp.br/pgr/documentos/GAB_PGR_Destaques_Atuacao.pdf/view.

Em matéria estritamente de direitos humanos, ainda que alguns temas relacionados aos direitos fundamentais e aos povos indígenas tenham sido objeto de atenção nas ações constitucionais, vale destacar a atuação em dois casos, envolvendo o povo indígena Ashaninka e a Terra Urubu Branco.

Quanto ao povo indígena Ashaninka, foi ressaltada a atuação na reparação decorrente do desmatamento irregular e ilegal em suas terras por meio de um acordo com FUNAI, AGU, espólio de Orleir Messias Cameli, Companhia Marmud Cameli e a Associação Ashaninka do Rio Amônia (Apiwtxa), que pôs fim a um processo que remonta à década de 1990. O acordo firmado envolvia 14 milhões em benefícios e os 6 milhões destinados a fundos de proteção aos direitos sociais[298].

Quanto à Terra Urubu Branco, foi solicitada uma audiência pública para dirimir o conflito social na Terra indígena Urubu Branco da etnia Tapirapé e encaminhado um pedido de suspensão de liminar proferida pelo desembargador do Tribunal Regional Federal, que havia suspendido os efeitos da decisão de primeira instância, em uma ação civil pública, que determinava a desocupação por não índios da referida terra indígena, em uma área de cerca de 167,5 mil hectares, demarcada por meio de decreto, nos municípios de Santa Terezinha, Confresa e Porto Alegre do Norte, na região leste de Mato Grosso[299].

Já o relatório "Pensamento e ação: Procuradoria-Geral da República: 2019-2021"[300] é uma verdadeira prestação de contas da primeira gestão de Agusto Aras à frente da Procuradoria- Geral da República.

Percebe-se uma mudança de percepção quanto a condução anterior, quando, na introdução do relatório, há menção de que na sua gestão houve a retomada normativa dos propósitos do Ministério Público Federal, lembrando que o papel do Ministério Público é ser

---

[298] *Ibid.*, p 25.

[299] *Ibid.*, p. 39-40.

[300] BRASIL. Ministério Público Federal. *Pensamento e ação*: Procuradoria-Geral da República: 2019-2021. Brasília: MPF, 2021. Disponível em: https://www.mpf.mp.br/pgr/documentos/pensamento-e-acao-2019-2021.pdf.

instituição permanente, essencial à função jurisdicional do Estado, incumbindo-lhe a defesa da ordem jurídica, do regime democrático e dos interesses sociais e individuais indisponíveis, como determina o art. 127 da Constituição Federal.

Augusto Aras destaca que deu prevalência ao papel na solução de conflitos e por meio de institutos despenalizadores, como os acordos de não persecução penal, de não persecução cível, de leniência e de colaboração premiada, e do uso do sistema de Justiça apenas após a tentativa de mediação extrajudicial, de modo a retomar a confiança da sociedade, especialmente dos setores econômicos, a fim de contribuir para a segurança jurídica, a redução do Custo Brasil, para a maior atratividade de recursos nacionais e estrangeiros.

Claramente, Augusto Aras está se referindo ao papel institucional do procurador-geral da República de alinhamento com os planos de governabilidade e do Poder Executivo, o que é, de certa forma, compatível com as suas atribuições unipessoais de procurador-geral da República.

Logo, o relatório é seguido de uma autoentrevista na qual Augusto Aras esclarece essas posições e acrescenta que aposta no direito penal negocial.

Por fim, merece um destaque a descrição de que, ao longo de toda sua primeira gestão, houve uma defesa ativa do sistema constitucional acusatório, que impõe a separação entre as dimensões instrutória, acusatória e decisória no processo penal, para que uma mesma pessoa não acumule as funções de investigar, acusar e julgar. Com esse propósito, foram apresentados questionamentos reiterados no âmbito do Inquérito das Fake News (4.781) e na ADPF nº 572, com o objetivo de impor balizas para a continuidade do inquérito aberto em 2018 pelo então presidente do Supremo Tribunal Federal[301].

---

[301] BRASIL. Ministério Público Federal. *Pensamento e ação*: Procuradoria-Geral da República: 2019-2021. Brasília: MPF, 2021. p. 36. Disponível em https://www.mpf.mp.br/pgr/documentos/pensamento-e-acao-2019-2021.pdf.

No mesmo sentido, destaca que, em maio de 2021, propôs ao STF uma ADPF, com pedido de liminar, para que toda a legislação processual penal referente à fase de investigação fosse interpretada em sintonia com o princípio acusatório previsto na Constituição.

O objetivo é que o juiz sempre ouça o Ministério Público, titular da ação penal, antes de decretar medidas cautelares e de proferir decisões que restrinjam direitos fundamentais dos cidadãos. A ADPF questiona omissões do Código de Processo Penal, da lei que trata de interceptações telefônicas, da lei que institui normas procedimentais para os processos perante o STJ e o STF e do Regimento Interno do Supremo. O procurador-geral da República pede que fique assentado que é imprescindível a manifestação do Ministério Público antes de o juiz decidir sobre pedidos de prisão provisória, interceptação telefônica ou captação ambiental, quebra dos sigilos fiscal, bancário, telefônico e de dados, busca e apreensão, entre outras medidas, quando não tiverem sido requeridas pelo Ministério Público.

Por fim, destaca que se manifestou no sentido de que deve ser admitido o uso da colaboração premiada em ação civil pública por ato de improbidade administrativa movida pelo Ministério Público, no tema 1.043 da sistemática da repercussão geral.

De forma analítica, pode-se dizer que Augusto Aras, na sua gestão, realinhou o posicionamento da função de procurador-geral da República, mantendo a posição histórica dessa instituição unipessoal que não é alheia ao fato de ser uma instituição delegada do presidente da República, ainda que não tenha subordinação a ele, já que recai sobre um procurador da República de carreira que tem prerrogativas de autonomia e independência (se quiser), na forma da Constituição.

3.5. Ministério Público Federal instituição de garantias e Procurador-geral da República instituição de governo?

Ao serem analisados, no presente capítulo, os dados relativos às gestões dos três procuradores-gerais da República que comandaram o Ministério Público Federal no período posterior à implementação do

1º PEI 2011-2021, é possível fazer algumas comprovações parciais, de forma mais instrumental, da discussão objeto geral deste livro.

A primeira delas é que, nas gestões, o peso da função criminal do Ministério Público Federal é, sem dúvidas, a prevalente na atuação da instituição.

É evidente que isto está manifesto no próprio 1º PEI 2011-2021, que foi realizado pelos membros do Ministério Público Federal e reflete exatamente como a corporação quer conduzir a instituição, a saber, ser reconhecida pelo combate à corrupção.

Com base nisso, há uma legitimidade interna corporis para que o procurador-geral da República, que é o chefe do Ministério Público Federal, conduza a instituição para essa prioridade definida.

A discussão é como essa prioridade institucional é encarada pelas gestões da Procuradoria-Geral da República.

A gestão sob a liderança de Rodrigo Janot (2013 a 2017) pode ser caracterizada como um período de um ativismo institucional, capitaneado em especial pelas ações relacionadas à Operação Lava Jato, que impulsionaram uma profunda judicialização da política, sempre com o discurso de que essa era a forma que tinha o Ministério Público Federal de defender o povo e a sociedade, sendo que, no discurso de legitimação da atuação, aparece que é essa a nova função normativa dada ao Ministério Público Federal pela Constituição de 1988.

O Ministério Público Federal se converteu em uma verdadeira agência de persecução criminal, atuando com base em medir sua eficiência pela quantidade de maxiprocessos realizados, em especial a prioridade institucional plena que obteve a Operação Lava Jato.

O questionamento a ser feito é: necessariamente, o combate à corrupção, prioridade institucional, só se concretiza com a Operação Lava Jato? Ou com a campanha publicitária para ver aprovado o projeto de lei que relativiza direitos fundamentais processuais, em nome das dez medidas de combate à corrupção? Não é possível combater a corrupção mantendo-se instituições de garantias de direitos fundamentais?

Assim, na gestão de Rodrigo Janot, verificou-se que os atores públicos, que receberam atribuição constitucional de garantidores dos direitos do povo, dos direitos fundamentais e da democracia, desviram a função para chamar a população a aderir a um discurso punitivo, por vezes, violador dos direitos fundamentais constitucionais e convencionais.

Nesse modelo, o que se tem é uma ruptura das garantias da Constituição operada, não pelos agentes criminosos ou por outros atores sociais, mas pelos próprios agentes públicos empoderados constitucionalmente e pertencentes a uma instituição de garantias como o Ministério Público Federal.

Na gestão Rodrigo Janot, o Ministério Público Federal abriu mão de ser uma instituição de garantia para ser uma instituição de governo, seguindo o comando do procurador-geral da República que a conduziu nesse sentido.

A gestão da Procuradoria-Geral da República sob a liderança de Raquel Dogde (2017 a 2019) pode ser descrita como um momento de relativa diminuição da temperatura política, de modo que se observa uma tentativa de moderação entre o ativismo e a autocontenção por meio do diálogo interinstitucional.

Embora tenha o discurso do combate à corrupção como linha de ação de sua gestão, Raquel Dodge impôs alguns freios à Operação Lava Jato, tirando-a da máxima prioridade institucional do Ministério Público Federal.

Em certa medida, Raquel Dodge tentou conduzir o Ministério Público para relembrar sua função de defensoría del pueblo, atuando com independência em relação à opinião pública e à instituição do presidente da República (quer como oposição política, quer como alinhamento).

Por fim, a primeira gestão da Procuradoria-Geral da República sob a liderança de Augusto Aras (2019 a 2021) é a afirmação de que a função do procurador-geral da República é de alinhamento com os propósitos do Poder Executivo, ainda que a instituição que ele comande, o Ministério Público Federal, tenha que atuar como uma instituição de garantia e não de governo.

Os seus relatórios de gestão traduzem fielmente que a instituição da Procuradoria-Geral da República tem competências normativas unipessoais, diversas e, por vezes, antagônicas àquelas do Ministério Público, quando este último precisa impor limites jurídicos à política de ocasião.

Assim, os relatórios comprovam que existe uma aporia normativa, que, às vezes, compromete a atuação empírica institucional, a saber, uma instituição que ostenta contradições internas quanto as suas atribuições (defensoría del pueblo e titular da ação penal), que é comandada por uma outra instituição de feições claramente políticas, que é a figura unipessoal de um caudilho institucional, que é o Procurador-Geral da República.

A forma com que o art. 128 desenhou institucionalmente o Ministério Público Federal, que acumulou a função de defensor do povo, como titular da ação penal e ainda manteve o chefe da instituição intimamente ligado à figura do presidente da República, parece ter causado a dificuldade de identidade do Ministério Público Federal, sendo para além de um problema de gestão empírica política, uma aporia normativa de difícil solução.

Portanto, por mais que se possa identificar que, normativamente, o Ministério Público Federal seja uma instituição de garantias, na forma delimitada no início desta pesquisa que deu origem a esse livro, o vínculo de subordinação institucional com a Procuradoria-Geral da República compromete normativamente essa identificação. E, quando isto é posto à prova empírica, vai comprovada essa afirmação.

CONSIDERAÇÕES FINAIS

Érico Verissimo, na década de 1950, em uma série de discursos recentemente compilados, na ainda chamada União Pan-americana[302], tentava explicar a necessidade de que fossem compreendidas as identidades que uniam a América Latina, como sendo uma região marcada pela dominação dos conquistadores europeus, mas que havia se estabelecido com suas desigualdades e ansiava por uma integração jurídico-política para progresso e desenvolvimento. Identificava que a unificação interamericana era o objetivo de sua libertação, desde os tempos de Simón Bolívar, que fora por ele denominado como o fundador de uma integração ou sistema interamericano.

Para Érico Verissimo, o contador de histórias e representante do departamento cultural do Brasil na Organização, seguindo os passos de Simón Bolívar, somente a partir de uma união interamericana, com reconhecimento da desigualdade extrema da América Latina e buscando sua constante integração política e jurídica, é que se poderia consolidar a verdadeira dimensão do respeito à liberdade, que era pujante nos anos 1950 do século XX na região.

Certamente, estava pensando no crescente desenvolvimento da América Latina no período imediatamente posterior à Segunda Guerra Mundial, em especial ao pensamento desenvolvimentista que vinha da escola econômica da Comissão Econômica para a América Latina e o Caribe (CEPAL), onde se formou uma gama de pensadores habilitados a promover uma constante consolidação da independência econômica da América Latina.

Entretanto foi justamente no período das ditaduras militares que a história dos países da América do Sul mais se aproximou, através da prática reiterada de crimes como tortura, desaparecimento forçado de pessoas, sequestro e homicídio, perpetrados por aqueles que ocupavam a titularidade dos poderes públicos. Tudo apenas alguns anos depois

---

[302] BORDINI, Maria da Glória; FAURI, Ana Letícia (org.). *Erico Verissimo na União Pan-Americana*: discursos 1953/1958. Rio de Janeiro: Makunaima, 2020.

da série de conferências de Erico Verissimo, também na segunda metade do século XX, em plena Guerra Fria.

Na verdade, a ideologia da ditadura fez com que os países da América do Sul conhecessem uma espécie de "integração" antes não experimentada, ancorada pela Doutrina de Segurança Nacional e suas normas, que foi a chamada de Operação Condor. Uma espécie de organização supranacional do terror de Estado, que pressupunha um acordo de inteligência militar entre os países da América do Sul, entre eles Argentina, Brasil, Bolívia, Chile, Paraguai e Uruguai.

Segundo McSherry, como foi visto no decorrer deste livro, a Operação Condor se organizava como um verdadeiro "sistema interamericano clandestino", altamente sofisticado de comando, controle, inteligência, troca de prisioneiros e operações combinadas. Um sistema que permitia aos agentes do regime agirem impunemente nos países associados e utilizarem estruturas clandestinas paralelas ao aparelho de Estado, para evitar a responsabilização e manter o máximo sigilo. Aquele considerado "suspeito" que fosse detido legalmente podia ser transferido para o sistema secreto Condor, no qual essa pessoa "desaparecia" e o Estado poderia negar a responsabilidade e o conhecimento sobre o paradeiro dela. A Condor empregava infraestruturas complexas e mecanismos encobertos de eliminação (tais como queimar corpos ou atirá-los ao mar).

O aparelho Condor contornou as estruturas judiciais e penais oficiais dos Estados, que se mantiveram em funcionamento durante os regimes militares, mas sem acesso ao sistema (ou colaborando clandestinamente com ele).

A Operação Condor representou uma verdadeira distorção do Estado de Direito e daquela integração interamericana desejada por Simón Bolívar, tão bem representada por Erico Verissimo em seus discursos. Afinal as mais altas autoridades dos países envolvidos concordaram em cooperar no empreendimento do terrorismo de Estado, que consistiu precisamente na total ausência de proteção dos direitos humanos de seus próprios cidadãos.

Esse contexto e com essa integração "indesejada" e "clandestina" é que fez emergir, nos países da América do Sul, um estado de coisas de tamanha violação de direitos humanos que influenciaria todos os sistemas normativos constitucionais posteriores a ela, principalmente nos processos de redemocratização e de construção de novas constituições ou das reformas constitucionais que ocorreram com o final da Operação e que tinham por objetivo definir as instituições públicas para um agir conforme a democracia.

Essa geopolítica da região, há mais de 10 anos, chamou-me a atenção como constitucionalista iniciante, que buscou na pesquisa mais aprofundada os conhecimentos sobre a matéria do direito constitucional, com os olhos da América do Sul. Era importante estabelecer o peso desse processo na região, a partir de uma historiografia que levava a constatar que os países envolvidos no processo da Operação Condor, com o final dela, conduziram-se a um processo de redemocratização de suas instituições e normas de hierarquia constitucional.

Nesse processo, alguns temas de direito constitucional começaram a chamar a minha atenção: o primeiro deles foi a íntima relação que as normas constitucionais novas dos pós-ditaduras, ou as profundas reformas constitucionais que ocorreram noutros países, mantinha com o *status* hierárquico do Direito Internacional dos Direitos Humanos, em especial a integração com o Sistema Interamericano de Direitos Humanos.

O segundo era a importância dos estudos de direito constitucional para as garantias jurisdicionais da primazia da constituição e os instrumentos processuais de garantia de direitos humanos e fundamentais.

O terceiro era o papel das reformas constitucionais, seu elo com o poder constituinte e com o redescobrimento dos processos constituintes, para engajamento da efetiva participação popular, de modo a estabelecer democracias.

E, em quarto lugar, a arquitetura dos poderes e a divisão das tarefas estatais, compreendidas pelo papel de certas instituições-chave, que apareciam como ponte de ligação entre os poderes e a população, que era a detentora de direitos fundamentais, protegidos por essas instituições.

Para cada um desses quatro temas, dediquei um papel especial na minha atividade acadêmica e na minha vida universitária no ensino, na pesquisa e na extensão nos últimos 10 anos.

Esses quatro temas reunidos me fizeram entender que existe uma espécie de movimento ou prática constitucional comum nos países sul-americanos, que convencionei chamar de *constitucionalismo sul-americano*. Alguns dizem que é um exercício de direito comparado, outros que é uma descrição geopolítica. Contento-me em dizer que faço uma breve historiografia focada na região, aplicada ao direito constitucional.

Nesse processo de construção das bases teóricas, para justificar de maneira normativa, e a partir da teoria e filosofia do direito, o processo do constitucionalismo sul-americano, voltei à leitura e ao estudo de um antigo tema de meu interesse na filosofia do direito, que foi o garantismo jurídico.

O contexto de pesquisa era bastante claro: uma expansão desenfreada da doutrina do neoconstitucionalismo, sobretudo nos estudos a respeito do papel da jurisdição constitucional na garantia de direitos humanos e fundamentais. E, uma explicação política do surgimento dos novos direitos e da retomada do papel da doutrina da vontade popular nos processos constituintes mais recentes, que trazia a doutrina do *nuevo* constitucionalismo latino-americano.

Nenhuma das duas teorias parecia convencer para explicar os dois temas que mais identificam o constitucionalismo da América do Sul, a saber a relação sinérgica do direito internacional dos direitos humanos e a proteção interna dos direitos fundamentais, a reorganização dos poderes de Estado e das funções públicas institucionais de proteção desses direitos humanos e fundamentais.

Foi assim que optei por focar este trabalho na matriz teórica do garantismo, como teoria do direito e da democracia, em uma versão que utiliza das premissas desenvolvidas por Luigi Ferrajoli, a partir da obra *Principia Iuris*, dando um especial enfoque na teoria do garantismo de matriz sul-americana, o que chamei de *garantismo sul-americano*. Isso porque foi construído a partir dos processos de redemocratização dos países da América do Sul, onde novas constituições ou reformas constitucionais proporcionaram discussões sobre novos arranjos institucionais que impactam na conformação da teoria do direito e da democracia constitucional na região.

A geopolítica de uma identidade regional levou-me a discutir, normativamente, a modificação do papel do Estado e das funções de governo e de garantia dos direitos humanos fundamentais, inclusive aqueles advindos dos tratados internacionais em matéria de direitos humanos, que são a consequência lógica da geopolítica regional, que, para mim, é o ponto fundamental da construção do direito constitucional contemporâneo na região.

Para isso, tentei estabelecer as bases teóricas desse *garantismo sul-americano* como marco teórico e que deu suporte à tese que embasa este livro.

Depois da identificação das características do *garantismo sul-americano*, foquei a discussão do constitucionalismo e da democracia na garantia institucional dos direitos humanos fundamentais, propondo, tal como o garantismo de Luigi Ferrajoli, um papel diferenciado entre funções de governo e funções de garantia, sendo que as últimas são aquelas que prevaleceram para dar suporte a essa teoria constitucional garantista dos direitos humanos e fundamentais, em uma democracia substancial.

Como ficou delineado, esse *garantismo sul-americano*, ou seja, a variação retórica do garantismo, não é uma teoria desvinculada das discussões regionais, principalmente quando foi fundamental estabelecer o vínculo entre as instituições de garantia e a história institucional da região, que é intimamente ligada à figura do presidente monológico e do papel unipessoal das instituições. Uma região que se caracteriza por ter instituições de Estado ligadas a uma espécie de caudilhismo, que mantém as "salas de máquinas" das instituições tão fechadas, que não permite a sua democratização, nem seu desenvolvimento como instituições de garantias de direitos fundamentais de forma plena, ou que idealmente vem normatizada no plano do dever ser.

No entanto foi possível comprovar que as novas constituições sul-americanas ou as profundas reformas constitucionais utilizaram de forma sistemática dessas funções ou instituições de garantias, que são instituições autônomas e independentes dos Poderes, que têm a missão de proteção dos direitos humanos e da democracia.

Instituições que são legitimadas extraordinariamente pelos poderes reconstituintes e que atuam como garantia daquelas parcelas do que, no garantismo, se convencionou a chamar de esfera do "indecidível". Ou seja, naquela parcela que corresponde a direitos humanos e fundamentais, que não estão sujeitos à decisão política majoritária de ocasião, uma vez que têm sua legitimidade baseada no fato de serem garantias para todos e não apenas para uma maioria.

Como foi estabelecido, essas instituições de garantia devem ter algumas características básicas para poderem atuar.

Em primeiro lugar, devem manter independência e autonomia em relação aos Poderes e às instituições de governo, por esse motivo, não podem ter a sua legitimidade de atuação baseada no princípio majoritário ou no calor das massas, ou ainda na satisfação de uma pulsão política. Devem atuar no respeito àquilo que foi conceituado da esfera do indecidível.

Em segundo lugar, devem ter recebido sua atribuição de forma democrática, sua instituição deve ter *status* constitucional ou devem ser instituídas considerando a legalidade de maneira democrática, tanto formal como substancial. Ou seja, devem ser instituições cuja legitimidade decorreu de democracias constitucionais e não da mera legalidade, ou instituídas para dar aparência de democracia.

Em terceiro lugar, devem possuir capacidade postulatória ou acionabilidade, caso contrário não têm mecanismos de efetiva atuação para salvaguardar direitos humanos e fundamentais, nem protegerem as instituições de garantia primária contra ataques ativos ou omissivos.

Assim, considerando a identificação dessas características, o contexto da América do Sul, resolveu-se estudar as instituições que cumprem esse propósito, por esse motivo, passou-se a analisar que os países anteriormente vinculados à Operação Condor institucionalizaram uma função de garantia que cumpria os requisitos teóricos de enquadramento, de modo a merecer uma discussão sobre elas. São as *Defensorías del Pueblo*, uma adaptação regional do *ombudsman* escandinavo.

Pode-se dizer que este fenômeno da expansão do *ombudsperson* surgiu como uma resposta à debilidade institucional de alguns Estados da América do Sul bem como após as graves violações cometidas durante as ditaduras militares e conflitos internos que atingiram a região, nos anos 1970 e 1980, razão pela qual lhes foi atribuída a principal tarefa de proteger os direitos humanos e fundamentais. O "*Ombudsman Criollo*" ou *Defensoría del Pueblo* é a melhor definição de uma instituição de garantias.

Foi por conta disso que a pesquisa que deu origem a este livro se ocupou de estudar essas instituições de garantias que são as *Defensorías del Pueblo* ou novos papéis dos Ministérios Públicos no Brasil.

E, por todos os motivos anteriormente citados, de ordem da teoria do constitucionalismo focado na América do Sul, foi feita a opção de recortar a análise naquela instituição que a Constituição Federal de 1988 elegeu como sendo a principal e mais arrojada fórmula de introdução de uma instituição de garantias no sistema constitucional brasileiro, que é o Ministério Público.

Para chegar na construção do modelo proposto pela Constituição Federal de 1988 para o Ministério Público, foi feita uma historiografia do papel do Ministério Público brasileiro. Nessa historiografia, foi possível identificar como o Ministério Público saiu do papel de defensor da Coroa para se tornar o defensor do povo.

A primeira constatação é que, desde a República, quando o papel de Ministério Público passa a ser relevante na ordem democrática, há uma divisão de tarefas e funções entre a Ministério Público como instituição e o procurador-geral da República como chefe dessa instituição, mas que responde com variáveis graus de subordinação ao presidente da República, que, no nosso modelo de monopresidente supremo, é o chefe de Estado e de governo. Portanto, na historiografia do Ministério Público, é possível verificar que o procurador-geral da República é um agente político, ou instituição de governo.

Além disso, também é possível comprovar que é justamente no período da ditadura cívico-militar brasileira que se iniciou, no dia 1º de abril de 1964, com o golpe ao presidente João Goulart, o período no qual o Ministério Público como instituição e o procurador-geral da República passam a acumular novas funções e prerrogativas.

Mas também foi possível identificar que o Ministério Público não era um todo equivalente. Havia uma diferença substancial entre os Ministérios Públicos dos Estados e o Ministério Público da União.

Os Ministérios Públicos dos Estados, no período de transição, patrocinaram uma proposta de tentativa de redemocratização da instituição Ministério Público, entendendo que, em uma perspectiva democrática, essa era a instituição habilitada para ter funções que eram diferentes de ser agente de persecução penal e advogados (ou corpo jurídico) do Poder Executivo. Por esse motivo, empreenderam a campanha de modificação do papel do Ministério Público, que ficou conhecido como o movimento da Carta de Curitiba.

De fato, se comprova que tiveram sua tarefa bem-sucedida, já que a Constituição Federal de 1988 estabeleceu que a função de defensor do povo deveria ser a nova função do Ministério Público, além de mantê-lo como titular da ação penal, tal como proposto pelas associações dos Ministérios Públicos dos Estados para os constituintes.

Portanto, graças a isso, o Brasil não tem uma instituição diversa do Ministério Público para a função de defensor do povo, como estava na proposta da Comissão de Estudos Constitucionais, conduzida por Afonso Arinos no anteprojeto de Constituição.

Com efeito, a Constituição modificou radicalmente a estrutura do Ministério Público, que tradicionalmente tem sua origem vinculada à subordinação de sua atuação ao Rei, para dotar o Ministério Público, institucionalmente, de funções e prerrogativas para lhe alçar constitucionalmente para ser a instituição de garantia dos direitos humanos fundamentais e da democracia (art. 127, da Constituição Federal de 1988), inclusive como controladora da atividade dos

Poderes, da atividade de polícia e das atuações de particulares tendentes a violar os bens públicos e os direitos coletivos como um todo. Além de lhe manter a tradicional função de titular da ação penal.

Esse novo e poderoso Ministério Público brasileiro é a perfeita descrição normativa de uma instituição dc garantias, tal como desenhada na matriz teórica do garantismo de Luigi Ferrajoli e que encontra instituições similares em todo o constitucionalismo contemporâneo da América do Sul, pelos motivos que se viu.

Entretanto, embora tenha a Constituição de 1988 criado o Ministério Público como uma instituição de garantias, com prerrogativas institucionais de independência e autonomia, manteve, no plano federal, a figura do procurador-geral da República com fórmula histórica de vinculá-lo ao presidente da República.

Além disso, não distribuiu ao Ministério Público Federal, de forma institucional, as funções unipessoais do procurador-geral da República, que é chefe da instituição, mas que segue atrelado de alguma forma ao Poder Executivo e se comporta como uma instituição de governo.

Também se constatou que essa fórmula unipessoal de condução institucional parece ser uma eterna herança do constitucionalismo das Américas, espelhada no modelo de presidencialismo *monopresidencialista* supremo, e que significa uma categoria de organização do poder concentrando do chefe da instituição, no caso o procurador-geral da República, que, ao final, compromete o projeto institucional de função de garantias pelo projeto pessoal de poder, como se constata do que consta no Capítulo 4.

Portanto, o objetivo final da tese de doutorado, que deu origem a este livro, foi tentar responder se esse modelo do Ministério Público Federal, que acumula função de defensor do povo com a titularidade da ação penal e tem por chefe o procurador-geral da República, é efetivamente uma instituição de garantias, no molde de um constitucionalismo garantista.

Para se chegar a essa resposta, demonstrou-se que a opção normativo-institucional da Constituição Federal de 1988 para o Ministério Público era de constituir uma instituição de garantias, dotada de autonomia em relação aos Poderes constituídos e com legitimidade para salvaguardar os direitos humanos fundamentais e a democracia. Para tanto, alterou-se, normativamente, o Ministério Público, criando uma instituição com dupla institucionalidade, que manteve a função de titular da ação penal (*parquet*) e acumulou a atribuição de *ombudsman,* que, para nós sul-americanos, deve ser entendida como a função de *defensor del pueblo.* Inclusive para *limitar* os poderes públicos constituídos, por meio da possibilidade de ação.

Entretanto essa aposta constitucional, que legitimou o Ministério Público como instituição de garantias no plano normativo, acabou gerando um potencial conflito interno dessa dupla institucionalidade, que de um lado é o braço persecutório e punitivo do aparato estatal e, de outro, tem a atribuição de defender a sociedade dos abusos do poder estatal, para atuar como instituição de garantia dos direitos humanos e da democracia.

Além disso, na órbita federal, manteve o chefe da instituição atrelado, necessariamente, ao chefe do Poder Executivo, comprometendo, em alguma medida, o desenvolvimento institucional como função de garantia dos direitos humanos e fundamentais, pois o procurador-geral da República age para legitimar-se como instituição de governo majoritária, às vezes, aliada ao presidente, às vezes, fazendo o papel político de oposição.

A comprovação dessas aporias constitucionais do Ministério Público Federal ocorreu por meio de uma análise empírica focada nesta instituição.

Foi por esse motivo que, analisando os documentos internos do Ministério Público Federal, sobretudo depois da realização do 1º Planejamento Estratégico Institucional de 2011-2021 (1º PEI 2011-2021), foi possível extrair algumas conclusões.

A primeira conclusão é de caráter institucional. Diferente dos Ministérios Públicos dos Estados, que pressionaram a constituinte para tornar o Ministério Público também *defensorías del pueblo*, parece que, aos olhos dos membros do Ministério Público Federal que organizaram o mapa estratégico (BSC), que conduziu a instituição no

1º PEI 2011-2021, essa função de *defensoría del pueblo* é secundária, prevalecendo a visão institucional de que o Ministério Público Federal é agência de persecução criminal voltada para o combate à corrupção.

Segunda conclusão é que, no período do 1º PEI 2011-2021, a instituição deixa de responder às funções constitucionais do Ministério Público, para implementar políticas institucionais que assegurem a primazia da visão de que o Ministério Público Federal tem de ser reconhecido pela sociedade pelo combate à corrupção. Nesse sentido, passa a medir a sua atuação pela opinião popular de que está sendo visto pela sociedade com excelência nesse propósito. Ou seja, legitimou a sua atuação pelos anseios majoritários e não pelo estrito cumprimento de sua função de operar na esfera do indecidível politicamente.

A terceira conclusão é que, pelos motivos anteriormente citados, o 1º PEI 2011-2021 demonstrou que existe um conflito interno, ao menos no Ministério Público Federal, em hospedar em uma mesma instituição o ser titular da ação penal, com o ser *defensoría del pueblo*, porque a última função só serviu para justificar, retoricamente, que se pode violar garantias penais e processuais penais, em nome de defender o povo e da democracia, o que subverte todo um sistema de garantismo, como demonstrado.

Após essas conclusões, também se pode constatar que existe outro problema na arquitetura normativa constitucional do Ministério Público Federal, que é a figura caudilha do procurador-geral da República, como chefe da instituição que não responde necessariamente ao Ministério Público (como instituição de garantia), mas que se legitima pela política majoritária.

As constatações disso são feitas pelas análises documentais dos relatórios de gestão dos últimos procuradores-gerais da República, constantes do Capítulo 4.

Nelas, pode-se verificar que há um padrão de comportamento do procurador-geral da República assemelhada a uma função de governo, não a uma de garantias.

Os relatórios as gestões de Rodrigo Janot provam que ele queria legitimar sua atuação por ser um político de oposição ao presidente, utilizando toda estrutura penal do Ministério Público Federal para instrumentalizar sua agenda política (que ficou conhecida como a Operação Lava Jato).

Na gestão de Raquel Dodge, foi possível verificar que o projeto político era voltar a demonstrar o caráter de *defensoría del pueblo* do Ministério Público Federal, de modo a desestruturar a gestão política do seu antecessor, embora estivesse ainda atrelada à ideia de combate à corrupção como prioridade institucional. O desmonte da agenda política do antecessor, também era, e, certa medida, uma agenda política própria.

Já na gestão de Augusto Aras, fica claro que o papel do procurador-geral da República segue sua tradição institucional de ser instituição de alinhamento político com o Poder Executivo.

Portanto, o que se pode concluir é que a função de procurador-geral da República não é uma instituição de garantias, mas de governo.

E o grande problema reside no fato de que, diferente do procurador-geral da República, que é uma evidente instituição de governo, o Ministério Público Federal deveria, ao menos normativamente., operar na parcela do indecidível, quando, na verdade, sempre se legitima por política majoritária, embora esconda isso por meio de um discurso criptografado de máxima juridicidade na sua atuação.

Assim, no plano do dever ser, o Ministério Público Federal é uma instituição de garantias e o procurador-geral da República é uma instituição de governo. No plano do real, ambos se comportam como instituição de governo, em que pese o discurso de instituição de garantias de ambos.

Do que se conclui que a proposta de hospedar dentro do Ministério Público, em âmbito federal, a figura do titular da ação penal e a *defensoría del pueblo* em uma mesma instituição, comandada pelo procurador-geral da República com as características vistas, é um erro na estruturação normativa que produz aporias institucionais insolúveis, como devidamente comprovado pela tese que embasa este livro, tornando o Ministério Público Federal uma instituição de garantias antigarantista, pois é subvertida pelo projeto de legitimação majoritária.

Como proposta de solução normativa baseada no garantismo, ao menos nessa versão teórica sul-americana, é de fazer renascer o projeto que estava em mente no anteprojcto da Comissão Afonso Arinos de ter a *defensoría del pueblo* em instituição diferente do Ministério Público Federal.

Atente-se que a proposta só tem valor empírico no plano federal, justamente pelas competências e forma de acesso que ainda guarda a instituição do procurador-geral da República, que é bastante diferente das funções desempenhadas no âmbito dos Ministérios Públicos dos Estados.

Essa *defensoría del pueblo federal* deverá ser organizada de forma autônoma do projeto do Poder Executivo e do Ministério Público Federal, sendo ela deveria ser uma instituição autônoma e independente, preferencialmente de gestão colegiada, para ter a "sala de máquinas" aberta, formada por membros indicados pelo Congresso Nacional, com garantia de mandato, não coincidente com as legislaturas. Deve atuar com plena autonomia funcional, sem receber instruções de qualquer autoridade, senão baseadas nas normas de proteção dos direitos humanos e fundamentais.

Sua missão deve ser a defesa e proteção dos direitos humanos e outros direitos, garantias e interesses protegidos pela Constituição e pelas leis, pelos tratados internacionais de direitos humanos, diante de fatos, atos ou omissões da Administração Pública, bem como o controle do exercício das funções públicas (inclusive as dos Ministério Público), estabelecendo também que a *defensoría del Pueblo federal* teria legitimidade processual (acionabilidade), inclusive modificando-se o art. 103 da Constituição para dar legitimidade às ações de garantia jurisdicional da própria Constituição.

E, se pudesse sugerir algo mais, que essa *defensoría del pueblo federal colegiada* funcionasse como instituição de adequação das normas e das políticas públicas internas, aos *standards* de proteção de direitos humanos para além do Estado, como a instituição criada no Uruguai.

REFERÊNCIAS BIBLIOGRÁFICAS

ACKERMAN, Bruce. Adeus, Montesquieu. Revista de Direito Administrativo, v. 265, p. 13-23, jan. 2014.

AGÊNCIA SENADO. Oito senadores cassados pelo AI-5 têm seus mandatos devolvidos simbolicamente. Agência Senado, 20 dez. 2012. Disponível em http://www12.senado.gov.br/noticias/materias/2012/12/20/ oito-senadores-cassados-pelo-ai-5-recebem-de-volta-seus-mandatos.

AGUILLAR, Fernando Herren. Direito Econômico. São Paulo: Atlas, 2014.

ALMEIDA, Raquel de. Um estudo de direito comparado sobre as Defensorías del Pueblo da Argentina, Bolívia e Colômbia. Por que importar para o Brasil? INTER: Revista de Direito Internacional e Direitos Humanos da UFRJ, v. 2, n. 1, p. 2-27, jul. 2019.

ARANTES, Rogério B. Ministério Público e Política no Brasil. São Paulo: Sumaré, 2002.

ARANTES, Rogério Bastos. Quem vai cuidar da jabuticaba que virou barraco? Época, 7 ago. 2019. Disponível em: https://epoca.globo.com/rogerio-arantes/coluna-quem-vai-cuidar-da-jabuticaba-que-virou-barraco-2386110.

ARENDT, Hannah. Entre o passado e o futuro. São Paulo: Perspectiva, 2002.

ATRIA, Fernando. La Constitución tramposa. Santiago: LOM, 2013.

AZEVEDO, Rodrigo Ghiringhelli de. (coord.). Perfil socioprofissional e concepções de política criminal do Ministério Público Federal. Brasília: Escola Superior do Ministério Público da União, 2010.

BANDEIRA, Herivânio Torres; AMORIM, Tania Nobre Gonçalves Ferreira. O Balanced Scorecard do Ministério Público da União: peculiaridades e inter-relações dos mapas estratégicos. Sistemas & Gestão, v. 13, n. 3, p. 345-356, 2018. Disponível em: http://www.revistasg.uff.br/index.php/sg/article/view/1382.

BARBOSA, Leonardo Augusto de Andrade. Mudança Constitucional, Autoritarismo e Democracia no Brasil Pós 1964. Tese (Doutorado em Direito Constitucional) – Faculdade de Direito, Universidade de Brasília, Brasília, 2009.

BARCELLOS, Daniela Silva Fontoura de; SGANZERLA, Rogério. Direitos restritos e pena de morte: os processos de crimes políticos no Superior Tribunal Militar entre 1964 a 1975. In: SIQUEIRA, Gustavo Silveira; WOLKMER, Antonio Carlos; PIERDONÁ, Zélia Luiza. (coord.). História do direito. Florianópolis: CONPEDI, 2015.

BARRETO JÚNIOR, Williem da Silva. A crítica garantista ao paradigma do estado constitucional de direito e o redimensionamento da democracia. In: KUHN, Lucas B.; CADEMARTORI, Sérgio (org.). Garantismo e Constitucionalismo popular. Canoas: Unilassale, 2022.

BARROSO, Luis Roberto. Neoconstitucionalismo e constitucionalização do Direito (o triunfo tardio do direito constitucional no Brasil). Revista eletrônica sobre a reforma do Estado (RERE), Salvador, n. 9, mar./abr./maio, 2007.

BARROSO, Luis Roberto. Neoconstitucionalismo e constitucionalização do Direito. Revista Quaestio Iuris, Rio de Janeiro, v. 2, n. 1, p. 1-48, jun. 2014. Disponível em: https://www.e-publicacoes.uerj.br/index.php/quaestioiuris/article/view/11641.

BEZERRA, Helga Maria Saboia. Defensor do Povo: origens do instituto do Ombudsman e a malograda experiência brasileira. Direito, Estado e Sociedade, Rio de Janeiro, n. 36, p. 46-73, jan./jun. 2010. Disponível em: http://direitoestadosociedade.jur.puc-rio.br/media/3bezerra36.pdf.

BISCHOFF, Álvaro Walmrath; AXT, Gunter; SEELIG, Ricardo Vaz. (org.). Histórias de vida do Ministério Público do Rio Grande do Sul: a constituinte de 1988. Porto Alegre: Procuradoria-Geral de Justiça; Memorial do Ministério Público, 2006.

BOGDANDY, Armin von. Ius Constitutionale commune na América Latina. Uma reflexão sobre o constitucionalismo transformador. Revista de Direito Administrativo, Rio de Janeiro, v. 269, p. 13-66, maio/ago. 2015.

BONAVIDES, Paulo. Teoria Geral do Estado. São Paulo: Malheiros, 2012.

BONAVIDES, Paulo; ANDRADE, Paes de. História Constitucional do Brasil. Rio de Janeiro: Paz e Terra, 1991.

BORDINI, Maria da Glória; FAURI, Ana Letícia. (org.). Erico Verissimo na União Pan-Americana: discursos 1953/1958. Rio de Janeiro: Makunaima, 2020.

BOTERO BERNAL, Andrés. La metodología documental en la investigación jurídica: alcances y perspectivas. Opinión Jurídica, v. 2, n. 4, p. 109-116, 2003. Disponível em: http://repository.udem.edu.co/handle/11407/1757.

BOTERO BERNAL, Andrés. Matizando o discurso eurocêntrico sobre a interpretação constitucional na América Latina. Revista Seqüência: Estudos Jurídicos e Políticos, n. 59, p. 271-298, dez. 2009. Disponível em: https://periodicos.ufsc.br/index.php/sequencia/article/view/2177-7055.2009v30n59p271/13598.

BOURDIEU, Pierre. Os usos sociais da ciência: por uma sociologia clínica do campo científico. São Paulo: UNESP, 2004.

BRASIL. Ministério Público Federal. Destaques da Atuação: Set/2019 a Set/2020. Procuradoria-Geral da República – transparência e efetividade. Brasília: MPF, 2020. Disponível em: https://www.mpf.mp.br/portal/o-mpf/sobre-o-mpf/gestao-estrategica-e-modernizacao-do-mpf/sobre/publicacoes/publicacoes-arquivos/relatorio-atuacao-pgr-2019-2020.pdf?nocache100.

BRASIL. Ministério Público Federal. Destaques da Atuação da Procuradoria-Geral da República: Setembro 2021 – Setembro 2022. Disponível em: https://www.mpf.mp.br/pgr/documentos/GAB_PGR_Desta ques_Atuacao.pdf/view.

BRASIL. Ministério Público Federal. Diretrizes estratégicas do MPF: Planejamento Estratégico Institucional do Ministério Público Federal (PEI-MPF) PEI 2011-2020. Brasília: MPF, 2011.

BRASIL. Ministério Público Federal. Governança, gestão, inovação e resultados: biênio 2011-2013. Brasília: MPF, 2013.

BRASIL. Ministério Público Federal. Pensamento e Ação – Procuradoria-Geral da República 2019 a 2021. Brasília: MPF, 2021. Disponível em: https://www.mpf.mp.br/pgr/documentos/pensamento-e-acao-2019-2021.pdf.

BRASIL. Ministério Público Federal. Publicações. Disponível em: https://www.mpf.mp.br/o-mpf/procurador-a-geral-da-republica/relatorios-de-gestao.

BRASIL. Ministério Público Federal. Relatório de resultados do Procurador-Geral da República: diálogo, unidade, transparência, profissionalismo, efetividade: 2015-2017. Brasília: MPF, 2017. Disponível em: https://www.mpf.mp.br/portal/o-mpf/sobre-o-mpf/gestao-estrategica-e-modernizacao-do-mpf/sobre/publicacoes/publicacoes-arquivos/relatorio-gestao-pgr-2015-2017.pdf?nocache100.

BRASIL. Ministério Público Federal. Relatório de gestão da Procuradoria-Geral da República: set 2017/set 2019 – combate à corrupção, direitos humanos, eficiência, transparência, memória institucional, celeridade, defesa da democracia. Brasília: MPF, 2019. Disponível em: https://www.mpf.mp.br/portal/o-mpf/sobre-o-mpf/gestao-estrategica-e-modernizacao-do-mpf/sobre/publicacoes/publicacoes-arquivos/relatorio-gestao-pgr-2017-2019.pdf?nocache100.

BRASIL. Ministério Público Federal. Relatório de resultados do Ministério Público Federal: 2013/2015: diálogo, unidade, transparência, profissionalismo, efetividade. Brasília: MPF, 2015. Disponível em: https://www.mpf.mp.br/portal/o-mpf/sobre-o-mpf/gestao-estrategica-e-modernizacao-do-mpf/sobre/publicacoes/publicacoes-arquivos/002_15_relatorio_de_resultados_final_online-compressed.pdf?nocache100.

BRASIL. Ministério Público Federal. Relatório de resultados do Procurador-Geral da República: diálogo, unidade, transparência, profissionalismo, efetividade: 2015-2016. Brasília: MPF, 2016. Disponível em: https://www.mpf.mp.br/portal/o-mpf/sobre-o-mpf/gestao-estrategica-e-modernizacao-do-mpf/sobre/publicacoes/publicacoes-arquivos/RelatoriodeResultadosdoPGR_20152016.pdf?nocache100.

BRASIL. Ministério Público Federal. Planejamento estratégico 2011-2020. Brasília: Secretaria Geral, 2011.

BRASIL. Ministério Público Federal. Uma construção coletiva: planejamento estratégico 2011-2020. Brasília: Secretaria-Geral, 2011.

BRASIL. Ministério Público Federal. Procuradoria-Geral da República. Relatório executivo de resultados do Procurador-Geral da República (PGR) setembro 2013/agosto 2014: diálogo, unidade, transparência, profissionalismo, efetividade. Brasília: MPF, 2014. Disponível em: https://www.mpf.mp.br/portal/o-mpf/sobre-o-mpf/gestao-estrategica-e-modernizacao-do-mpf/sobre/publicacoes/publicacoes-

arquivos/relatorio_executivo_pgr_2013-
2014_online.pdf?nocache100.

BREYER, Stephen G. et al. Administrative Law and Regulatory Policy:
Problems, Text, and Cases. New York: Aspen, 2016.

CADEMARTORI, Sérgio; KUHN, Lucas. Dois modelos de
constitucionalismo: entre o principialismo de Dworkin e o
garantismo de Luigi Ferrajoli. Revista Eletrônica Direito e
Política, Itajaí, v. 15, n. 2, 2020. Disponível em:
https://periodicos.univali.br/index.php/rdp/article/view/168
65/9580.

CADEMARTORI, Sérgio. Estado de Direito e legitimidade: uma
abordagem garantista. Canoas: Unilasalle, 2021.

CADEMARTORI, Sérgio Urquhart de; STRAPAZZON, Carlos Luiz.
Principia iuris: uma teoria normativa do direito e da democracia.
Pensar, Fortaleza, v. 15, n. 1, p. 278-302, jan./jun. 2010.

CALABRICH, Bruno (org.). Modelos de ministérios públicos e
defensorías del pueblo. Brasília: ESMPU, 2014.

CARDOSO, Maurício. Nomear procurador-geral para o Supremo era
praxe durante a ditadura. Consultor Jurídico, 29 maio 2020.
Disponível em: https://www.conjur.com.br/2020-mai-
29/nomear-pgr-supremo-praxe-ditadura.

CARPIZO, Jorge. Derecho constitucional latinoamericano y
comparado. Boletin Mexicano de Derecho Comparado, Cidade
do México, v. 38, n. 114, p. 949-989, dez. 2005. Disponível em:
http://www.scielo.org.mx/scielo.php?script=sci_arttext&pid=
S0041-86332005000300001&lng=es&nrm=iso.

CARVALHO, Salo de. Pena e garantias: uma leitura do garantismo de
Luigi Ferrajoli no Brasil. Rio de Janeiro: Lumes Juris, 2001.

CASTRO-GOMEZ, Santiago. ¿Qué hacer con los universalismos
occidentales? Observaciones en torno al "giro decolonial".
Analecta Política, v. 7, n. 13, p. 249-272, 2017.

CERQUEIRA, Marcello. A Constituição na história: origem e reforma. Rio de Janeiro: REVAN, 2006.

CHAVES, João Guilherme Pereira; MIRANDA João Irineu de Resende. Terror de Estado e Soberania: Um Relato sobre a Operação Condor. Passagens. Revista Internacional de História Política e Cultura Jurídica, Rio de Janeiro, v. 7, n. 3, set./dez. 2015.

CONSULTOR JURÍDICO. Anuário do Ministério Público Brasil de 2020: O Poder dos Poderes – O Ministério Público também governa o Brasil. São Paulo: Conjur, 2020.

COPPETTI NETO, Alfredo. A democracia Constitucional: sob o olhar do garantismo jurídico. Florianópolis: Empório do Direito, 2016.

COSTA, Wanderley Messias da. Crise da integração e tendências geopolíticas na América do Sul. In: COSTA, Wanderley Messias da; VASCONCELOS, Daniel Bruno (org.). Geografia e Geopolítica da América do Sul: integração e conflitos. São Paulo: FFLCH/USP, 2019.

CRISTÓVAM, José Sérgio da Silva. Administração Pública democrática e supremacia do interesse público: novo regime jurídico-administrativo e seus princípios constitucionais estruturantes. Curitiba: Juruá, 2015.

CRUZ, Gerardo Eto; MANCHEGO, José Felix Palomino (org.). Autonomía universitária y constitución en Iberoamerica. Lima: Grijley, 2021.

CYRILLO, Carolina. Constitucionalismo Sul-Americano: uma introdução. In: PEDRA, Adriano Sant'Ana. et al. Perspectivas Latino-Americanas sobre o Constitucionalismo no Mundo. Belo Horizonte: Conhecimento, 2021.

CYRILLO, Carolina. Cual es el concepto de Derecho Constitucional en Sudamérica? Una vez más sobre la jerarquía del Derecho internacional de los derechos humanos. In: MORALES, Enrique

Javier (org.). Garantismo. A 20 años de Notas sobre Derecho Constitucional y garantías. Buenos Aires: Ediar, 2022. p. 59-70.

CYRILLO, Carolina; FUENTES-CONTRERAS, Edgar; LEGALE, Siddharta. The Inter-American Rule of Law in South American constitutionalism. Seqüência: Estudos Jurídicos e Políticos, Florianópolis, v. 42, n. 88, p. 1-27, 2021.

CYRILLO, Carolina; SILVEIRA, Luiz Fernando Castilhos. A autonomia universitária na CF 88: em momento de emergência, soluções constitucionais. Revista Páginas de Direito, Porto Alegre, ano 20, n. 1425, jun. 2020. Disponível em: https://www.paginasdedireito.com.br/artigos/todos-os-artigos/a-autonomia-universitaria-na-cf-88-em-momento-de-emergencia-solucoes-constitucionais-1.html. Acesso em: 24 nov. 2022.

CYRILLO, Carolina; SILVEIRA, Luiz Fernando Castilhos. A Autonomia Universitária na Constituição de 1988: um modelo de autonomia institucional em construção. Revista Práticas em Gestão Pública Universitária, ano 5, v. 5, n. 1, p. 82-104, jan./jun. 2021.

CYRILLO, Carolina; SILVEIRA, Luiz Fernando Castilhos. ADPF 548: Autonomia universitária como garantia das liberdades no Estado Democrático de Direito. In: RIZEK FILHO, José Carlos. et al. (org.). Decisões Notórias das Cortes Supremas e Tribunais Constitucionais. Belo Horizonte: Dialética, 2021.

CYRILLO, Carolina; SILVEIRA, Luiz Fernando Castilhos. A universidade como instituição de garantia das liberdades no Estado Democrático de Direito: autonomia universitária como instrumento de resiliência. In: CAMPOS MELLO, Patrícia Perrone; BUSTAMANTE, Thomas da Rosa de (org.). Democracia e resiliência no Brasil: a disputa em torno da Constituição de 1988. Espanha: J. M. Bosch Editor, 2022. p. 439-459.

FERRAJOLI, Luigi. Poderes salvajes. La crisis de la democracia constitucional. Madrid: Trotta, 2013.

FERRAJOLI, Luigi. Principia iuris: Teoría del derecho y de la democracia. Madrid: Trotta, 2011. v. 1 e v. 2.

FERRAJOLI, Luigi. Principia iuris: Teoría del derecho y de la democracia 1. Teoría del derecho. Madrid: Trotta, 2013.

FERRAJOLI, Luigi. Principia iuris: Teoría del derecho y de la democracia 2. Teoría de la democracia. Madrid: Trotta, 2013.

FERRAZ, Ana Candida Cunha. Autonomia Universitária na Constituição de 05.10.1988. Revista de Direito Administrativo, Rio de Janeiro, v. 215, p. 117-142, jan/mar. 1999.

FERREYRA, Raúl Gustavo. 1852. Orígenes. Sobre las Bases de Juan Bautista Alberdi y la Constitución Federal en el tiempo. Academia. Revista sobre enseñaza del derecho, n. 19, año 10, p. 143-228, 2012.

FERREYRA, Raúl Gustavo. Ciudadanía y poderes del Estado. Corte Constitucional de Colombia: reelección presidencial y referendo popular. Buenos Aires: Ediar, 2018.

FERREYRA, Raúl Gustavo. Fundamentos Constituicionales. Buenos Aires: Ediar, 2013.

FERREYRA, Rául Gustavo. Notas sobre derecho constitucional y garantías. Buenos Aires: Ediar, 2001.

FERREYRA. Raúl Gustavo. Patología del proceso de reforma. Sobre la inconstitucionalidad de una enmienda en el sistema constitucional de la Argentina. In: Estudios en homenaje a Héctor Fix-Zamudio. México, D.F: Instituto de Investigaciones Jurídicas, UNAM, 2008. p. 781-830.

FERREYRA, Raúl Gustavo. Reforma Constitucional y Control de Constitucionalidad. Buenos Aires: Ediar, 2007.

FICO, Carlos. O grande irmão: da operação brother Sam aos anos de chumbo. O governo dos Estados Unidos e a ditadura militar brasileira. Rio de Janeiro: Civilização Brasileira, 2008.

FICO, Carlos. Versões e controvérsias sobre 1964 e a ditadura militar. Revista Brasileira de História, São Paulo, v. 24, n. 47, p. 29-60, 2004. Disponível em: https://www.scielo.br/j/rbh/a/NCQ3t3hRjQdmgtJvSjLYMLN/?format=pdf&lang=pt. Acesso em: 5 maio 2015.

FRANCO, Afonso Arinos de Melo. Direito constitucional: teoria da constituição: as Constituições do Brasil. Rio de Janeiro: Forense, 1981.

FURTADO, Celso. Formação Econômica do Brasil. São Paulo: Companhia das Letras, 2006.

FURTADO, Celso. O Brasil Pós-"Milagre". Rio de Janeiro: Paz e Terra, 1981.

GARCÍA AMADO, Juan Antonio. Derechos y pretextos. Elementos de crítica del neoconstitucionalismo. In: CARBONELL, Miguel (ed.). Teoria del neoconstitucionalismo. Madrid: Trotta, 2007. p. 237-264.

GARGARELLA, Roberto. Cuatro temas y cuatro problemas en la teoría jurídica de Luigi Ferrajoli. México: Suprema Corte de Justicia de La Nación, 2021.

GARGARELLA, Roberto. Democracia, representación y participación política. In: GARGARELLA, Roberto (coord.). La constitucion en 2020. 48 propuestas para una sociedad igualitária. Buenos Aires: Siglo Veintiuno, 2011. p. 228-229.

GARGARELLA, Roberto. Democracy and Rights in Gelman v. Uruguay. AJIL Unbound, v. 109, p. 115-119, 2015.

GARGARELLA, Roberto. El derecho como una conversación entre iguales. Buenos Aires: Siglo Veintiuno, 2021. E-book.

GARGARELLA, Roberto. La sala de máquinas de la Constitución: Dos siglos de constitucionalismo en América Latina (1810-2010). Buenos Aires: Katz, 2014.

GHELMAN, Silvio; COSTA, Stella Regina Reis. Adaptando o BSC para o setor público utilizando os conceitos de efetividade, eficácia e eficiência. In: SIMPÓSIO DE ENGENHARIA DE PRODUÇÃO, 13., 2006, Bauru. Anais [...]. Bauru: Faculdade de Engenharia da UNESP, 2006. Disponível em: http://www.simpep.feb.unesp.br/anais/anais_13/artigos/137.pdf. Acesso em: 30 set. 2022.

GONZÁLEZ, Pedro. Acesso à justiça e defensoria pública. Expressão e instrumento da democracia. Londrina: Thoth, 2021.

GUASTINI, Riccardo. La constitución como límite a la legislación. In: CARBONELL, Miguel (comp.). Teoría de La Constitución Ensayos Escogidos. México: Porrúa, 2008.

GUERRA, Sidney. Direito Internacional das Catástrofes. Curitiba: Instituto Memória, 2021.

HINCAPIE, Gabriel Mendez; RESTREPO, Ricardo Sanin. La constitución encriptada. Nuevas formas de emancipación del poder global. Revista de Derechos Humanos y Estudios Sociales, n. 8, p. 97-120, jul./dic. 2012.

HOLMES, Stephen. Precommitment and the paradox of democracy. In: HOLMES, Stephen. Passions and Constraints: On the Theory of Liberal. Chicago: University of Chicago Press, 1995. p. 134-177.

IPPOLITTO, Dario. O garantismo de Luigi Ferrajoli. Revista de Estudos Constitucionais, Hermenêutica e Teoria do Direito (RECHTD), v. 3, n. 1, p. 34-41, jan./jun. 2011.

JUSTEN FILHO, Marçal. Curso de Direito Administrativo. São Paulo: Saraiva, 2005.

KAPLAN, Robert; NORTON, David. A estratégia em ação: balanced scorecard. Rio de Janeiro: Elsevier, 1997.

KAPLAN, Robert S.; NORTON, David P. Having Trouble with Your Strategy? Then Map It. Harvard Business Review, Sep./Oct. 2000. Disponível em: https://hbr.org/2000/09/having-trouble-with-your-strategy-then-map-it.

KAPLAN, Robert S; NORTON, David P. Organização orientada para a estratégia: como as empresas que adotam o balanced scorecard prosperam no novo ambiente de negócios. 5. ed. Rio de Janeiro: Campus, 2000.

KELSEN, Hans. Les Rapport de Système entre le Droit Interne et le Droit International Public. RDC, Paris, 1926, vol. IV, t. 14.

KERCHE, Fábio. Autonomia e discricionariedade do Ministério Público no Brasil. Dados, Rio de Janeiro, v. 50, n. 2, p. 259-279, 2007. Disponível em: https://www.scielo.br/pdf/dados/v50n2/a02v50n2.pdf.

KERCHE, Fábio. Ministério Público, Lava Jato e Mãos Limpas: uma abordagem institucional. Lua Nova, São Paulo, n. 105, p. 255-286, 2018.

KERCHE, Fábio. O Ministério Público e a Constituinte de 1987/88. In: SADEK, Maria Tereza (org.). O sistema de Justiça. São Paulo: IDESP/Sumaré, 1999.

KERCHE, Fábio; FERES JÚNIOR, João (org.). Operação Lava Jato e a democracia brasileira. São Paulo: Contracorrente, 2018.

KERCHE, Fábio; MARONA, Marjorie. A política no banco dos réus: a Operação Lava Jato e a erosão da democracia no Brasil. São Paulo: Autêntica, 2022.

KERCHE, Fábio; MARONA, Marjorie. O Ministério Público na Operação Lava Jato: como eles chegaram até aqui? In: KERCHE, Fábio; FERES JÚNIOR, João. (org.). Operação Lava Jato e a democracia brasileira. São Paulo: Contracorrente, 2018. p. 69-100.

KRAMER, Larry. The people themselves. Oxford: Oxford University Press, 2004. E-book.

LEGALE, Siddharta. A Corte Interamericana de Direitos Humanos como Tribunal Constitucional. Rio de Janeiro: Lúmen Juris, 2019a.

LEGALE, Siddharta. Curso de teoria constitucional interamericana. Rio de Janeiro: NIDH, 2021.

LEGALE, Siddharta. La Constitución Interamericana: Los 50 Años de la Convención Americana sobre Derechos Humanos en la Jurisprudencia de la Corte Interamericana de Derechos Humanos. In: OEA (org.). Curso de Direito Internacional XLVI. 1. ed. Rio de Janeiro: OEA, 2019b. v. 1. p. 121-171.

LEGALE, Siddharta. Temas de Direitos Humanos. Rio de Janeiro: NIDH, 2022.

LEGRAND, André. Ombudsmän nordiques et défenseur des droits. Revue Française D'Administration Publique, n. 139, p. 499-506, 2011. Disponível em: https://www.cairn.info/revue-francaise-d-administration-publique-2011-3-page-499.htm.

LEMGRUBER, Julita. Ministério Público: Guardião da democracia brasileira. Rio de Janeiro: CESeC, 2016.

LINS E HORTA, Ricardo de; ALMEIDA, Vera Ribeiro de; CHILVARQUER, Marcelo. Avaliando o desenvolvimento da pesquisa empírica em direito no Brasil: o caso do projeto Pensando o Direito. Revista de Estudos Empíricos em Direito, São Paulo, v. 1, n. 2, p. 162-183, 2014.

LYRA, Roberto. Teoria e Prática da Promotoria Pública. Porto Alegre: SAFE, 1989.

MACEDO JÚNIOR, Ronaldo Porto. A evolução institucional do ministério público brasileiro. In: SADEK, Maria Tereza (org.). Uma introdução ao estudo da justiça. Rio de Janeiro: Centro Edelstein de Pesquisas Sociais, 2010. p. 65-94.

MADRAZO, Jorge. El ombudsman criollo. México: Academia Mexicana de Direitos Humanos, 1996.

MAIORANO, Jorge Luis. El ombudsman en America Latina. Revista de Informação Legislativa, v. 23, n. 92, p. 241-256, out./dez. 1986.

MARQUARDT, Bernd. Historia Constitucional Comparada de Iberoamérica: las seis fases desde la revolución de 1810 hasta la transnacionalización del siglo XXI. Bogota: Ibañez, 2016.

MARTINÉZ, Leandro A. La autonomía de las Universidades Nacionales en el Sistema Constitucional argentino. Análisis de las competencias y la jerarquía de las normas en materia de educación superior. Derechos En Acción, v. 12, n. 12, p. 317-387, 2019.

MAZZILLI, Hugo Nigro. A carta de Curitiba e a constituinte. In: CONGRESSO NACIONAL DO MINISTÉRIO PÚBLICO, 7., 1987, Belo Horizonte. Anais [...]. Belo Horizonte: AMMP/Conamp, 1987. Disponível em: http://www.mazzilli.com.br/pages/informa/curitibaconst.pdf.

MAZZILLI, Hugo Nigro. Manual do Promotor de Justiça. 2. ed. São Paulo: Saraiva, 1991.

MBEMBE, Achille. Necropolitics. Public Culture, v. 15, n. 1, p. 11-40, 2003.

McSHERRY, J. Patrice. Operation Condor and Transnational State Violence against Exiles. Journal of Global South Studies, v. 36, n. 2, p. 368-398, 2019.

McSHERRY, J. Patrice. Operation Condor: Clandestine Inter-American System. Social Justice, v. 26, n. 4, p. 144-174, 1999. Disponível em: www.jstor.org/stable/29767180.

McSHERRY, J. Patrice. Predatory states: Operation Condor and Covert War in Latin America. Maryland: Rowman & Littlefield Publishers, 2005.

MEDAUAR, Odete. Serviço Público. Revista de Direito Administrativo, v. 189, p. 100-113, 1992.

MELLO, Celso Antônio Bandeira de. Curso de Direito Administrativo. 19. ed. São Paulo: Malheiros, 2005.

MELLO, Patrícia Perrone Campos. Constitucionalismo, transformação e resiliência democrática no Brasil: o Ius Constitucionale Commune na América Latina tem uma contribuição a oferecer? Revista Brasileira de Políticas Públicas, Brasília, v. 9, n. 2 p. 253-285, 2019.

MOREIRA, Constanza. Resistencia Política y Ciudadanía: Plebiscitos y Referéndums en el Uruguay de los '90. América Latina Hoy, v. 36, p. 17-45, 2004.

NINO, Carlos Santiago. Fundamentos de derecho constitucional: análisis filosófico, jurídico y politológico de la práctica constitucional. Buenos Aires: Astrea, 2005.

NIVEN, Paul R. Balanced scorecard passo-a-passo: elevando o desempenho e mantendo resultados. Rio de Janeiro: Qualitymark, 2005.

OLIVEIRA, Mauro Márcio. Fontes de informações sobre a Assembleia Nacional Constituinte de 1987: quais são, onde buscá-las e como usá-las. Brasília: Senado Federal; Subsecretaria de Edições Técnicas, 1993.

PADRÓS, Enrique Serra. Como el Uruguay no hay ... Terror de Estado e segurança nacional Uruguai (1968-1985): do Pachecato à ditadura civil-militar. Tese (Doutorado em História) – Universidade Federal do Rio Grande do Sul, Porto Alegre, 2005.

PADRÓS, Enrique Serra. Repressão e violência: segurança nacional e terror de Estado nas ditaduras latino-americanas. In: ARAUJO, Maria Paula Nascimento; FERREIRA, Marieta de Moraes; FICO, Carlos; QUADRAT, Samantha Viz (org.). Ditadura e Democracia na América Latina. Rio de Janeiro: Editora FGV, 2008.

PERJU, Vlad. Constitutional Transplants, Borrowing, and Migrations. In: ROSENFELD, Michael; SAJO, Andreas. (org.). The Oxford

Handbook on Comparative Constitutional Law. Oxford: Oxford University Press, 2012.

PINHO, Ana Claudia Bastos de; ALBUQUERQUE, Fernando da Silva. Precisamos falar sobre garantismo: limites e resistência ao poder de punir. São Paulo: Tirant lo Blanch, 2019.

PIOVESAN, Flávia. Direitos Humanos e o Direito constitucional Internacional. 2. ed. São Paulo: Max Limonad, 1997.

PIOVESAN, Flávia. Temas de direitos humanos. 8. ed. São Paulo: Saraiva, 2015.

PONTES DE MIRANDA, Francisco Cavalcanti. Comentários à Constituição Federal de 1967. São Paulo: RT, 1973. Tomo III.

PREBISCH, Raúl. O desenvolvimento econômico da América Latina e alguns de seus problemas principais. Santiago: CEPAL, 1948. Disponível em https://repositorio.cepal.org/handle/11362/1611.

QUADRAT, Samantha Viz. Operação Condor: o "Mercosul" do terror. Estudos Ibero-Americanos, v. 28, n. 1, p. 167-182, jun. 2002.

QUIJANO, Aníbal. Colonialidade do Poder, Eurocentrismo e América Latina. In: CONSEJO LATINOAMERICANO DE CIENCIAS SOCIALES. A colonialidade do saber: eurocentrismo e ciências sociais. Perspectivas latino-americanas. Buenos Aires: Clacso, 2015.

RAMOS, José Saulo Pereira. Os arquivos da ditadura guardam segredos incômodos para o MP. Conjur, 19 jan. 2005. Disponível em: https://www.conjur.com.br/2005-jan-19/abrirem_arquivos_maior_surpesa_mp.

ROCHA, Antônio. Genealogia da Constituinte: do autoritarismo à democratização. Lua Nova, São Paulo, n. 88, p. 29-87, 2013.

RODRIGUES, Horácio Wanderlei. Controle público da educação e liberdade de ensinar na Constituição Federal de 1988. In:

BONAVIDES, Paulo; LIMA, Francisco Gérson Marques de; BEDÊ, Fayga (coord.). Constituição e democracia: estudos em homenagem ao professor J. J. Canotilho. São Paulo: Malheiros, 2006.

SADEK, Maria Tereza (org.). O Ministério Público e a justiça no Brasil. São Paulo: IDESP/Editora Sumaré, 1997.

SADEK, Maria Tereza Aina (ed.). Acesso à justiça. Rio de Janeiro: Fundação Konrad Adenauer, 2001.

SALES, José Edvaldo Pereira. Autoritarismo e Garantismo: Tensões na Tradição Brasileira. São Paulo: Tirant lo Blanch, 2021.

SANTORO, Antonio E. R. A imbricação entre maxiprocessos e colaboração premiada: o deslocamento do centro informativo para a fase investigatória na Operação Lava Jato. Revista Brasileira de Direito Processual Penal, Porto Alegre, v. 6, n. 1, p. 81-116, jan./abr. 2020. Disponível em: https://doi.org/10.22197/rbdpp.v6i1.333.

SANTORO, Antonio E. R.; CYRILLO, Carolina. As Forças-Tarefas do Ministério Público Federal: o discurso político punitivo anticorrupção na instituição de garantias. Revista Brasileira de Direito Processual Penal, Porto Alegre, v. 6, n. 3, p. 1271-1300, set./dez. 2020.

SANTORO, Antonio Eduardo Ramires. et al. Maxiprocessos como instrumento de lawfare político: estudos sobre a investigação e a colaboração premiada na Operação Lava Jato. 1. ed. Rio de Janeiro: Pembroke Collins, 2021.

SANTORO, Antonio Eduardo Ramires; TAVARES, Natália Lucero Frias. Lawfare brasileiro. Belo Horizonte: D'Plácido, 2019.

SARDINHA, Danilo. A jurisdição anticíclica da corte interamericana: interamericanizando os sistemas constitucionais de crise para proteção da democracia na América do Sul. Rio de Janeiro: NIDH, 2022.

SARLET, Ingo Wolfgang. A eficácia dos direitos fundamentais. 5. ed. Porto Alegre: Livraria do Advogado, 2005.

SARMENTO, Daniel. 21 Anos da Constituição de 1988: a Assembleia Constituinte 1987/1988 e a Experiência Constitucional Brasileira sob a Carta de 1988. Direito Público, v. 6, n. 30, p. 7-41, 2011.

SAUWEN FILHO, João Francisco. Ministério Público Brasileiro e o Estado Democrático de Direito. Rio de Janeiro: Renovar, 1999.

SCHMITT, Carl. O Conceito do Político. Petrópolis: Vozes, 1992.

SILVA, Paulo Eduardo Alves da. Pesquisas em processos judiciais. In: MACHADO, Maíra Rocha (org.). Pesquisar Empiricamente o Direito. São Paulo: Rede de Estudos Empíricos em Direito, 2017. p. 275-320.

SOUZA, Alexander Araujo de. Ministério Público como instituição de garantia. As funções essenciais do parquet nas modernas democracias. Rio de Janeiro: Lumen Juris, 2020.

SPADONI, Eliana. El Rol de la Defensoría del Pueblo en los conflictos ambientales: el Caso de la Cuenca Matanza Riachuelo. Ambiente & Sociedade, São Paulo, v. 16, n. 2, p. 47-62, abr./jun. 2013.

STRECK, Lenio Luiz. Contra o Neoconstitucionalismo. Constituição, Economia e Desenvolvimento: Revista da Academia Brasileira de Direito Constitucional, Curitiba, v. 3, n. 4, p. 9-27, jan/jun. 2011.

TAVARES, Ana Lúcia Lyra. O ensino do direito comparado no Brasil contemporâneo. Revista Direito, Estado e Sociedade, v. 9, n. 29, p. 69-86, 2006. Disponível em: http://direitoestadosociedade.jur.puc-rio.br/media/Lyra_n29.pdf.

TAVARES, André Ramos. Direito Constitucional Econômico. Rio de Janeiro: Forense, 2011.

TRINDADE, André Karam. A teoria do direito e da democracia de Luigi Ferrajoli: um breve balanço do "Seminário de Brescia" e da discussão sobre Principia Iuris. Revista Brasileira de Estudos Políticos, v. 103, p. 111-138, jul. 2011.

UNES, Wolney; PONDÉ, Roberta (org.). Memória do Ministério Público em Goiás. Goiânia: Instituto Centro Brasileiro de Cultura, 2008.

VANOSSI, Jorge Reinaldo. Teoría Constitucional. Buenos Aires: Depalma, 2000.

VERBIC, Francisco. El remedio estructural de la causa "Mendoza". Antecedentes, principales características y algunas cuestiones planteadas durante los primeros tres años de su implementación. Anales de la Facultad de Cs. Jurídicas y Sociales (UNLP), n. 43, p. 267-286, 2013.

VERGOTTINI, Giuseppe de. Balance y perspectivas del derecho constitucional comparado. Revista Española de Derecho Constitucional, año 7, n. 19, p. 165-221, Ene./Abr. 1987. Disponível em: https://dialnet.unirioja.es/descarga/articulo/79342.pdf.

VERMEULLE, Adrian. Law's Abnegation: from Law's Empire to the Administrative State. Cambridge: Harvard University Press, 2016.

VERONESE, Alexandre. O problema da pesquisa empírica e sua baixa integração na área do Direito: uma perspectiva brasileira da avaliação dos cursos de pós-graduação do Rio de Janeiro. In: CONGRESSO NACIONAL DO CONPEDI, 16., 2007, Belo Horizonte. Anais [...]. Belo Horizonte: CONPEDI, 2007. Disponível em: http://www.conpedi.org.br/manaus/arquivos/anais/bh/alexa ndre_veronese2.pdf.

VERSIANI, Maria Helena. Uma República na Constituinte (1985-1988). Revista Brasileira de História, São Paulo, v. 30, n. 60, 2010.

VIEGAS, Rafael Rodrigues. A face oculta do poder no Ministério Público Federal (MPF) e o poder de agenda de suas lideranças. Revista Brasileira de Ciência Política, n. 39, p. 1-32, 2022.

VIEGAS, Rafael Rodrigues. Governabilidade e lógica de designações no Ministério Público Federal: os "procuradores políticos profissionais". Revista Brasileira de Ciências Políticas, n. 33, p. 1-51, 2020.

VIEIRA, Oscar Vilhena. A Constituição e sua reserva de justiça: um ensaio sobre os limites materiais ao poder de reforma. São Paulo: Malheiros, 1999.

VOLIO, Lorena González. The Institution of the Ombudsman. The Latin American experience. Revista del Instituto Interamericano de Derechos Humanos, v. 37, p. 219-248, 2003. Disponível em: https://revistas-colaboracion.juridicas.unam.mx/index.php/rev-instituto-interamericano-dh/article/view/8170/7329.

WACHOWICZ, Marcos. Poder Constituinte e Transição Constitucional. Curitiba: Juruá, 2004.

WASSERMAN, Claudia. Nações e Nacionalismo na América Latina. Desde quando? Porto Alegre: Linus Editores, 2013.

WESTERHEIJDEN, Donald F. et al. Progress in higher education reform across Europe. Governance Reform. Volume 1: Executive Summary main report. Enschede/Kassel: Center for Higher Education Policy Studies (CHEPS), 2010. Disponível em https://op.europa.eu/en/publication-detail/-/publication/e5eba507-3f2c-4639-bb87-6aa75a0ef1f6/language-en. Acesso em: 27 set. 2020.

WOLKMER, Antônio Carlos; MELO, Milena Peters (org.). Constitucionalismo Latino-americano: tendências contemporâneas. Curitiba: Juruá, 2013.

ZANETI JR., Hermes. Constitucionalismo garantista e precedentes vinculantes em matéria ambiental. Limites e vínculos ao ativismo judicial contrário ao meio ambiente. In: CLÈVE, C. M. Direito Constitucional: novo direito constitucional. 1. ed. São Paulo: Revista dos Tribunais, 2015. v. II. p. 1367-1400. (Coleção Doutrinas Essenciais).

ZANETI JR., Hermes. CPC/2015: O Ministério Público como Instituição de Garantia e as Normas. Revista Jurídica Corregedoria Nacional: A Atuação Orientadora das Corregedorias do Ministério Público, v. II. Brasília: Conselho Nacional do Ministério Público, 2017.

ZANETI JR., Hermes. O Ministério Público e as Normas Fundamentais do Direito Processual Civil Brasileiro. Revista do Ministério Público do Rio de Janeiro, n. 68, p. 147-209, abr./jun. 2018.